高等职业教育财务会计类富媒体智能型·精品系列教材

Financial Regulations and Accounting Professional Ethics

财经法规与会计职业道德

第三版

程淮中 鲍建青 主编

东北财经大学出版社
Dongbei University of Finance & Economics Press
大连

图书在版编目（CIP）数据

财经法规与会计职业道德 / 程淮中，鲍建青主编．—3版．—大连：东北财经大学出版社，2023.2（2024.6重印）
（高等职业教育财务会计类富媒体智能型·精品系列教材）
ISBN 978-7-5654-4779-2

Ⅰ.财…　Ⅱ.①程…②鲍…　Ⅲ.①财政法-中国-高等职业教育-教材②经济法-中国-高等职业教育-教材③会计人员-职业道德-高等职业教育-教材　Ⅳ.①D922.2②F233

中国国家版本馆CIP数据核字（2023）第020674号

东北财经大学出版社出版
（大连市黑石礁尖山街217号　邮政编码　116025）
网　址：http://www.dufep.cn
读者信箱：dufep@dufe.edu.cn
大连日升彩色印刷有限公司印刷　东北财经大学出版社发行

幅面尺寸：185mm×260mm　字数：334千字　印张：14.75
2023年2月第3版　2024年6月第2次印刷

责任编辑：王天华　责任校对：包利华
封面设计：冀贵收　版式设计：原　皓

定价：37.00元

教学支持　售后服务　联系电话：（0411）84710309

如有印装质量问题，请联系营销部：（0411）84710711

第三版前言

“财经法规与会计职业道德”是财经商贸大类专业基础课程。学习本课程不仅要求学习者记忆大量的法律法规条文，掌握与会计工作密切相关的会计基础工作规范、现金结算、支付结算、税费计算与纳税申报等实务工作技能，而且要求学习者怀有一颗敬畏之心，诚信理财，厚植家国情怀，严格遵守会计职业道德规范，强化会计职业社会责任感，为推动经济发展和企业转型升级提供优质服务。根据财政部印发的《会计改革与发展“十四五”规划纲要》（财会〔2021〕27号）、《中华人民共和国会计法修订草案（征求意见稿）》（财政部办公厅2019年10月21日）、《会计专业技术人员继续教育规定》（财会〔2018〕10号）等文件精神，结合“互联网＋”背景下高职会计专业改革对学习者提出更高的能力和素质要求，编者在总结多年的财经法规与会计职业道德教学经验的基础上，广泛调研、反复研讨、求真务实，精心修订本书。全书分五个模块，主要内容包括：会计工作制度性安排的守护神——走进会计法规时空、经济交易行天下的“媒介”——支付结算工具面面观、企业履行社会责任的义务——反哺社会的一种直接贡献、公共财政常态化运行的基础——解读财政法规制度、会计职业道德的培育与传承——会计人一生的追求。

本次修订体现了以下几个方面的特点：

（1）内容选取与时俱进，将思政元素融入课程，所有财经法规都是国家最新颁布的。紧密结合现代会计服务业的行业特点，着重体现会计工作的政策性、严肃性、及时性和规范性。

（2）体例新颖，特色鲜明，语言精练易懂。正文中设置了“案例导入”“请注意”“动脑筋”“职业能力判断与选择”等栏目，丰富了本书内容，增强了可读性；同时，二维码技术在本书中广泛应用，可使用智能移动终端设备扫描学习，实现了“纸媒”与“数字媒体”的有效融合。

（3）版式设计图文并茂，双色印刷。本书配套推送数字化课程资源包，有助于解决教师“怎样教”和学生“如何学”的问题，为教师教学和学生自主学习提供全方位的服务。

本书第一版由江苏财经职业技术学院程淮中教授总负责，提出编写提纲、目录清单、格式规范要求，并和鲍建青教授共同担任主编，高阳博士、李英副教授、张琰讲师担任副主编。各模块初稿完成后，程淮中统稿审阅模块一、模块四和模块五，鲍建青统稿审阅模块二和模块三。第三版修订由程淮中教授和鲍建青教授共同负责，江苏国瑞兴光税务师事务所高允斌高级会计师参与了本次修订。在修订过程中，我们参考了许多同行的书籍和作品，由于版面所限不能一一列出，在此一并表示感谢。

由于编者水平有限，加之财经法规变化很快，书中纰漏与不足在所难免，敬请广大读者批评指正，可发邮件到chz3260001@sina.com，我们将不胜感激。

编　者

2023年1月

目录

模块一

会计工作制度性安排的守护神

——走进会计法规时空

学习目标

1.理解会计法律制度的概念，了解会计法律制度的构成；
2.明确会计工作的行政管理和行业自律管理；
3.熟悉单位内部会计工作管理；
4.掌握单位会计机构的设置、会计人员的配备与管理；
5.理解并掌握会计核算和会计监督的内容。

知识点

1.会计法律制度的概念和构成；
2.会计机构的概念及设置要求；
3.代理记账的概念、业务范围、义务和法律责任；
4.会计工作交接的范围、程序和责任；
5.会计信息质量要求；
6.单位内部会计监督的概念和要求；
7.内部控制的概念与目标。

技能点

1.能根据一个单位规模的大小、业务的繁简和管理体制的要求确定是否需要设置会计机构；
2.能按照会计工作交接的程序做好会计交接工作；
3.能填制和审核原始凭证与记账凭证；
4.能按照财务会计报告的编制要求编制会计报表；
5.能比较区分注册会计师审计与内部审计。

案例引入

龙腾商贸有限责任公司（以下简称龙腾公司）为一家国有企业。2019年6月，该公司出纳张平辞职，财务科科长江明远将其侄女江红艳调到公司担任出纳，张平与江红艳自行办理了工作交接手续。为了节约人工成本，江红艳担任出纳后，又承担了会计档案保管工作。9月，华瑞公司向龙腾公司购买了一批总价款为30万元的货物。龙腾公司收到货款后，江红艳为华瑞公司开具了发票，在填写发票时，江红艳将30万元误填为3万元。华瑞公司发现后，将发票交给江红艳进行了更改并加盖了龙腾公司印章。10月30

日，龙腾公司有一批保管期满的会计档案，按规定需要销毁。龙腾公司档案管理部门编制了会计档案销毁清册，档案管理部门负责人王成在会计档案销毁清册上签了字，并于当天对档案进行了销毁。

【思考】

(1) 你认为龙腾公司可能存在哪些问题？

(2) 你有哪些改进意见？

任务一 认知会计法规，了解法规体系

一、会计法律制度的概念

会计法律制度是指国家权力机关和行政机关制定的，用以调整会计关系的各种法律、法规、规章和规范性文件的总称。会计关系是指会计机构和会计人员在办理会计事务的过程中以及国家在管理会计工作的过程中发生的各种经济关系。在一个单位，会计关系的主体为会计机构和会计人员，客体为与会计工作相关的具体事务。为了保证会计工作的有序进行，国家通过制定一系列会计法律制度来调整和规范各种会计关系，包括针对会计工作管理、会计核算、会计监督、会计机构与会计人员、会计档案管理、法律责任等所制定的规范性文件。

二、会计法律制度的构成

我国的会计法律制度基本上形成了以《中华人民共和国会计法》（以下简称《会计法》）为主体的比较完善的会计法规体系，主要包括会计法律、会计行政法规、会计部门规章和地方性会计法规。

（一）会计法律

会计法律是指由全国人民代表大会及其常务委员会经过一定立法程序制定的有关会计工作的法律。我国的会计法律主要有《会计法》和《中华人民共和国注册会计师法》（以下简称《注册会计师法》）等。

1.《会计法》

《会计法》由第六届全国人民代表大会常务委员会第九次会议于1985年1月21日通过，这是中华人民共和国成立后制定的第一部会计法律。1993年12月29日，第八届全国人民代表大会常务委员会第五次会议对其进行了修正。1999年10月31日，第九届全国人民代表大会常务委员会第十二次会议对其进行了修订，并自2000年7月1日起在全国范围内实施。2017年11月4日，第十二届全国人民代表大会常务委员会第三十次会议通过了《全国人民代表大会常务委员会关于修改〈中华人民共和国会计法〉等十一部法律的决定》，又一次对《会计法》进行了修正，自2017年11月5日起施行。现行《会计法》共有七章五十二条，包括总则、会计核算、公司和企业会计核算的特别规定、会计监督、会计机构和会计人员、法律责任、附则。《会计法》的立法宗旨是：规范会计行为，保证会计资料真实、完整，加强经济管理和财务管理，提高经济效益，维护社会主义市场经济秩序。《会计法》是会计法律制度中层次最高的法律规范，是制定其他会计法规的依据，也是指导会计工作的最高准则。

【提示】国家机关、社会团体、公司、企业、事业单位和其他组织都必须依照《会计法》办理会计事务。

2.《注册会计师法》

《注册会计师法》由第八届全国人民代表大会常务委员会第四次会议于1993年10月31日通过，自1994年1月1日起施行。2014年8月31日，第十二届全国人民代表大会常务委员会第十次会议通过了对《注册会计师法》的修改决定。现行《注册会计师法》共有七章四十六条，包括总则、考试和注册、业务范围和规则、会计师事务所、注册会计师协会、法律责任、附则。《注册会计师法》的立法宗旨是：发挥注册会计师在社会经济活动中的鉴证和服务作用，加强对注册会计师的管理，维护社会公共利益和投资者的合法权益，促进社会主义市场经济的健康发展。《注册会计师法》是我国中介行业的第一部法律，为注册会计师行业的发展提供了有力的法律保障。

【请注意】注册会计师并不是会计，它是监督会计工作的第三方，具有中介的作用。

（二）会计行政法规

会计行政法规是指由国务院制定并发布，或者由国务院有关部门拟定并经国务院批准发布的，调整经济生活中某些方面会计关系的法律规范。例如，2011年1月8日国务院修正的《总会计师条例》、2000年6月21日国务院发布的《企业财务会计报告条例》等，都属于会计行政法规。会计行政法规通常以条例、办法、规定等具体名称出现。

【请注意】会计行政法规制定的依据是《会计法》。

（三）会计部门规章

会计部门规章是指国家主管会计工作的行政部门即财政部以及其他相关部门根据法律和国务院的行政法规、决定、命令，在本部门的权限范围内制定的、调整会计工作中某些方面内容的、国家统一的会计准则制度和规范性文件。会计部门规章包括国家统一的会计核算制度、会计监督制度、会计机构和会计人员管理制度及会计工作管理制度等。例如，2016年2月16日以财政部令第80号公布、2019年3月14日修正的《代理记账管理办法》，2018年12月6日财政部发布的《会计人员管理办法》，2018年5月19日财政部、人力资源和社会保障部发布的《会计专业技术人员继续教育规定》，1996年6月17日财政部发布、2019年3月14日修正的《会计基础工作规范》等，都属于会计部门规章。

【动脑筋】目前我国企业会计准则体系由哪些内容构成？

（四）地方性会计法规

地方性会计法规是指由省、自治区、直辖市人民代表大会或常务委员会在同宪法、会计法律、行政法规和国家统一的会计准则制度不相抵触的前提下，根据本地区情况制定发布的关于会计核算、会计监督、会计机构和会计人员以及会计工作管理的规范性文件。例如，江苏省人民政府于2000年4月30日发布、自2001年1月1日起正式实施的《江苏省会计建账监管暂行办法》，2022年6月7日山西省财政厅出台《山西省财政总会计制度试点方案》等就属于地方性会计法规。

【请注意】在会计法规体系中，会计法律、会计行政法规、会计部门规章和地方性会计法规的法律效力是依次减弱的，会计部门规章和地方性会计法规的法律地位都低于会计法律和会计行政法规。

任务二　组织会计工作，建立会计工作管理体制

会计工作既是一项综合性、政策性很强的管理工作，也是一项严密细致的工作。会计工作既是企业经营管理工作的重要组成部分，又与统计工作及其他各项管理工作密切相关。

会计工作管理体制是指国家管理会计工作的组织形式和基本制度，包括会计工作管理组织形式、管理权限划分、管理机构设置等内容。目前，我国颁布的《会计法》和《注册会计师法》已经对我国的会计管理体制进行了明确规定，并且初步形成了会计工作的行政管理、会计工作的行业自律管理和单位内部的会计工作管理各有侧重、协调发展的会计管理体制。

一、会计工作的行政管理

（一）会计工作行政管理的含义

会计工作行政管理是指代表国家的政府部门对会计工作进行的管理工作。《会计法》第七条规定："国务院财政部门主管全国的会计工作。县级以上地方各级人民政府财政部门管理本行政区域内的会计工作。"我国会计工作行政管理体制实行统一领导、分级管理的原则。

【请注意】《会计法》规定财政部门是会计工作的主管部门，但并不排斥国家其他部门依法对会计工作进行管理，如国家审计机关、中国人民银行、证券监管机构等。这一规定体现了财政部门与其他政府管理部门在管理会计事务的过程中相互协作、相互配合的关系。

（二）会计工作行政管理的内容

会计工作行政管理的内容主要包括：

1. 制定国家统一的会计准则、制度

会计准则、制度及相关标准的制定和组织实施是财政部门管理会计工作的一项基本职能。《会计法》第八条规定："国家统一的会计制度由国务院财政部门根据本法制定并公布。国务院有关部门可以依照本法和国家统一的会计制度制定对会计核算和会计监督有特殊要求的行业实施国家统一的会计制度的具体办法或者补充规定，报国务院财政部门审核批准。中国人民解放军总后勤部可以依照本法和国家统一的会计制度制定军队实施国家统一的会计制度的具体办法，报国务院财政部门备案。"这里明确规定了制定会计制度的权限。同时，企业会计准则、内部控制规范和会计信息化标准等，其制定权都在财政部。近年来，财政部门陆续制定并发布了《企业会计制度》、《金融企业会计制

度》、《民间非营利组织会计制度》、企业会计准则和《小企业会计准则》等，出台了相关讲解、应用指南和解释公告，对会计制度和会计准则的执行情况进行跟踪、调研，同时指导企业正确运用相关会计标准，保证企业提供高质量的会计信息。

【请注意】国家统一的会计制度包括三个方面的内容：一是国家统一的会计核算制度，如《企业会计准则——基本准则》《企业会计制度》等；二是国家统一的会计机构和会计人员管理制度，如《会计专业职务试行条例》等；三是国家统一的会计工作管理制度，如《会计档案管理办法》等。

2. 会计市场管理

会计工作的性质决定了政府必须对会计市场进行管理。我国财政部门对会计市场的管理主要包括会计市场的准入、运行和退出管理三个方面。

（1）会计市场的准入管理。

会计市场的准入管理是指财政部门对代理记账机构的设立、注册会计师资格的取得及会计师事务所的设立等进行的条件设定。这是对会计人员从事会计工作的准入要求，由我国县级以上财政部门进行管理。

（2）会计市场的运行管理。

会计市场的运行管理是指财政部门对获准进入会计市场的机构和人员，是否遵守各项法律、法规，依据相关准则、制度和规范执行业务的过程及结果所进行的监督和检查。会计市场的运行管理是会计市场管理的重要组成部分。

【提示】获准进入会计市场的机构和人员是否持续符合相关的资格和条件，也属于会计市场运行管理的范畴。

（3）会计市场的退出管理。

会计市场的退出管理是指财政部门对在执业过程中有违反《会计法》《注册会计师法》行为的机构和个人进行处罚，情节严重的，吊销其执业资格，强制其退出会计市场。

3. 会计专业人才评价

会计专业人才是我国人才队伍的重要组成部分，是维护市场经济秩序、推动科学发展、促进社会和谐的重要力量。加强会计专业人才队伍建设，着力培养高层次会计专业人才，并以此引导和带动我国会计专业人才队伍的发展，不仅关系到提高会计行业核心竞争力、确保会计工作促进经济社会发展的职能作用的有效发挥，而且关系到全国实施人才战略、建设创新型国家的大局。财政部门除了负责选拔和培养会计专业人才之外，还担负着开展会计专业人才评价的重任。

目前，我国已经基本形成了阶梯式的会计专业人才评价机制，包括初级、中级、高级会计人才评价机制和会计行业领军人才的培养评价等。会计专业技术资格是指担任会计专业职务的资格，分为初级、中级和高级。会计专业职务的取得必须通过会计专业技术资格考试，该考试主要由各省级财政部门负责实施。正高级会计师是我国会计专业职务系列里最高的职称级别。

2021年财政部发布的《会计行业人才发展规划（2021—2025年）》进一步明确了“十四五”时期会计人才发展的4个具体目标，为培养各领域的高端会计人才，财政部实施一系列重大会计人才培养工程，培养符合新时代高质量发展要求的大中型企业高端会计人才，符合新时代行政事业单位管理要求的高端会计人才，符合国家建设要求的注册会计师，符合教育改革要求、贴近会计实务的会计教学科研人才和学术带头人，符合会计国际交流合作需要的国际化高端会计人才。

2021年11月，财政部印发的《会计改革与发展“十四五”规划纲要》提出了“人才队伍结构持续优化”的总体目标和“培养造就高水平会计人才队伍”的主要任务，将重点实施五个工程，即实施大中型企业总会计师培养工程、行政事业单位财务负责人培养工程、会计师事务所合伙人培养工程、会计教学科研人才培养工程、国际化高端会计人才培养工程。

【提示】财政部和地方财政部门对先进会计工作者的表彰奖励也属于会计专业人才评价的范畴。例如，财政部制定了《全国先进会计工作者评选表彰办法》来明确评选的范围、条件和程序等。

4. 会计监督检查

财政部门实施的会计监督检查主要是会计信息质量检查和会计师事务所执业质量检查。2001年，为规范财政部门会计监督工作，保障财政部门有效实施会计监督，保护公民、法人和其他组织的合法权益，根据《会计法》《中华人民共和国行政处罚法》《企业财务会计报告条例》等有关法律、行政法规的规定，财政部制定了《财政部门实施会计监督办法》。

（1）根据有关规定，财政部组织实施对全国的会计信息质量检查，并依法对违法行为实施行政处罚；县级以上财政部门组织实施对本行政区域内的会计信息质量检查，并依法对本行政区域内的单位或人员的违法行为实施行政处罚。

（2）根据有关规定，财政部组织实施对全国会计师事务所的执业质量检查，并依法对违反《注册会计师法》的行为实施行政处罚；各省、自治区、直辖市人民政府财政部门组织实施对本行政区域内的会计师事务所的执业质量检查，并依法对本行政区域内的会计师事务所或注册会计师违反《注册会计师法》的行为实施行政处罚。

【提示】财政部门对会计市场的监督，还包括依法加强对会计行业自律组织的监督和指导。

二、会计工作的行业自律管理

行业自律管理是相对于行政管理的一种管理模式。行政管理是国家行政机关依法对国家和社会公共事务进行管理。行业自律管理是指行业协会根据会员一致的意愿，自行制定规则，并据此对各成员进行管理，以促进成员之间的公平竞争和行业的有序发展。会计行业自律管理制度是对会计行政管理制度的一种有益补充，有助于督促会计人员依法开展会计工作，树立良好的行业风气，促进行业的发展。目前，我国会计工作的行业自律管理组织主要有中国注册会计师协会、中国会计学会和中国总会计师协会。

（一）中国注册会计师协会

注册会计师协会是由注册会计师组成的社会团体。中国注册会计师协会（CICPA）是注册会计师行业的全国组织，各省、自治区、直辖市注册会计师协会是注册会计师行业的地方组织。中国注册会计师协会的最高权力机构为全国会员代表大会，全国会员代表大会选举产生理事会。

中国注册会计师协会的宗旨是服务、监督、管理、协调，即以诚信建设为主线，服务本会会员，监督会员执业质量、职业道德，依法实施注册会计师行业管理，协调行业内、外部关系，维护社会公众利益和会员合法权益，促进行业科学发展。

中国注册会计师协会的业务范围主要有：

（1）拟定注册会计师执业准则、规则，监督、检查实施情况；

（2）制定行业管理规范；

（3）组织对注册会计师的任职资格、注册会计师和会计师事务所的执业情况进行年度检查，对违规行为予以惩戒；

（4）组织实施注册会计师全国统一考试；

（5）组织、推动会员培训和行业人才建设工作；

（6）组织业务交流，开展理论研究，提供技术支持；

（7）开展注册会计师行业宣传；

（8）协调行业内、外部关系，支持会员依法执业，维护会员合法权益；

（9）代表中国注册会计师行业开展国际交往活动；

（10）组织实施注册会计师行业信息化建设；

（11）指导省、自治区、直辖市注册会计师协会工作；

（12）办理法律、行政法规规定和国家机关委托或授权的其他有关工作。

【请注意】注册会计师应当加入注册会计师协会。

（二）中国会计学会

中国会计学会（ASC）成立于1980年1月，是由全国会计领域各类专业组织及个人自愿结成的学术性、专业性、非营利性社会组织。中国会计学会接受财政部和民政部的业务指导、监督和管理。

中国会计学会的业务范围包括：

（1）组织协调全国会计科研力量，开展会计理论研究和学术交流，促进科研成果的推广和运用；

（2）总结我国会计工作和会计教育经验，研究和推动会计专业的教育改革；

（3）编辑出版会计刊物、专著、资料；

（4）发挥学会的智力优势，开展多层次、多形式的智力服务工作，包括组织开展中高级会计人员培养、会计培训和会计咨询与服务等；

（5）开展会计领域国际学术交流与合作；

（6）发挥学会联系政府与会员的桥梁和纽带作用，接受政府和其他单位委托，组织开展有关工作；

（7）其他符合学会宗旨的业务活动。

（三）中国总会计师协会

中国总会计师协会是经财政部审核同意、民政部正式批准，依法注册登记成立的跨地区、跨部门、跨行业、跨所有制的非营利性国家级社团组织，是总会计师行业的全国性自律组织。

中国总会计师协会的业务范围包括：

（1）依照有关规定，组织开展总会计师、履行总会计师职责的会计师及高级财会人员的岗位培训和继续教育，组织开展会计人员岗位培训和继续教育。

（2）组织开展总会计师及后备人员职业能力水平评价工作；组织开展管理会计师职业能力水平评价工作，探索基于业财融合的管理会计人才培养的其他途径。

（3）依法主办本会的刊物和网站，编辑出版本会业务范围内相关的书籍、资料，以各种形式开展行业宣传和业务培训。

（4）组织会计理论研究，开展专题调研，提供政策建议。

（5）组织会计信息交流，开展业务咨询服务。

（6）代表我国总会计师行业开展对外交流和国际交往活动。

（7）制定行业自律规范，开展诚信守法教育，促进会计人员树立良好职业道德。

（8）维护会员合法权益。

（9）接受财政部和有关部门授权和委托，组织开展有关工作。

三、单位内部的会计工作管理

单位内部会计管理制度是指各单位根据国家会计法律、法规、规章和制度的规定，结合本单位经营管理和业务管理的特点及要求而制定的，旨在规范单位内部会计管理活动的制度、措施和办法。单位内部的会计工作管理主要包括以下内容：单位负责人的职责、会计机构的设置、会计人员的选拔任用和会计人员的回避制度。

（一）单位负责人的职责

单位负责人是指单位法定代表人或者按照法律、行政法规的规定代表单位行使职权的主要负责人。单位内部会计工作管理的责任主体是单位负责人。单位负责人主要包括两类人员：一是单位法定代表人，是指依法代表法人单位行使职权的负责人，如国有工业企业的厂长（经理）、公司制企业的董事长、国家机关的最高行政官员等；二是按照法律、行政法规的规定代表单位行使职权的负责人，如代表合伙企业执行合伙企业事务的合伙人、个人独资企业的投资人等。

《会计法》第四条规定：“单位负责人对本单位的会计工作和会计资料的真实性、完整性负责。”《会计法》第二十八条规定：“单位负责人应当保证会计机构、会计人员依法履行职责，不得授意、指使、强令会计机构、会计人员违法办理会计事项。”这些规定明确了单位负责人在单位会计工作管理中的职权和责任。

（二）会计机构的设置

会计机构是各单位办理会计事务的职能部门，会计人员是直接从事会计工作的人员。建立健全会计机构，配备与会计工作要求相适应、具有一定素质和数量的会计人员，是做好会计工作、充分发挥会计职能作用的重要保证。《会计法》对会计机构的设置也作出了规定，各单位应当根据会计业务的需要，设置会计机构，或者在有关机构中设置会计人员并指定会计主管人员；不具备设置条件的，应当委托经批准设立从事会计代理记账业务的中介机构代理记账。

【请注意】单位是否需要设置会计机构，取决于单位规模的大小、经济业务和财务收支的繁简以及经营管理的需要等因素。

（三）会计人员的选拔任用

会计行政管理部门与基层会计核算单位、各级会计管理部门之间在会计人员管理方面的权责关系即为会计人员管理制度，主要包括会计人员任职资格管理、会计人员任免管理、会计人员调迁管理、会计人员评优奖惩管理、会计专业技术资格管理、会计人员继续教育管理等内容。

从事会计工作的人员应当具备必要的专业知识和专业技能，熟悉国家有关法律、法规、规章和国家统一会计制度，遵守职业道德。担任会计机构负责人（会计主管人员）的，应当具备会计师以上专业技术职务资格或者从事会计工作不少于3年；担任总会计师的，应当在取得会计师任职资格后，主管一个单位或者单位内一个重要方面的财务会计工作时间不少于3年。国有的和国有资产占控股地位或者主导地位的大、中型企业必须设置总会计师。凡设置总会计师的单位，在单位行政领导成员中，不设与总会计师职权重叠的副职。

【提示】单位对于认真执行会计法律制度，忠于职守、坚持原则，作出显著成绩的会计人员，应给予精神和物质奖励。

（四）会计人员的回避制度

回避制度是指为保证执法或执业的公正性，对可能影响其公正性的执法或执业人员实行职务回避和业务回避的一种制度。《会计基础工作规范》第十六条规定："国家机关、国有企业、事业单位任用会计人员应当实行回避制度。单位领导人的直系亲属不得担任本单位的会计机构负责人、会计主管人员。会计机构负责人、会计主管人员的直系亲属不得在本单位会计机构中担任出纳工作。"

会计人员需要回避的直系亲属包括：

1. 夫妻关系

夫妻关系是血亲关系和姻亲关系的基础和源泉，是亲属关系中最核心、最重要的部分，必须回避。

2. 直系血亲关系

直系血亲关系是指具有直接血缘关系的亲属。直系血亲关系从法律上讲有两种情况：第一种是指出生于同一祖先，有自然联系的亲属，如祖父母、父母、子女等；第二种是指本来没有自然的或直接的血缘关系，但法律上确定其地位与血亲相等，如养父母和养子女之间的关系。直系血亲关系是亲属关系中最紧密的关系之一，也应当列入回避范围。

3. 三代以内旁系血亲以及配偶亲关系

旁系血亲是指源于同一祖先的非直系的血亲。从自身往上或者往下数三代以内，除了直系血亲以外的血亲，就是三代以内旁系血亲，实际上就是自己的兄弟姐妹及其子女与父母的兄弟姐妹及其子女。所谓配偶亲，主要是指配偶的父母及兄弟姐妹、儿女的配偶及儿女配偶的父母。因为三代以内旁系血亲以及配偶亲关系在亲属中也是比较亲密的关系，所以也需要回避。

任务三 设置会计机构，配备会计人员

一、会计机构的设置

会计机构是指各单位内部设置的办理会计事务和组织领导会计工作的职能部门，会计人员是指在会计岗位直接从事会计工作的人员。建立健全会计机构，配备一定数量和素质的会计人员，是各单位做好会计工作、充分发挥会计职能作用的重要条件。

（一）单位会计机构的设置

一个单位是否单独设置会计机构，往往取决于以下几个因素：单位规模的大小；经济业务和财务收支的繁简；经营管理的要求。

考虑上述因素，单位会计机构的设置一般来说有以下几种情况：

（1）大、中型企业和具有一定规模的行政事业单位，以及财务收支数额较大、会计业务较多的社会团体和其他经济组织，应单独设置会计机构，以便及时组织本单位各项经济活动和财务收支的核算，实行有效的会计监督。

（2）不具备单独设置会计机构条件的单位，如财务收支数额不大、会计业务比较简单的企业、机关、团体、事业单位等，可以在有关机构中配备专职会计人员。

（3）不具备设置会计机构条件的单位，应当委托经批准设立从事会计代理记账业务的中介机构代理记账。

《会计法》第三十六条规定，各单位应当根据会计业务的需要，设置会计机构，或者在有关机构中设置会计人员并指定会计主管人员；不具备设置条件的，应当委托经批准设立从事会计代理记账业务的中介机构代理记账。

【提示】“会计主管人员”是《会计法》中的一个特指概念，其不同于通常所说的“会计主管”“主管会计”“主办会计”等概念，是指负责组织管理会计事务、行使会计机构负责人职权的人。

（二）代理记账

代理记账是指将本企业的会计核算、记账、报税等一系列会计工作全部委托给从事代理记账业务的社会中介机构完成，本企业只设立出纳人员，负责日常货币收支业务和财产保管等工作。财政部于2016年2月16日发布了《代理记账管理办法》，自2016年5月1日起施行。2019年3月，财政部公布了《财政部关于修改〈代理记账管理办法〉等2部部门规章的决定》（财政部令第98号），对该办法进行了修改。该办法对代理记账机构的设立条件、代理记账机构的业务范围、委托人应当履行的义务、代理记账人员应遵循的规则等内容都作出了具体的规定。

1. 代理记账机构的设立条件

除会计师事务所以外的机构从事代理记账业务应当经县级以上地方人民政府财政部门（以下简称审批机关）批准，领取由财政部统一规定样式的代理记账许可证书。具体审批机关由省、自治区、直辖市、计划单列市人民政府财政部门确定。

【提示】会计师事务所及其分所可以依法从事代理记账业务。

2. 代理记账机构的业务范围

代理记账机构可以根据委托人的委托办理下列业务：

（1）根据委托人提供的原始凭证和其他相关资料，按照国家统一的会计制度的规定进行会计核算，包括审核原始凭证、填制记账凭证、登记会计账簿、编制财务会计报告等；

（2）对外提供财务会计报告；

（3）向税务机关提供税务资料；

（4）委托人委托的其他会计业务。

3. 委托人应当履行的义务

（1）对本单位发生的经济业务事项，应当填制或者取得符合国家统一的会计制度规定的原始凭证；

（2）应当配备专人负责日常货币收支和保管；

（3）及时向代理记账机构提供真实、完整的原始凭证和其他相关资料；

（4）对于代理记账机构退回的，要求按照国家统一的会计制度的规定进行更正、补充的原始凭证，应当及时予以更正、补充。

4. 代理记账机构及其从业人员应当履行的义务

（1）遵守有关法律、法规和国家统一的会计制度的规定，按照委托合同办理代理记账业务；

（2）对在执行业务中知悉的商业秘密予以保密；

（3）对委托人要求其作出不当的会计处理，提供不实的会计资料，以及其他不符合法律、法规和国家统一的会计制度行为的，予以拒绝；

（4）对委托人提出的有关会计处理相关问题予以解释。

【请注意】只有代理记账机构（代理记账公司、会计师事务所、具有代理记账资格的其他社会咨询服务机构）才能从事代理记账业务，个人不能从事代理记账业务，但可以做兼职会计。

二、会计工作岗位设置

会计工作岗位是指单位会计机构内部根据业务分工而设置的从事会计工作、办理会计事项的具体职位。在会计机构内部设置会计工作岗位，有利于明确分工和确定岗位职责，建立岗位责任制；有利于会计人员钻研业务，提高工作效率和质量；有利于会计工作的程序化和规范化，加强会计基础工作；有利于强化会计管理职能，改进会计工作。此外，在会计机构内部设置会计工作岗位也是配备数量适当的会计人员的客观依据之一。

（一）会计工作岗位设置的要求

设置会计工作岗位应遵循以下原则：

1. 按需设岗

按需设岗就是根据本单位会计业务的需要设置会计工作岗位。各单位会计工作岗位的设置应与其业务活动规模、特点和管理要求相适应，以保证单位会计信息的生成、加工和传递真实可靠、及时有效。各单位的业务活动规模、特点和管理要求不同，其会计机构的规模、会计人员的数量和会计工作岗位的分工也不同。通常，对于业务活动规模大、业务过程复杂、经济业务量大和管理严格的单位，其会计机构的规模相应较大，会计人员相应较多，会计工作岗位的分工也相应较细；相反，对于业务活动规模小、业务过程简单、经济业务量少和管理要求不高的单位，其会计机构的规模相应较小，会计人员相应较少，会计工作岗位的分工也相应较粗。

会计工作岗位可以一人一岗、一人多岗或者一岗多人。通常，在小型企业中，一人一岗、一人多岗的现象较多；在大、中型企业中，一岗多人的现象则比较普遍。

2. 符合内部牵制制度的要求

内部牵制制度是指对于款项和财物的收付、结算及登记工作，必须由两个或两个以上的人或部门分工办理，以相互制约的一种工作制度。内部牵制制度的基本目标包括：规范会计行为，保证会计资料的真实与完整；及时发现、纠正和防止错弊，保护资产的安全与完整；确保法律、法规、规章制度的贯彻执行。单位在设置会计工作岗位及制定岗位职责时，必须在一些会计确认、计量、记录和报告等关键性环节，设置必要的具有预防功能和自查自纠功能的内部控制措施和程序。

在设置会计工作岗位时，各单位必须遵守不相容职务相分离原则。不相容职务是指不能同时由一个人兼任的职务，具体内容包括：

（1）授权进行某项经济业务的职务与执行该项经济业务的职务要分离；

（2）执行某项经济业务的职务与批准该项经济业务的职务要分离；

（3）执行某项经济业务的职务与记录该项经济业务的职务要分离；

（4）保管某项财产的职务与记录该项财产的职务要分离；

（5）保管与记录某项资产的职务与账实核对的职务要分离。

【请注意】出纳人员不得兼任稽核、会计档案保管和收入、支出、债权债务账目的登记工作。出纳以外的人员不得经管库存现金、有价证券和票据。

3. 建立会计人员岗位责任制

会计人员岗位责任制是指在会计机构内部按照会计工作的内容和会计人员的配备情况，将会计机构的工作划分为若干个岗位，并按岗位规定职责进行考核的责任制度。建立会计人员岗位责任制是为了分清每一位会计人员的职责，做到事事有人管、人人有专责，从而提高会计工作效率，保证会计信息质量。

4. 建立定期或不定期轮岗制度

视频

26岁女会计钻漏洞

《会计基础工作规范》第十三条规定：“会计人员的工作岗位应当有计划地进行轮换。”定期或不定期轮换会计人员的工作岗位，有利于会计人员全面熟悉会计核算与监督业务，增强会计人员之间团结合作的意识，不断提高会计业务技能和业务素质，进一步完善单位内部控制制度。

（二）主要会计工作岗位

会计工作岗位一般可分为：

（1）总会计师（或行使总会计师职权）岗位；

（2）会计机构负责人或者会计主管人员岗位；

（3）出纳岗位；

（4）稽核岗位；

（5）资本、基金核算岗位；

（6）收入、支出、债权债务核算岗位；

（7）职工薪酬、成本费用、财务成果核算岗位；

（8）财产、物资的收发、增减核算岗位；

（9）总账岗位；

（10）财务会计报告编制岗位；

（11）会计机构内会计档案管理岗位；

（12）其他会计工作岗位。

实行会计电算化和管理会计的单位，可以根据需要设置相应的工作岗位，也可以与其他工作岗位相结合。

【请注意】会计机构中对正式移交之前的会计档案进行保管的工作岗位属于会计岗位，但档案管理部门中对正式移交之后的会计档案进行保管的会计档案管理岗位不再属于会计岗位。医院门诊收费员、住院处收费员、药房收费员、药品库房记账员、商场超市收银员等不属于会计岗位。与单位内部审计、社会审计和政府审计等工作相关的岗位也不属于会计岗位。

三、会计工作交接

会计工作交接是指会计人员调整时，由离职会计将有关工作和各项会计资料交给继任者的过程。会计工作交接是会计工作中的一项重要内容。做好会计工作交接，可以使会计工作前后衔接，保证会计工作连续进行；可以防止因会计人员的更换出现账目不清、财务混乱等现象；是分清移交人员与接管人员责任的有效措施。

（一）交接的范围

在下列情况下需要办理会计工作交接：

（1）会计人员临时离职或因病不能工作、需要接替或代理时，会计机构负责人（会计主管人员）或单位负责人必须指定专人接替或者代理，并办理会计工作交接手续。

（2）临时离职或因病不能工作的会计人员恢复工作时，应当与接替或代理人员办理交接手续。

（3）移交人员因病或其他特殊原因不能亲自办理移交手续的，经单位负责人批准，可由移交人委托他人代办交接，但委托人应当对所移交的会计凭证、会计账簿、财务会计报告和其他有关资料的真实性、完整性承担法律责任。

（二）交接程序

1. 提出交接申请

会计人员在向单位或者有关机关提出调动工作或者离职的申请时，应当同时向会计机构提出会计交接申请。

2. 交接前的准备工作

会计人员在办理会计工作交接前，应当按照规定做好以下准备工作：

（1）已经受理的经济业务尚未填制会计凭证的应当填制完毕。

（2）尚未登记的账目应当登记完毕、结出余额，并在最后一笔余额后加盖经办人印章。

（3）整理好应该移交的各项资料，对未了事项写出书面说明材料。

（4）编制移交清册，列明应该移交的会计凭证、会计账簿、财务会计报告、公章、现金、有价证券、支票簿、发票、文件、其他会计资料和物品等内容；实行会计电算化的单位，从事该项工作的移交人员应在移交清册上列明会计软件及密码、会计软件数据磁盘（磁带等）及相关资料、实物等内容。

3. 移交点收

移交人员离职前，必须将本人经管的会计工作在规定的期限内，全部向接管人员移交清楚。接管人员应认真按照移交清册逐项点收。具体要求如下：

（1）现金、有价证券要根据会计账簿有关记录进行点交。库存现金、有价证券必须与会计账簿记录保持一致；不一致时，移交人员必须限期查清。

（2）会计凭证、会计账簿、财务会计报告和其他会计资料必须完整无缺。如有短缺，必须查清原因，并在移交清册中注明，由移交人员负责。

（3）银行存款账户余额要与银行对账单核对相符，如不一致，应当编制银行存款余额调节表调节相符，各种财产物资和债权债务的明细账户余额要与总账有关账户的余额核对相符。必要时，要抽查个别账户的余额，与实物核对相符，或与往来单位、个人核对清楚。

（4）移交人员经管的票据、印章及其他物品，必须交接清楚。移交人员从事会计电算化工作的，要在实际操作状态下对有关电子数据进行交接。

4. 专人负责监交

为了明确责任，会计人员在办理工作交接时，必须有专人负责监交。移交清册应当经过监交人员审查和签名、盖章，作为交接双方明确责任的证件。具体要求如下：

（1）一般会计人员办理交接手续，由会计机构负责人（会计主管人员）监交。

（2）会计机构负责人（会计主管人员）办理交接手续，由单位负责人监交，必要时主管单位可以派人会同监交。

【提示】主管单位派人会同监交通常有三种情况：第一，所属单位负责人不能监交，需要由主管单位派人代表主管单位监交；第二，所属单位负责人不能尽快监交，需要由主管单位派人督促监交；第三，不宜由所属单位负责人单独监交，需要由主管单位派人会同监交。此外，当主管单位认为交接过程中存在某种问题需要派人监交时，也可派人会同监交。

【动脑筋】某单位的出纳人员因工作变动需要办理移交手续，主管会计能负责监交吗？

5. 交接后的有关事宜

（1）会计工作交接完毕后，交接双方和监交人应在移交清册上签名或盖章，并注明单位名称、交接日期、移交清册页数以及需要说明的问题和意见等。

（2）接管人员应继续使用移交前的账簿，不得擅自另立账簿，以保证会计记录前后衔接、内容完整。

（3）移交清册的填制一般应一式三份，交接双方各执一份，存档一份。

（三）交接人员的责任

在会计工作交接中，合理、公正地区分移交人员和接管人员的责任是非常必要的。交接完成后，如果移交人员所移交的会计凭证、会计账簿、财务会计报告和其他会计资料是在其经办会计业务期间发生的，则移交人员应当对这些会计资料的合法性、真实性承担法律责任。

四、会计专业技术资格与职务

（一）会计专业技术资格

会计专业技术资格分为初级资格、中级资格和高级资格三个级别。初级、中级资格的取得实行全国统一考试制度；高级会计师资格的取得实行考试与评审相结合制度。

1.报考条件

（1）报名参加会计专业技术资格考试的人员，应当符合下列基本条件：

① 坚持原则，具备良好的职业道德品质；

② 认真执行《会计法》和国家统一的会计制度，以及有关财经的法律、法规、规章制度，无严重违反财经纪律的行为；

③ 履行岗位职责，热爱本职工作。

（2）报名参加初级会计专业技术资格考试的人员，除符合上述基本条件外，还必须具备国家教育部门认可的高中毕业（含高中、中专、职高和技校）及以上学历。

（3）报名参加中级会计专业技术资格考试的人员，除符合上述基本条件外，还必须具备下列条件之一：

① 取得大学专科学历，从事会计工作满5年。

② 取得大学本科学历，从事会计工作满4年。

③ 取得双学士学位或研究生班毕业，从事会计工作满2年。

④ 取得硕士学位，从事会计工作满1年。

⑤ 取得博士学位。

【提示】上述报考条件所说的学历是指教育部承认的学历；会计工作年限的截止日期为考试报名年度当年年底前。

2.考试科目

会计专业技术资格考试工作由财政部、人力资源和社会保障部共同负责。财政部负责拟定考试科目、考试大纲，进行考试命题，编写考试用书，组织实施考试，统一规划考前培训等有关工作。人力资源和社会保障部负责审定考试科目、考试大纲和试题，会同财政部对考试工作进行检查、监督、指导和确定合格标准。各地区的考试工作由当地财政部门、人力资源和社会保障部门共同负责。

（1）初级会计专业技术资格考试科目：初级会计实务和经济法基础。

【请注意】参加初级会计专业技术资格考试的人员必须在一个考试年度内通过全部科目的考试。

（2）中级会计专业技术资格考试科目：中级会计实务、财务管理和经济法。

【请注意】中级会计专业技术资格考试以2年为一个周期，参加考试的人员必须在连续2个考试年度内通过全部科目的考试。部分科目合格后，由当地考试管理机构核发成绩通知单。

（3）高级会计师考试科目：高级会计实务。

3.证书管理

（1）会计专业技术资格证书在全国范围内有效。各地在颁发证书时，不得附加任何条件。

（2）会计专业技术资格实行定期登记制度。资格证书每3年登记一次。持证者应按规定到当地人力资源和社会保障部门、财政部门指定的办事机构办理登记手续。

（3）取得会计专业技术资格的人员，应按照财政部的有关规定，接受相应级别会计人员的继续教育。

（4）有下列情形之一的，由会计考试管理机构吊销其会计专业技术资格，由发证机关收回其会计专业技术资格证书，2年内不得再参加会计专业技术资格考试：

① 伪造学历和资历证明；

② 考试期间有违纪行为。

（二）会计专业职务

《会计专业职务试行条例》规定，会计专业职务分为高级会计师、会计师、助理会计师、会计员。其中，高级会计师为高级职务，会计师为中级职务，助理会计师与会计员为初级职务。此外，财政部还在部分经济发达省份试点正高级会计师，并将逐步推广。

（1）对于取得初级资格的会计人员，单位可根据有关规定按照下列条件聘任相应的专业技术职务：

① 助理会计师：大专毕业担任会计员职务满2年；中专毕业担任会计员职务满4年；不具备规定学历，担任会计员职务满5年。

② 不符合上述条件的人员，只可聘任会计员职务。

（2）取得中级资格并符合国家有关规定，可聘任会计师职务。

（3）高级资格（高级会计师资格）实行考试与评审相结合的评价制度。

【请注意】总会计师和注册会计师不属于会计专业职务。

任务四　进行会计核算，实行会计监督

一、会计核算

会计核算是会计工作的重要组成部分，也是会计的基本职能之一。《会计法》第九条规定，各单位必须根据实际发生的经济业务事项进行会计核算，填制会计凭证，登记会计账簿，编制财务会计报告。任何单位不得以虚假的经济业务事项或者资料进行会计核算。

（一）会计核算的总体要求

1. 会计核算的依据

（1）会计核算必须以实际发生的经济业务事项为依据。实际发生的经济业务事项是指各单位在生产经营或预算执行过程中发生的经济活动。已签订合同或协议的经济业务事项，未实际发生时无须进行会计核算。只有当实际履行合同或协议并引起资金运动时，才需要对履行合同或协议这一经济业务事项如实记录和反映，并进行会计核算。以实际发生的经济业务事项为依据进行会计核算，是会计核算的重要前提，是填制会计凭证、登记会计账簿、编制财务会计报告的基础，是保证会计信息质量的关键。

（2）不得以虚假的经济业务事项或资料进行会计核算。没有经济业务事项，会计核算也就失去了对象；以不真实甚至虚假的经济业务事项为核算对象，会计核算就没有规范、没有约束、没有科学可言，据此提供的会计资料不仅没有可信度，而且会误导使用者，扰乱社会经济秩序。在实际工作中，有些单位利用虚假的经济业务事项编造不真实的会计资料，以此欺骗投资者、债权人和社会公众，达到种种非法目的。

（3）需要进行会计核算的经济业务事项。

《会计法》规定，下列经济业务事项应当办理会计手续，进行会计核算：

① 款项和有价证券的收付；

② 财物的收发、增减和使用；

③ 债权债务的发生和结算；

④ 资本、基金的增减；

⑤ 收入、支出、费用、成本的计算；

⑥ 财务成果的计算和处理；

⑦ 需要办理会计手续、进行会计核算的其他事项。

2. 对会计资料的基本要求

会计资料是在会计核算过程中形成的、记录和反映实际发生的经济业务事项的资料，包括会计凭证、会计账簿、财务会计报告和其他会计资料。会计资料是记录会计核算过程和结果的载体，是反映单位财务状况和经营成果、评价经营业绩、进行投资决策的重要依据，也是一种重要的社会信息资源。因此，会计资料必须符合国家统一的会计制度的规定。为了保证会计资料的真实性、统一性，我国财政部门建立了一系列规章制度，对会计资料进行规范，并且收到了良好的效果。目前，我国对会计资料的基本要求主要有：

（1）会计资料的生成和提供必须符合国家统一的会计制度的规定，保证会计资料的真实性和完整性。会计资料的真实性，主要是指会计资料所反映的内容和结果应当同单位实际发生的经济业务的内容及结果相一致。会计资料的完整性，主要是指构成会计资料的各项要素必须齐全，以使会计资料如实、全面地记录和反映经济业务发生情况，便于会计资料使用者全面、准确地了解经济活动情况。

【提示】使用电子计算机进行会计核算的，其软件及其生成的会计凭证、会计账簿、财务会计报告和其他会计资料也必须符合国家统一的会计制度的规定。

（2）生成和提供虚假的会计资料是一种严重的违法行为。任何单位和个人不得伪造、变造会计凭证、会计账簿和其他会计资料，不得提供虚假的财务会计报告。

【请注意】所谓伪造会计凭证、会计账簿及其他会计资料，是指以虚假的经济业务事项为前提编造不真实的会计凭证、会计账簿和其他会计资料的行为。所谓变造会计凭证、会计账簿及其他会计资料，是指用涂改、挖补等手段改变会计凭证、会计账簿及其他会计资料的真实内容，歪曲事实真相的行为，即篡改事实。所谓提供虚假的财务会计报告，是指通过编造虚假的会计凭证、会计账簿及其他会计资料或篡改财务会计报告上的真实数据，使财务会计报告不真实、不完整地反映财务状况和经营成果，借以误导、欺骗会计资料使用者的行为，即以假乱真。

【提示】伪造、变造、提供虚假材料可以通过以下关键字来区分：伪造的行为属于“无中生有”，变造的行为属于“篡改事实”，提供虚假材料的行为属于“以假乱真”。

（二）会计凭证

会计凭证是指记录经济业务发生或者完成情况的书面证明，是登记账簿的依据。每个企业都必须按一定的程序填制和审核会计凭证，根据审核无误的会计凭证进行账簿登记，如实反映企业的经济业务。

会计凭证按照填制程序和用途的不同可分为原始凭证和记账凭证。

1.原始凭证

原始凭证是指在经济业务事项发生时由经办人员直接取得或者填制的，用以表明某项经济业务事项的发生或完成情况、明确有关经济责任的文字凭据。原始凭证按照取得来源的不同，可分为自制原始凭证和外来原始凭证。自制原始凭证是指由本单位内部经办业务的部门或个人，在执行或完成某项经济业务时自行填制的、仅供本单位内部使用的原始凭证，如入库单、差旅费报销单等。外来原始凭证是指在经济业务发生或完成时，从其他单位或个人处直接取得的原始凭证，如购货取得的增值税专用发票、车票等。

（1）原始凭证的内容。原始凭证是会计核算的基础和起点，是填制记账凭证或登记会计账簿的原始依据。原始凭证应包括以下基本内容：

① 原始凭证的名称；

② 填制原始凭证的日期；

③ 原始凭证的编号；

④ 原始凭证填制单位名称或填制人姓名；

⑤ 接受凭证单位名称；

⑥ 经济业务的内容，包括经济业务的内容摘要、数量、单价和金额等；

⑦ 经办人员签章。

（2）原始凭证的填制和取得。填制或取得原始凭证是会计核算工作的起点。及时填制或取得原始凭证，是会计核算工作得以正常进行的前提条件。

① 从外单位取得的原始凭证，必须盖有填制单位的公章；从个人处取得的原始凭

证，必须有填制人员的签名或者盖章。

② 自制原始凭证必须有经办单位领导人或者其指定人员的签名或者盖章。对外开出的原始凭证，必须加盖本单位公章。

【提示】《会计法》第十四条规定，办理《会计法》第十条所列属于会计核算内容的经济业务事项，必须填制或者取得原始凭证并及时送交会计机构。

（3）原始凭证的审核。审核原始凭证，是确保会计资料质量的重要措施之一，也是会计机构、会计人员的重要职责。《会计法》对原始凭证审核问题作出了具体规定：会计机构、会计人员必须按照国家统一的会计制度的规定对原始凭证进行审核；对不真实、不合法的原始凭证有权不予接受，并向单位负责人报告；对记载不准确、不完整的原始凭证予以退回，并要求按照国家统一的会计制度的规定更正、补充。

【请注意】原始凭证记载的各项内容均不得涂改；原始凭证有错误的，应当由出具单位重开或者更正，更正处应当加盖出具单位印章。原始凭证金额有错误的，应当由出具单位重开，不得在原始凭证上更正。

（4）原始凭证的保管。

① 对于数量过多的原始凭证，可以单独装订保管，在封面上注明记账凭证日期、编号、种类，同时在记账凭证上注明“附件另订”和原始凭证名称及编号。

② 原始凭证不得外借，其他单位如因特殊原因需要使用原始凭证，经本单位会计机构负责人、会计主管人员批准，可以复制。向外单位提供的原始凭证复制件，应当在专设的登记簿上登记，并由提供人员和收取人员共同签名或者盖章。

③ 从外单位取得的原始凭证如有遗失，应当取得原开出单位盖有公章的证明，并注明原来凭证的号码、金额和内容等，由经办单位会计机构负责人、会计主管人员和单位领导人批准后，才能代作原始凭证。如果确实无法取得证明，如火车票、船票、飞机票等凭证，应由当事人写出详细情况，由经办单位会计机构负责人、会计主管人员和单位领导人批准后，代作原始凭证。

④ 企业和其他组织的原始凭证保管期限一般为30年。

2. 记账凭证

记账凭证又称记账凭单或分录凭单，是指会计人员根据审核无误的原始凭证按照经济业务事项的内容加以归类，并据以确定会计分录后所填制的会计凭证。它是介于原始凭证与账簿之间的中间环节，是登记账簿的直接依据。

（1）记账凭证的内容。记账凭证按其反映的经济内容的不同，可分为收款凭证、付款凭证和转账凭证；按其填制方式的不同，可分为单式记账凭证和复式记账凭证。不论哪一种记账凭证，都必须具备以下基本内容：

① 记账凭证的名称；

② 填制记账凭证的日期；

③ 记账凭证的编号；

④ 经济业务事项的内容摘要；

⑤ 经济业务事项涉及的会计科目、记账方向和金额；

⑥ 记账标记；

⑦ 附原始凭证张数；

⑧ 会计主管、记账、稽核、填制等有关人员的签名或印章等。

【请注意】收款凭证和付款凭证还应有出纳人员的签章。

（2）记账凭证的填制。《会计法》对编制记账凭证的程序和要求作出了两个方面的规定：一是记账凭证的编制必须以原始凭证及有关资料为依据；二是作为记账凭证编制依据的原始凭证和有关资料必须经过审核。

记账凭证的填制还需要注意以下问题：

① 填制记账凭证时应连续编号。

② 记账凭证可以根据每一张原始凭证填制，也可以根据若干张同类原始凭证汇总填制，还可以根据原始凭证汇总表填制。

③ 一张原始凭证所列支出需要由几个单位共同负担时，保存该原始凭证的单位应当根据其他单位负担的部分，为对方开具原始凭证分割单，并进行结算。

（3）记账凭证审核的内容。

① 内容是否真实；

② 项目是否齐全；

③ 科目是否正确；

④ 金额是否正确；

⑤ 书写是否规范。

【动脑筋】对于实行会计电算化的单位，记账凭证应如何审核？

（4）记账凭证的传递与保管。

① 记账凭证应当及时传递，不得积压。

② 记账凭证登记完毕后，应当按照分类和编号顺序保管，不得散乱丢失。

③ 记账凭证应当连同所附的原始凭证或者原始凭证汇总表，按照编号顺序折叠整齐，按期装订成册，并加具封面，注明单位名称、年度、月份和起讫日期、凭证种类、起讫号码，由装订人在装订线封签处签名或者盖章。

（三）会计账簿

会计账簿是指由具有一定格式的账页组成的，以审核无误的会计凭证为依据，用来连续、系统、全面地记录各项经济业务的簿籍。

1. 会计账簿的设置

设置和登记账簿是会计核算的一种专门方法，是连接会计凭证和会计报表的中间环节。

《会计法》对会计账簿的种类、登记原则等内容进行了详细的规定。各单位应当依法设置的会计账簿包括：

（1）总账。总账也称总分类账，是根据总账科目开设的账簿，用于分类登记单位的全部经济业务事项，提供资产、负债、所有者权益、收入、成本费用和财务成果等总括信息的核算资料。总账一般采用订本式账簿，账页格式可采用三栏式或多栏式，各单位可以根据采用的记账方法和账务处理程序的需要设置总账。

（2）明细账。明细账也称明细分类账，是根据明细科目设置的账簿，用于分类登记某一类经济业务事项，提供有关明细核算资料。明细账一般采用活页式。账页可采用三栏式、多栏式和数量金额式。

（3）日记账。日记账也叫序时账，是按照经济业务发生或完成时间的先后顺序逐日逐笔登记的账簿，如库存现金日记账和银行存款日记账。日记账是各单位加强现金和银行存款管理的重要账簿。日记账一般采用订本式。

（4）其他辅助账簿。其他辅助账簿也称备查账簿，是为了备忘、查询而设置的账簿。在会计实务中，其他辅助账簿主要包括各种租借设备、库存周转材料等物资的辅助登记簿，有关应收、应付款项的备查簿，担保、抵押备查簿等。

2. 会计账簿的启用

启用会计账簿时，应当在账簿封面上写明单位名称和账簿名称。在账簿扉页上应当附启用表，内容包括：启用日期，账簿页数，记账人员或者会计机构负责人、会计主管人员姓名并加盖名章和单位公章等。记账人员或者会计机构负责人、会计主管人员调动工作时，应当注明交接日期、监交人员姓名，并由交接双方人员签名或者盖章。启用订本式账簿，应当从第一页到最后一页依次编定页数，不得跳页、缺号。使用活页式账页，应当按账户顺序编号，并且应定期装订成册；装订后再按实际使用的账页顺序编写页码，另加目录，记明每个账户的名称和页次。

3. 登记会计账簿的要求

《会计法》对于会计账簿的登记，规定了以下基本要求：

（1）必须依据经过审核的会计凭证登记会计账簿。依据会计凭证登记会计账簿，是基本的会计记账规则，是保证会计账簿记录质量的重要环节。

（2）必须按照记账规则登记会计账簿。

① 登记会计账簿时，应当将会计凭证日期、编号、业务内容摘要、金额和其他有关资料逐项记入账内。

② 各种会计账簿应按页次顺序连续登记，不得跳行、隔页。

③ 需要结出余额的账户，必须定期结出余额。

④ 会计账簿记录发生错误时，应当按照国家统一的会计制度规定的方法更正。更正方法有划线更正法、补充登记法、红字更正法三种。

⑤ 及时对账。对账就是核对账目，即将会计账簿记录的有关数字与库存实物、货币资金、有价证券、往来单位或者个人等进行相互核对，保证账证相符、账账相符、账表相符、账实相符。

⑥ 定期结账。结账是在将本期内所发生的经济业务全部登记入账的基础上，按照规定的方法对该期内的账簿记录进行小结，结算出本期发生额合计和期末余额，并将余额结转下期或者转入新账。按照不同的会计期间，结账可分为月结、季结和年结等。

（3）禁止设账外账。各单位发生的各项经济业务事项应当在依法设置的会计账簿上统一登记、核算，不得违反《会计法》和国家统一的会计制度的规定私设会计账簿，进行账外登记。

【提示】实行会计电算化的单位，总账和明细账应当定期打印。发生收款和付款业务的，在输入收款凭证和付款凭证的当天必须打印出库存现金日记账和银行存款日记账，并与库存现金核对无误。

（四）财务会计报告

财务会计报告是指企业对外提供的反映企业某一特定日期财务状况和某一会计期间经营成果、现金流量等会计信息的文件。

1.财务会计报告的组成

《企业财务会计报告条例》规定，财务会计报告包括会计报表、会计报表附注和财务情况说明书。《企业会计准则——基本准则》第四十四条规定："财务会计报告包括会计报表及其附注和其他应当在财务会计报告中披露的相关信息和资料。会计报表至少应当包括资产负债表、利润表、现金流量表等报表。小企业编制的会计报表可以不包括现金流量表。"

【提示】会计报表附注是指对在会计报表中列示项目所做的进一步说明，以及对未能在这些报表中列示项目的说明等。

2.财务会计报告的编制

财务会计报告的编制是会计核算工作的重要环节。《会计法》、《企业财务会计报告条例》和《企业会计准则第30号——财务报表列报》对财务会计报告的编制依据、编制要求、对外提供、责任主体等问题都作出了明确规定。

（1）财务会计报告的编制依据。各单位的财务会计报告必须根据经过审核的会计账簿记录和有关资料编制，这是保证财务会计报告质量的重要环节。编制财务会计报告的主要目的是为投资者、债权人和其他财务会计报告使用者提供对决策有用的财务会计资料和信息，促进社会资源的合理配置，为国家和社会公众服务。

（2）财务会计报告的编制要求。财务会计报告编制的总体要求是数字真实、计算准确、内容完整、报送及时和手续完备。具体来讲主要包括：

① 企业应当于年度终了编报年度财务会计报告。国家统一的会计制度规定企业应当编报半年度、季度和月度财务会计报告的，从其规定。

② 企业编制财务会计报告，应当根据真实的交易、事项以及完整、准确的账簿记录等资料，并采用国家统一的会计制度规定的编制基础、编制依据、编制原则和方法。

③ 企业应当依照《企业财务会计报告条例》和国家统一的会计制度的规定，对会计报表中各项会计要素进行合理的确认和计量，不得随意改变会计要素的确认和计量标准。

④ 企业应当依照有关法律、行政法规和《企业财务会计报告条例》规定的结账日进行结账，不得提前或者延迟。年度结账日为公历年度每年的12月31日；半年度、季度、月度结账日分别为公历年度每半年、每季、每月的最后一天。

⑤ 企业在编制年度财务会计报告前，应当全面清查资产、核实债务。清查、核实后，企业应当将清查、核实的结果及其处理办法向企业的董事会或者相应机构报告，并根据国家统一的会计制度的规定进行相应的会计处理。企业应当在年度中间根据具体情况，对各项财产物资和结算款项进行重点抽查、轮流清查或者定期清查。

⑥ 企业在编制财务会计报告前，除了应当全面清查资产、核实债务外，还应当核对各会计账簿记录与会计凭证的内容、金额等是否一致，记账方向是否相符；依照《企

业财务会计报告条例》规定的结账日进行结账，结出有关会计账簿的余额和发生额，并核对各会计账簿之间的余额；检查相关的会计核算是否按照国家统一的会计制度的规定进行；对于国家统一的会计制度没有规定统一核算方法的交易、事项，检查其是否按照会计核算的一般原则进行确认和计量以及相关账务处理是否合理；检查是否存在因会计差错、会计政策变更等原因需要调整前期或者本期相关项目。在前款规定工作中发现问题的，应当按照国家统一的会计制度的规定进行处理。

⑦ 企业在编制年度和半年度财务会计报告时，对经查实后有变动的资产、负债，应当按照资产、负债的确认和计量标准进行确认和计量，并按照国家统一的会计制度的规定进行相应的会计处理。

⑧ 企业应当按照国家统一的会计制度规定的会计报表格式和内容，根据登记完整、核对无误的会计账簿记录和其他有关资料编制会计报表，做到内容完整、数字真实、计算准确，不得漏报或者任意取舍。

⑨ 会计报表之间，会计报表各项目之间，凡有对应关系的数字，应当相互一致；会计报表中本期与上期的有关数字应当相互衔接。

（3）财务会计报告的对外提供。企业应当依照法律、行政法规和国家统一的会计制度有关财务会计报告提供期限的规定，及时对外提供财务会计报告。对外提供的财务会计报告反映的会计信息应当真实、完整。

①财务会计报告的提供对象。各单位的财务会计报告应当按照规定的对象，向本单位、本单位的有关财务关系人（如投资者、债权人）以及政府有关管理部门（如财政部门、税务部门）等提供，以便于有关的财务关系人及政府部门及时了解本单位的经营和业务活动情况，并据此作出相关决策。国务院派出监事会的国有重点大型企业、国有重点金融机构和省、自治区、直辖市人民政府派出监事会的国有企业，应当依法定期向监事会提供财务会计报告。国有企业、国有控股或占主导地位的企业，应当至少每年一次向本企业的职工代表大会公布财务会计报告。

【请注意】企业对外提供的财务会计报告应当依次编定页数、加具封面、装订成册、加盖公章。封面上应当注明：企业名称、企业统一代码、组织形式、地址、报表所属年度或者月份、报出日期。

②财务会计报告的提供期限。《企业财务会计报告条例》规定，财务会计报告分为年度、半年度、季度和月度财务会计报告，企业至少应当按年编制财务会计报告。年度财务会计报告涵盖的期间短于1年的，应当披露年度财务会计报告的涵盖期间，以及短于1年的原因。对外提供中期财务会计报告的，还应遵循《企业会计准则第32号——中期财务报告》的规定。

【提示】月度财务会计报告应当于月份终了后6天内对外提供；季度财务会计报告应当于季度终了后15天内对外提供；半年度财务会计报告应当于半年度终了后60天内对外提供；年度财务会计报告应当于年度终了后4个月内对外提供。

③向不同的会计资料使用者提供的财务会计报告，其编制依据应当一致。《企业财务会计报告条例》第三十六条规定，企业向有关各方提供的财务会计报告，其编制基础、编制依据、编制原则和编制方法应当一致。

④根据法律和国家有关规定应当对财务会计报告进行审计的，财务会计报告编制单位应当先行委托注册会计师进行审计，并将注册会计师出具的审计报告随同财务会计报告按照规定的期限报送有关部门。

（4）财务会计报告的责任主体。《会计法》规定，财务会计报告应当由单位负责人和主管会计工作的负责人、会计机构负责人（会计主管人员）签名并盖章；设置总会计师的单位，还须由总会计师签名并盖章。单位负责人应当保证财务会计报告真实、完整。因此，单位负责人是财务会计报告的责任主体。财务会计报告虽然主要由会计人员编制，但财务会计报告的编制不是会计人员的个人行为，财务会计报告反映的情况是单位全体经营管理人员工作成果的综合体现。单位负责人作为法定代表人，依法代表单位行使职权，并对本单位对外提供的财务会计报告的质量负责。

（五）会计档案管理

会计档案是指单位在进行会计核算等过程中接收或形成的，记录和反映单位经济业务事项的，具有保存价值的文字、图表等各种形式的会计资料，包括通过计算机等电子设备形成、传输和存储的电子会计档案。

1. 会计档案的管理部门

财政部和国家档案局主管全国会计档案工作，共同制定全国统一的会计档案工作制度，对全国会计档案工作实行监督和指导。

县级以上地方人民政府财政部门和档案行政管理部门管理本行政区域内的会计档案工作，并对本行政区域内会计档案工作实行监督和指导。

单位应当加强会计档案管理工作，建立和完善会计档案的收集、整理、保管、利用和鉴定销毁等管理制度，采取可靠的安全防护技术和措施，保证会计档案的真实、完整、可用、安全。

单位的档案机构或者档案工作人员所属机构（以下统称单位档案管理机构）负责管理本单位的会计档案。单位也可以委托具备档案管理条件的机构代为管理会计档案。

2. 会计档案的范围

（1）会计凭证，包括原始凭证、记账凭证。

（2）会计账簿，包括总账、明细账、日记账、固定资产卡片及其他辅助性账簿。

（3）财务会计报告，包括月度、季度、半年度、年度财务会计报告。

（4）其他会计资料，包括银行存款余额调节表、银行对账单、纳税申报表、会计档案移交清册、会计档案保管清册、会计档案销毁清册、会计档案鉴定意见书及其他具有保存价值的会计资料。

（5）电子会计资料。单位可以利用计算机、网络通信等信息技术手段管理会计档案。同时满足下列条件的，单位内部形成的属于归档范围的电子会计资料可仅以电子形式保存，形成电子会计档案：

① 形成的电子会计资料来源真实有效，由计算机等电子设备形成和传输；

② 使用的会计核算系统能够准确、完整、有效接收和读取电子会计资料，能够输出符合国家标准归档格式的会计凭证、会计账簿、财务会计报表等会计资料，设定了经

办、审核、审批等必要的审签程序；

③ 使用的电子档案管理系统能够有效接收、管理、利用电子会计档案，符合电子档案的长期保管要求，并建立了电子会计档案与相关联的其他纸质会计档案的检索关系；

④ 采取有效措施，防止电子会计档案被篡改；

⑤ 建立电子会计档案备份制度，能够有效防范自然灾害、意外事故和人为破坏的影响；

⑥ 形成的电子会计资料不属于具有永久保存价值或者其他重要保存价值的会计档案。

【提示】单位从外部接收的电子会计资料附有符合《中华人民共和国电子签名法》规定的电子签名的，可仅以电子形式归档保存，形成电子会计档案。

3. 会计档案的归档

单位的会计机构或会计人员所属机构（以下统称单位会计管理机构）按照归档范围和归档要求，负责定期将应当归档的会计资料整理立卷，编制会计档案保管清册。

单位会计管理机构临时保管会计档案最长不超过3年。临时保管期间，会计档案的保管应当符合国家档案管理的有关规定。

【请注意】出纳人员不得兼管会计档案。

单位合并后原各单位解散或者一方存续其他方解散的，原各单位的会计档案应当由合并后的单位统一保管。单位合并后原各单位仍存续的，其会计档案仍应当由原各单位保管。

4. 会计档案的移交

（1）单位内部会计档案移交。单位会计管理机构在办理会计档案移交时，应当编制会计档案移交清册，并按照国家档案管理的有关规定办理移交手续。当年形成的会计档案，在会计年度终了后，可由单位会计管理机构临时保管1年，再移交单位档案管理机构保管。因工作需要确需推迟移交的，应当经单位档案管理机构同意。

纸质会计档案移交时应当保持原卷的封装。电子会计档案移交时应当将电子会计档案及其元数据一并移交，且文件格式应当符合国家档案管理的有关规定。特殊格式的电子会计档案应当与其读取平台一并移交。

单位档案管理机构接收电子会计档案时，应当对电子会计档案的准确性、完整性、可用性、安全性进行检测，符合要求的才能接收。

（2）单位之间会计档案移交。单位之间交接会计档案时，交接双方应当办理会计档案交接手续。移交会计档案的单位，应当编制会计档案移交清册，列明应当移交的会计档案名称、卷号、册数、起止年度、档案编号、应保管期限和已保管期限等内容。

交接会计档案时，交接双方应当按照会计档案移交清册所列内容逐项交接，并由交接双方的单位有关负责人负责监督。交接完毕后，交接双方经办人和监督人应当在会计档案移交清册上签名或盖章。

电子会计档案应当与其元数据一并移交，特殊格式的电子会计档案应当与其读取平台一并移交。档案接收单位应当对保存电子会计档案的载体及其技术环境进行检验，确保所接收的电子会计档案准确、完整、可用和安全。

【提示】建设单位在项目建设期间形成的会计档案，需要移交给建设项目接受单位的，应当在办理竣工财务决算后及时移交，并按照规定办理交接手续。

5. 会计档案的查阅

单位应当严格按照相关制度利用会计档案，在进行会计档案查阅、复制、借出时履行登记手续，严禁篡改和损坏。

单位保存的会计档案一般不得对外借出。确因工作需要且根据国家有关规定必须借出的，应当严格按照规定办理相关手续。

会计档案借用单位应当妥善保管和利用借入的会计档案，确保借入会计档案的安全完整，并在规定时间内归还。

单位分立后原单位存续的，其会计档案应当由分立后的存续方统一保管，其他方可以查阅、复制与其业务相关的会计档案。

单位分立后原单位解散的，其会计档案应当经各方协商后由其中一方代管或按照国家档案管理的有关规定处置，各方可以查阅、复制与其业务相关的会计档案。

单位分立中未结清的会计事项所涉及的会计凭证，应当单独抽出由业务相关方保存，并按照规定办理交接手续。

单位因业务移交其他单位办理所涉及的会计档案，应当由原单位保管，承接业务单位可以查阅、复制与其业务相关的会计档案。对其中未结清的会计事项所涉及的会计凭证，应当单独抽出由承接业务单位保存，并按照规定办理交接手续。

【提示】在会计档案查阅的有关规定中，应重点关注原始凭证的保管规定。根据规定，原始凭证不得外借，若其他单位因特殊原因确需使用本单位的原始凭证，则应向单位会计机构负责人、会计主管人员申请，经批准后才可以复制使用。

6. 会计档案的保管期限

根据《会计档案管理办法》的规定，会计档案的保管期限分为定期和永久两类。定期是指会计档案的保存应达到法定的时间，一般分为10年和30年；永久是指会计档案必须永久保存。会计档案的保管期限，从会计年度终了后的第一天算起。企业和其他组织会计档案保管期限见表1-1。

表1-1　企业和其他组织会计档案保管期限表

序号	档案名称	保管期限	备注
一	会计凭证		
1	原始凭证	30年	
2	记账凭证	30年	
二	会计账簿		
3	总账	30年	
4	明细账	30年	

续表

序号	档案名称	保管期限	备注
5	日记账	30年	
6	固定资产卡片		固定资产报废清理后保管5年
7	其他辅助性账簿	30年	
三	财务会计报告		
8	月度、季度、半年度财务会计报告	10年	
9	年度财务会计报告	永久	
四	其他会计资料		
10	银行存款余额调节表	10年	
11	银行对账单	10年	
12	纳税申报表	10年	
13	会计档案移交清册	30年	
14	会计档案保管清册	永久	
15	会计档案销毁清册	永久	
16	会计档案鉴定意见书	永久	

【请注意】单位会计档案的具体名称如有同《会计档案管理办法》附表所列档案名称不相符的，应当比照类似档案的保管期限办理。

7.会计档案的销毁

单位对保管期满、确定无保存价值的会计档案，可以销毁。经鉴定可以销毁的会计档案，应当按照以下程序销毁：

（1）单位档案管理机构编制会计档案销毁清册，列明拟销毁会计档案的名称、卷号、册数、起止年度、档案编号、应保管期限、已保管期限和销毁时间等内容。

（2）单位负责人、档案管理机构负责人、会计管理机构负责人、档案管理机构经办人、会计管理机构经办人在会计档案销毁清册上签署意见。

视频

会计信息化证

（3）单位档案管理机构负责组织会计档案销毁工作，并与会计管理机构共同派员监销。监销人在会计档案销毁前，应当按照会计档案销毁清册所列内容进行清点核对；在会计档案销毁后，应当在会计档案销毁清册上签名或盖章。

电子会计档案的销毁还应当符合国家有关电子档案的规定，并由单位档案管理机构、会计管理机构和信息系统管理机构共同派员监销。

【提示】保管期满但未结清的债权债务会计凭证和涉及其他未了事项的会计凭证不得销毁，纸质会计档案应当单独抽出立卷，电子会计档案单独转存，保管到未了事项完结时为止。正处于项目建设期间的建设单位，其保管期满的会计档案不得销毁，等项目办理竣工结算后，再按规定的交接手续移交给接受单位进行保管。

二、会计监督

会计监督是指依照国家有关法律、法规、规章对会计工作进行控制，并利用正确的会计信息对经济活动进行全面、综合的协调、监督和督促，以达到提高会计信息质量和经济效益的目的。会计监督有狭义和广义之分。狭义的会计监督是会计的基本职能之一，是单位内部会计监督的一部分，是会计人员根据国家的财经政策、会计法规，利用会计所提供的信息，对会计主体的经济活动进行全面的监督和控制，使其达到预期目标的功能；广义的会计监督还包括对单位内部会计监督的再监督，即外部监督，主要有社会监督和政府监督。目前，我国已形成了三位一体的会计监督体系，包括单位的内部监督、以政府财政部门为主体的政府监督和以注册会计师为主体的社会监督。

（一）会计工作的内部监督

1. 单位内部会计监督的概念

单位内部会计监督是指会计机构、会计人员依照法律的规定，通过会计手段对经济活动的合法性、合理性和有效性进行的监督。

会计机构、会计人员发现会计账簿与实物、款项及有关资料不相符的，按照国家统一的会计制度的规定有权自行处理的，应当及时处理；无权自行处理的，应当立即向单位负责人报告，请求查明原因，作出处理。

2. 单位内部会计监督的主体和对象

任何有权对会计活动施加影响的机构和人员都属于会计监督主体的范畴。

《会计基础工作规范》规定，各单位的会计机构、会计人员进行会计监督的对象是本单位的经济活动，具体包括：

（1）本单位的会计凭证、会计账簿和会计报表等会计资料；

（2）各种财产物资；

（3）各种财务收支事项；

（4）单位内部会计管理制度的执行情况；

（5）单位制定的预算、财务计划、经济计划、业务计划的执行情况。

3. 单位内部会计监督制度的要求

《会计法》及《会计基础工作规范》等规定，单位负责人负责单位内部会计监督制度的组织实施，对本单位内部会计监督制度的建立及有效实施承担最终责任。

（1）单位内部会计监督的依据。《会计基础工作规范》第七十三条规定，会计机构、会计人员进行会计监督的依据是：

① 财经法律、法规、规章；

② 会计法律、法规和国家统一的会计制度；

③ 各省、自治区、直辖市财政厅（局）和国务院业务主管部门根据《会计法》和国家统一会计制度制定的具体实施办法或者补充规定；

④ 各单位根据《会计法》和国家统一会计制度制定的单位内部会计管理制度；

⑤ 各单位内部的预算、财务计划、经济计划、业务计划等。

（2）单位内部会计监督的基本要求。

① 记账人员与经济业务事项和会计事项的审批人员、经办人员、财物保管人员的职责权限应当明确，并相互分离、相互制约。

② 重大对外投资、资产处置、资金调度和其他重要经济业务事项的决策和执行的相互监督、相互制约程序应当明确。

③ 财产清查的范围、期限和组织程序应当明确。

④ 对会计资料定期进行内部审计的办法和程序应当明确。

【请注意】单位负责人应当保证会计机构、会计人员依法履行职责，不得以任何方式授意、指使、强令会计机构、会计人员违法办理会计事项。

4. 单位内部会计监督的内容

（1）对原始凭证进行审核和监督。会计机构、会计人员应当对原始凭证进行审核和监督，对不真实、不合法的原始凭证，不予受理；对弄虚作假、严重违法的原始凭证，在不予受理的同时，应当予以扣留，并及时向单位领导人报告，请求查明原因，追究当事人的责任；对记载不明确、不完整的原始凭证，予以退回，要求经办人员更正、补充。

（2）对会计账簿和财务报表的监督。会计机构、会计人员对伪造、变造、故意销毁会计账簿或者账外设账的行为，应当制止和纠正；制止和纠正无效的，应当向上级主管单位报告，请求作出处理。会计机构、会计人员对指使、强令编造、篡改财务报告的行为，应当制止和纠正；制止和纠正无效的，应当向上级主管单位报告，请求处理。

（3）对财产物资的监督。会计机构、会计人员应当对实物、款项进行监督，督促建立并严格执行财产清查制度；发现账簿记录与实物、款项不符时，应当按照国家有关规定进行及时处理；超出会计机构、会计人员职权范围的，应当立即向本单位领导人报告，请求查明原因，作出处理。

（4）对单位会计活动及财务收支的监督。会计机构、会计人员应当对财务收支进行监督；对审批手续不全的财务收支，应当退回，要求补充、更正；对违反规定不纳入单位统一会计核算的财务收支，应当制止和纠正；对违反国家统一的财政、财务、会计制度规定的财务收支，不予办理。

【提示】会计机构、会计人员对违反国家统一的财政、财务、会计制度规定的财务收支，应当制止和纠正；制止和纠正无效的，应当向单位领导人提出书面意见请求处理，单位领导人应当在接到书面意见起10日内作出书面决定，并对决定承担责任。会计机构、会计人员对违反国家统一的财政、财务、会计制度规定的财务收支，不予制止和纠正，又不向单位领导人提出书面意见的，也应当承担责任。会计机构、会计人员对严重违反国家利益和社会公众利益的财务收支，应当向主管单位或者财政、审计、税务机关报告。会计机构、会计人员对违反单位内部会计管理制度的经济活动，应当制止和纠正；制止和纠正无效的，应当向单位领导人报告，请求处理。

（5）对单位制定的预算、财务计划、经济计划、业务计划的执行情况进行监督。

5. 会计机构、会计人员在单位内部会计监督中的职责

（1）依法开展会计核算和会计监督。由会计机构、会计人员在处理会计业务过程中严格把关，对会计业务实行监督，可以有效防范违法会计行为的发生，这也是单位负责人的会计责任得以具体落实的重要措施。

（2）对单位内部的会计资料和财产物资实施监督。保证单位内部的账实、账款、账账与账表相符，是法律、单位内部负责人对会计工作的基本要求，也是加强物资管理的重要措施。

【请注意】会计机构、会计人员对单位内部会计资料的真实性和完整性负责。

6. 内部控制

（1）内部控制的概念与目标。

① 企业内部控制的概念与目标。企业内部控制是指由企业董事会、监事会、经理层和全体员工实施的、旨在保证实现企业基本目标的一系列控制活动。企业内部控制的目标主要包括：保证企业经营管理合法合规、资产安全、财务报告及相关信息真实完整，提高经营效率和效果，促进企业实现发展战略。

② 行政事业单位内部控制的概念与目标。行政事业单位内部控制是指单位为实现控制目标，通过制定制度、实施措施和执行程序，对经济活动的风险进行防范和管控。行政事业单位内部控制的目标主要包括：保证单位经济活动合法合规、资产安全和使用有效、财务信息真实完整，有效防范舞弊和预防腐败，提高公共服务的效率和效果。

（2）内部控制的原则。

①企业内部控制的原则。企业内部控制的原则包括：

a. 全面性原则。内部控制应当贯穿于决策、执行和监督的全过程，覆盖企业及其所属单位的各种业务和事项。

b. 重要性原则。内部控制应当在全面控制的基础上，关注重要业务事项和高风险领域。

c. 制衡性原则。内部控制应当在治理结构、机构设置及权责分配、业务流程等方面形成相互制约、相互监督的机制，兼顾运营效率。

d. 适应性原则。内部控制应当与企业的经营规模、业务范围、竞争状况和风险水平等相适应，并随着情况的变化及时加以调整。

e. 成本效益原则。内部控制应当权衡实施成本与预期效益，以适当的成本实现有效控制。

②行政事业单位内部控制的原则。行政事业单位内部控制的原则包括：全面性原则、重要性原则、制衡性原则和适应性原则。

③小企业内部控制的原则。小企业内部控制的原则包括：风险导向性原则、适应性原则、实质重于形式原则和成本效益原则。

（3）内部控制的责任人。对企业而言，董事会负责内部控制的建立健全和有效实施，监事会对董事会建立与实施内部控制的情况进行监督，经理层负责组织领导企业内部控制的日常运行。对行政事业单位而言，单位负责人对本单位内部控制的建立健全和有效实施负责。

（4）内部控制的内容。

①企业内部控制的内容。企业内部控制的内容主要包括：

a.内部环境。内部环境是企业实施内部控制的基础，一般包括治理结构、机构设置及权责分配、内部审计、人力资源政策、企业文化等。

b.风险评估。风险评估是指企业及时识别、系统分析经营活动中与实现内部控制目标相关的风险，合理确定风险应对策略。

c.控制活动。控制活动是指企业根据风险评估结果，采用相应的控制措施，将风险控制在可承受范围内。

d.信息与沟通。信息与沟通是指企业及时、准确地收集、传递与内部控制相关的信息，确保信息在企业内部、企业与外部之间进行有效沟通。

e.内部监督。内部监督是指企业对内部控制的建立与实施情况进行监督检查，评价内部控制的有效性，发现内部控制的缺陷，并及时加以改进。

②行政事业单位内部控制的内容。行政事业单位内部控制的内容主要包括：

a.梳理单位各类经济活动的业务流程，明确业务环节。

b.系统分析经济活动风险，确定风险点，选择风险应对策略。

c.根据国家的有关规定建立健全单位各项内部管理制度，并督促相关工作人员认真执行。

（5）内部控制的措施。

①企业内部控制的措施。企业内部控制的措施包括：

a.不相容职务分离控制。不相容职务分离控制要求企业全面系统地分析、梳理业务流程中涉及的不相容职务，实施相应的分离措施，形成各司其职、各负其责、相互制约的工作机制。

b.授权审批控制。授权审批控制要求企业根据常规授权和特别授权的规定，明确各岗位办理业务和事项的权限范围、审批程序和相应责任。

c.会计系统控制。会计系统控制要求企业严格执行国家统一的会计制度，加强会计基础工作，明确会计凭证、会计账簿和财务会计报告的处理程序，保证会计资料真实完整。

d.财产保护控制。财产保护控制要求企业建立财产日常管理制度和定期清查制度，采取财产记录、实物保管、定期盘点、账实核对等措施，确保财产安全。

e.预算控制。预算控制要求企业实施全面预算管理制度，明确各责任单位在预算管理中的职责权限，规范预算的编制、审定、下达和执行程序，强化预算约束。

f.运营分析控制。运营分析控制要求企业建立运营情况分析制度，经理层应当综合运用生产、购销、投资、筹资、财务等方面的信息，通过因素分析、对比分析、趋势分析等方法，定期开展运营情况分析，发现存在的问题，及时查明原因并加以改进。

g.绩效考评控制。绩效考评控制要求企业建立和实施绩效考评制度，科学设置考核指标体系，对企业内部各责任单位和全体员工的业绩进行定期考核和客观评价，将考评结果作为确定员工薪酬以及职务晋升、评优、降级、调岗、辞退等的依据。

②行政事业单位内部控制的措施。行政事业单位内部控制的措施包括：

a.不相容岗位分离控制。不相容岗位分离控制要求合理设置内部控制的关键岗位，明确划分职责权限，实施相应的分离措施，形成相互制约、相互监督的工作机制。

b.内部授权审批控制。内部授权审批控制要求明确各岗位办理业务和事项的权限范围、审批程序和相关责任，建立重大事项集体决策和会签制度。相关工作人员应当在授权范围内行使职权、办理业务。

c.归口管理。归口管理要求根据本单位实际情况，按照权责对等的原则，采取成立联合工作小组并确定牵头部门或牵头人员等方式，对有关经济活动实行统一管理。

d.预算控制。预算控制要求强化对经济活动的预算约束，使预算管理贯穿于单位经济活动的全过程。

e.财产保护控制。财产保护控制要求建立资产日常管理制度和定期清查机制，采取资产记录、实物保管、定期盘点、账实核对等措施，确保资产安全完整。

f.会计控制。会计控制要求建立健全本单位的财会管理制度，加强会计机构建设，提高会计人员业务水平，强化会计人员岗位责任制，规范会计基础工作，加强会计档案管理，明确会计凭证、会计账簿和财务会计报告的处理程序。

g.单据控制。单据控制要求单位根据国家有关规定和单位的经济活动业务流程，在内部管理制度中明确界定各项经济活动涉及的表单和票据，同时要求相关工作人员按照规定填制、审核、归档、保管单据。

h.信息内部公开。信息内部公开要求建立健全经济活动相关信息内部公开制度，根据国家有关规定和单位的实际情况，确定信息内部公开的内容、范围、方式和程序。

7.内部审计

（1）内部审计的概念。内部审计是指对本单位及其所属单位财政财务收支、经济活动、内部控制、风险管理实施独立、客观的监督、评价和建议，以促进单位完善治理、实现目标的活动。

（2）内部审计的内容及特点。内部审计的内容是不断发展变化的，主要包括财务审计、经营审计、经济责任审计、管理审计和风险管理等。内部审计的内容更侧重于经营成果是否有效、各项制度是否得到遵守与执行，内部审计结果的客观性和公正性较低，并且以建议性意见为主。

（3）内部审计的作用。

① 预防保护作用。内部审计机构通过对会计部门工作的再监督，有助于强化单位内部管理控制制度，从而及时发现问题，纠正错误，堵塞管理漏洞，减少损失，保护资产的安全与完整，提高会计资料的真实性、可靠性。

② 服务促进作用。内部审计机构作为企业内部的一个职能部门，熟悉企业的生产经营活动等情况。因此，内部审计在改善管理、挖掘潜力、降低生产成本、提高经济效益等方面具有积极的促进作用。

③ 评价鉴证作用。内部审计是基于受托经济责任的需要而产生和发展起来的，是经营管理分权制的产物。随着企业规模的扩大，管理层次的增多，对各部门经营业绩的考核与评价日益重要。通过内部审计，企业可以对各部门的活动作出客观、公正的评价。

（二）会计工作的政府监督

会计工作的政府监督是指财政部门代表国家对单位和单位中相关人员的会计行为实施的监督检查，以及对发现的违法会计行为实施的行政处罚。

1.对会计工作实施政府监督的主体和对象

《会计法》第七条规定："国务院财政部门主管全国的会计工作。县级以上地方各级人民政府财政部门管理本行政区域内的会计工作。"财政部门是《会计法》的执法主体，是对会计工作实施政府监督的主体。

此外，《会计法》还规定，除财政部门外，审计、税务、中国人民银行、证券监管、保险监管等部门依照有关法律、行政法规规定的职责和权限，也可以对有关单位的会计资料实施监督检查。

根据《财政部门实施会计监督办法》的规定，财政部门实施会计监督检查的对象是会计行为，并对发现的有违法行为的单位和个人实施行政处罚。违法会计行为是指公民、法人和其他组织违反《会计法》和其他有关法律、行政法规、国家统一的会计制度的行为。

2.财政部门实施会计监督的主要内容

（1）财政部门依法对各单位设置会计账簿的下列情况实施监督检查：

① 应当设置会计账簿的是否按规定设置会计账簿；

② 是否存在账外设账的行为；

③ 是否存在伪造、变造会计账簿的行为；

④ 设置会计账簿是否存在其他违反法律、行政法规和国家统一的会计制度的行为。

（2）财政部门依法对各单位会计资料的真实性、完整性实施监督检查，内容包括：

① 《会计法》第十条规定的应当办理会计手续、进行会计核算的经济业务事项是否如实在会计凭证、会计账簿、财务会计报告和其他会计资料上反映；

② 填制的会计凭证、登记的会计账簿、编制的财务会计报告与实际发生的经济业务事项是否相符；

③ 财务会计报告的内容是否符合有关法律、行政法规和国家统一的会计制度的规定；

④ 其他会计资料是否真实、完整。

（3）财政部门依法对各单位会计核算的下列情况实施监督检查：

① 采用会计年度、使用记账本位币和会计记录文字是否符合法律、行政法规和国家统一的会计制度的规定；

② 填制或者取得原始凭证、编制记账凭证、登记会计账簿是否符合法律、行政法规和国家统一的会计制度的规定；

③ 财务会计报告的编制程序、报送对象和报送期限是否符合法律、行政法规和国家统一的会计制度的规定；

④ 会计处理方法的采用和变更是否符合法律、行政法规和国家统一的会计制度的规定；

⑤ 使用的会计软件及其生成的会计资料是否符合法律、行政法规和国家统一的会

计制度的规定；

⑥ 是否按照法律、行政法规和国家统一的会计制度的规定建立并实施内部会计监督制度；

⑦ 会计核算是否有其他违法会计行为。

（4）财政部门依法对各单位会计人员的任职资格实施监督检查。如会计机构负责人（会计主管人员）是否具备法律、行政法规和国家统一的会计制度规定的任职资格。

（5）国务院财政部门及其派出机构和省、自治区、直辖市财政部门依法对会计师事务所出具的审计报告的程序和内容实施监督检查。

（三）会计工作的社会监督

1. 会计工作社会监督的概念

会计工作的社会监督是指由注册会计师及其所在的会计师事务所依法对委托单位的经济活动进行审计、鉴证的一种外部监督。《会计法》第三十一条规定，有关法律、行政法规规定，须经注册会计师进行审计的单位，应当向受委托的会计师事务所如实提供会计凭证、会计账簿、财务会计报告和其他会计资料以及有关情况。任何单位或者个人不得以任何方式要求或者示意注册会计师及其所在的会计师事务所出具不实或者不当的审计报告。财政部门有权对会计师事务所出具审计报告的程序和内容进行监督。

【提示】单位和个人检举违反《会计法》和国家统一的会计制度规定的行为，也属于会计工作社会监督的范畴。

2. 注册会计师审计与内部审计的关系

注册会计师审计与内部审计都是现代审计体系的组成部分，两者既有联系又有区别。

（1）两者的联系。主要表现如下：

① 都是现代审计体系的重要组成部分；

② 都关注内部控制的健全性和有效性；

③ 注册会计师审计可能涉及对内部审计成果的利用等。

（2）两者的区别。从我国的实际情况来看，注册会计师审计与内部审计的区别主要表现如下：

① 两者的独立性不同。注册会计师审计为第三方提供服务，提供其需要的可靠信息，不受被审计单位管理层的领导和制约，独立性较强。内部审计接受总经理或董事会的领导，为组织内部服务，因此独立性较弱。

② 两者的审计方式不同。注册会计师审计是受托审计，必须按照《注册会计师法》、执业准则、规则实施审计。内部审计依照单位经营管理的需要自行组织实施，具有较大的灵活性。

③ 审计的职责和作用不同。注册会计师审计对投资者、债权人及其他利益相关者负责，对外出具的审计报告具有鉴证性。内部审计只对本部门、本单位负责，出具的审计报告只作为本单位改进经营管理的参考，不对外公开。

④ 接受审计的自愿程度不同。注册会计师审计是由独立的第三方对被审计单位进行的审计，委托人可以自由选择会计师事务所。内部审计是代表总经理或董事会实施的

组织内部的监督，是内部控制的重要组成部分，单位内部的组织必须接受内部审计人员的监督。

3.注册会计师的业务范围

注册会计师执行业务，应当加入会计师事务所。注册会计师可以承办审计业务和会计咨询、会计服务业务。根据《注册会计师法》的规定，注册会计师可以承办下列审计业务：

（1）审查企业会计报表，出具审计报告。

（2）验证企业资本，出具验资报告。

（3）办理企业合并、分立、清算事宜中的审计业务，出具有关的报告。

（4）法律、行政法规规定的其他审计业务。

注册会计师依法执行审计业务出具的报告，具有证明效力。

【提示】注册会计师承办业务，由其所在的会计师事务所统一受理并与委托人签订委托合同。会计师事务所对本所注册会计师依照相关规定承办的业务，承担民事责任。

（5）对会计师事务所和注册会计师的监督检查。

①会计师事务所和注册会计师必须按照执业准则、规则的要求，在实施必要的审计程序后，以经过核实的审计证据为依据，形成审计意见，出具审计报告。其不得有下列行为：

a.明知委托人对重要事项的财务会计处理与国家有关规定相抵触，而不予指明；

b.明知委托人的财务会计处理会直接损害报告使用人或者其他利害关系人的利益，而予以隐瞒或者作不实的报告；

c.明知委托人的财务会计处理会导致报告使用人或者其他利害关系人产生重大误解，而不予指明；

d.明知委托人的会计报表的重要事项有其他不实的内容，而不予指明。

②会计师事务所和注册会计师遇到下列情形之一的，应当拒绝出具有关报告：

a.委托人示意其作不实或者不当证明的。

b.委托人故意不提供有关会计资料和文件的。

c.因委托人有其他不合理要求，致使注册会计师出具的报告不能对财务会计的重要事项作出正确表述的。

③注册会计师不得有下列行为：

a.在执行审计业务期间，在法律、行政法规规定不得买卖被审计单位的股票、债券或者不得购买被审计单位或者个人的其他财产的期限内，买卖被审计单位的股票、债券或者购买被审计单位或者个人所拥有的其他财产。

b.索取、收受委托合同约定以外的酬金或者其他财物，或者利用执行业务之便，谋取其他不正当的利益。

c.接受委托催收债款。

d.允许他人以本人名义执行业务。

e.同时在两个或者两个以上的会计师事务所执行业务。

f.对其能力进行广告宣传以招揽业务。

g.违反法律、行政法规规定的其他行为。

④会计师事务所不得有下列行为：

a.未经批准设立分所。

b.向省级以上财政部门提供虚假材料或者不及时报送相关材料。

c.雇用正在其他会计师事务所执业的注册会计师，或者明知本所的注册会计师在其他会计师事务所执业而不予制止。

d.允许本所注册会计师只在本所挂名而不在本所执行业务，或者明知本所注册会计师在其他单位从事获取工资性收入的工作而不予制止。

e.允许其他单位或者个人以本所名义承办业务。

f.采取强迫、欺诈等不正当方式招揽业务。

g.承办与自身规模、执业能力、承担风险能力不匹配的业务。

h.违反法律、行政法规规定的其他行为。

【提示】被审计单位接受注册会计师审计，应区分会计责任和审计责任。会计责任是指被审计单位对建立健全和有效执行本单位的内部控制制度，保证本单位提交的会计资料的真实性、合法性和完整性，保护本单位资产的安全、完整等负有的责任。审计责任是指注册会计师对委托人和被审计单位应尽的义务。审计责任要求注册会计师独立实施审计程序，获取充分适当的审计证据，依法出具审计报告，清楚地表达对被审计单位财务会计报告整体的意见，并对出具的审计报告负责。

任务五　明确法律责任，增强“红线”意识

一、法律责任概述

法律责任是指违反法律规定的行为应当承担的法律后果，也就是对违法者的制裁。为了保证《会计法》的有效实施，惩治会计违法行为，《会计法》明确规定了行政责任和刑事责任两种责任形式。

（一）行政责任

行政责任是指犯有一般违法行为的单位或个人，依照法律、法规的规定应承担的法律责任。行政责任主要有行政处罚和行政处分两种方式。

1.行政处罚

行政处罚是指特定的行政主体基于一般行政管理职权，对其认为违反行政法上的强制性义务、违反行政管理程序的行政管理相对人所实施的一种行政制裁措施。

行政处罚主要分为六种：①警告；②罚款；③没收违法所得、没收非法财物；④责令停产停业；⑤暂扣或者吊销许可证、暂扣或者吊销执照；⑥行政拘留。此外，还有法律、行政法规规定的其他行政处罚。

行政处罚由违法行为发生地的县级以上地方人民政府具有行政处罚权的行政机关实

施。行政机关实施行政处罚时，应当责令当事人改正或者限期改正违法行为。对当事人的同一个违法行为，不得给予两次以上罚款的行政处罚。当事人主动消除或者减轻违法行为危害后果的，或者受他人胁迫有违法行为的，或者配合行政机关查处违法行为有立功表现的，应当依法从轻或者减轻行政处罚。违法行为轻微并及时纠正，没有造成危害后果的，不予行政处罚。行政机关在作出行政处罚决定之前，应当告知当事人作出行政处罚决定的事实、理由及依据，并告知当事人依法享有的权利。当事人有权进行陈述和申辩。行政处罚决定依法作出后，当事人应当在行政处罚决定的期限内，予以履行。

2.行政处分

行政处分是指国家工作人员因违反行政法律规范所应承担的一种行政法律责任，是行政机关对国家工作人员故意或者过失侵犯行政相对人的合法权益所实施的法律制裁。

行政处分的形式主要有：警告、记过、记大过、降级、撤职、开除等。

【提示】行政处罚与行政处分两者既有联系又有区别。两者的联系在于：都属于行政行为，都是惩戒措施，都是对自己的违法行为所承担的法律责任。两者的区别在于：制裁的原因不同、制裁的对象不同、制裁的来源和根据不同、制裁的范围和形式不同、行为的属性和效率不同。

（二）刑事责任

刑事责任是指对犯罪分子依照刑事法律规定追究的法律责任。《中华人民共和国刑法》（以下简称《刑法》）规定，刑罚分为主刑和附加刑两种。

主刑是对犯罪分子适用的主要刑罚方法，只能独立适用，不能附加适用，对犯罪分子只能判处一种主刑。主刑分为管制、拘役、有期徒刑、无期徒刑和死刑。

附加刑是既可独立适用又可以附加适用的刑罚方法。也就是说，对同一犯罪行为既可以在主刑之后判处一个或两个以上的附加刑，也可以独立判处一个或两个以上的附加刑。附加刑分为罚金、剥夺政治权利、没收财产。对犯罪的外国人，也可以独立或者附加适用驱逐出境。

【提示】刑事责任与行政责任两者的主要区别：一是追究的违法行为不同。追究刑事责任的是犯罪行为；追究行政责任的是一般违法行为。二是追究责任的机关不同。刑事责任只能由司法机关依照《刑法》的规定追究；行政责任由国家特定的行政机关依照有关法律的规定追究。三是承担法律责任的后果不同。追究刑事责任是最严厉的制裁，可以判处死刑。

二、违法会计行为及其应承担的法律责任

（一）违反会计制度规定应承担法律责任的违法会计行为

根据《会计法》的规定，应承担法律责任的违法会计行为包括：

（1）不依法设置会计账簿的行为。这是指违反《会计法》和国家统一的会计制度的规定，应当设置会计账簿的单位不设置会计账簿或者未按规定的种类、形式及要求设置会计账簿的行为。

（2）私设会计账簿的行为。这是指不在依法设置的会计账簿上对经济业务事项进行

统一会计核算，而另外私自设置会计账簿进行会计核算的行为，即所谓的“账外账”。

（3）未按照规定填制、取得原始凭证或者填制、取得的原始凭证不符合规定的行为。这是指出具原始凭证的单位、个人违反法律、行政法规的规定，出具的原始凭证不合法；或者取得原始凭证的单位、个人违反法律、行政法规的规定，取得的原始凭证不合法。

（4）以未经审核的会计凭证为依据登记会计账簿或者登记会计账簿不符合规定的行为。

（5）随意变更会计处理方法的行为。会计处理方法的变更会直接影响会计资料的质量和可比性，因此按照相关法律的规定，不得随意变更会计处理方法。

（6）向不同的会计资料使用者提供的财务会计报告编制依据不一致的行为。财务会计报告应当根据登记完整、核对无误的会计账簿记录和其他有关会计资料编制，使用的计量方法、确认原则、统计标准应当一致，做到数字真实、计算准确、内容完整、说明清楚，不得向不同的会计资料使用者提供编制依据不一致的财务会计报告。

（7）未按照规定使用会计记录文字或者记账本位币的行为。

（8）未按照规定保管会计资料，致使会计资料毁损、灭失的行为。

（9）未按照规定建立并实施单位内部会计监督制度，或者拒绝依法实施的监督，或者不如实提供有关会计资料及有关情况的行为。

（10）任用会计人员不符合《会计法》规定的行为。

（二）违法会计行为应承担的法律责任

根据《会计法》的规定，上述各种违法会计行为应承担以下法律责任：

1. 责令限期改正。责令限期改正是指要求违法行为人在一定期限内停止违法行为，并恢复到合法状态。县级以上人民政府财政部门有权责令违法行为人限期改正，停止违法行为。

2. 罚款。罚款是指县级以上人民政府财政部门根据违法行为人的违法性质、情节及危害程度，在责令限期改正的同时，可以对单位并处3 000元以上5万元以下的罚款；对其直接负责的主管人员和其他直接责任人员，可以处2 000元以上2万元以下的罚款。

3. 给予行政处分。对上述违法行为直接负责的主管人员和其他直接责任人员中的国家工作人员，视情节轻重，由其所在单位或者有关单位依法给予警告、记过、记大过、降级、撤职、开除等行政处分。

4. 构成犯罪的，依法追究刑事责任。

三、其他会计违法行为的法律责任

（一）伪造、变造会计凭证、会计账簿或者编制虚假财务会计报告行为应当承担的法律责任

1. 刑事责任

对于伪造、变造会计凭证、会计账簿或者编制虚假财务会计报告的行为，《刑法》明确为犯罪的，主要有以下几种情况：

（1）《刑法》第二百零一条规定，纳税人采取欺骗、隐瞒手段进行虚假纳税申报或者不申报，逃避缴纳税款数额较大并且占应纳税额10%以上的，处3年以下有期徒刑或者拘役，并处罚金；数额巨大并且占应纳税额30%以上的，处3年以上7年以下有期徒刑，并处罚金。扣缴义务人采取前款所列手段，不缴或者少缴已扣、已收税款，数额较大的，依照前款的规定处罚。对多次实施前两款行为，未经处理的，按照累计数额计算。有第一款行为，经税务机关依法下达追缴通知后补缴应纳税款，缴纳滞纳金，已受行政处罚的，不予追究刑事责任；但是，5年内因逃避缴纳税款受过刑事处罚或者被税务机关给予2次以上行政处罚的除外。

（2）《刑法》第一百六十一条规定，依法负有信息披露义务的公司、企业向股东和社会公众提供虚假的或者隐瞒重要事实的财务会计报告，或者对依法应当披露的其他重要信息不按照规定披露，严重损害股东或者其他人利益，或者有其他严重情节的，对其直接负责的主管人员和其他直接责任人员，处5年以下有期徒刑或者拘役，并处或者单处罚金；情节特别严重的，处5年以上10年以下有期徒刑，并处罚金。

（3）《刑法》第二百二十九条规定，承担资产评估、验资、验证、会计、审计、法律服务等职责的中介组织的人员故意提供虚假证明文件，情节严重的，处5年以下有期徒刑或者拘役，并处罚金。有前款行为，同时索取他人财物或者非法收受他人财物构成犯罪的，处5年以上10年以下有期徒刑，并处罚金。

2.行政责任

伪造、变造会计凭证、会计账簿或者编制虚假财务会计报告，情节较轻，社会危害不大，根据《刑法》的有关规定尚不构成犯罪的，应当按照《会计法》的规定予以处罚。具体包括：

（1）通报。由县级以上人民政府财政部门采取通报的方式对违法行为人予以批评、公告。通报决定由县级以上人民政府财政部门送达被通报人，并通过一定的媒介在一定的范围内公布。

（2）罚款。县级以上人民政府财政部门对违法行为视情节轻重，在予以通报的同时，可以对单位并处5 000元以上10万元以下的罚款；对其直接负责的主管人员和其他直接责任人员，可以处3 000元以上5万元以下的罚款。

（3）行政处分。对上述所列违法行为直接负责的主管人员和其他直接责任人员中的国家工作人员，还应当由其所在单位或者有关单位依法给予撤职直至开除的行政处分，其中的会计人员，5年内不得从事会计工作。

（二）隐匿或者故意销毁依法应当保存的会计凭证、会计账簿、财务会计报告行为应当承担的法律责任

1.刑事责任

《刑法》第一百六十二条之二规定，公司、企业通过隐匿财产、承担虚构的债务或者以其他方法转移、处分财产，实施虚假破产，严重损害债权人或者其他人利益的，对其直接负责的主管人员和其他直接责任人员，处5年以下有期徒刑或者拘役，并处或者单处2万元以上20万元以下罚金。

《刑法》第二百零一条规定，纳税人采取欺骗、隐瞒手段进行虚假纳税申报或者不

申报，逃避缴纳税款数额较大并且占应纳税额10%以上的，处3年以下有期徒刑或者拘役，并处罚金；数额巨大并且占应纳税额30%以上的，处3年以上7年以下有期徒刑，并处罚金。

2.行政责任

隐匿或者故意销毁依法应当保存的会计凭证、会计账簿、财务会计报告，不构成犯罪的，由县级以上人民政府财政部门予以通报，可以对单位并处5 000元以上10万元以下的罚款；对其直接负责的主管人员和其他直接责任人员，可以处3 000元以上5万元以下的罚款；属于国家工作人员的，还应由其所在单位或者有关单位依法给予批评直至开除的行政处分，其中的会计人员，5年内不得从事会计工作。

（三）授意、指使、强令他人伪造、变造或隐匿、故意销毁会计资料行为应当承担的法律责任

1.刑事责任

根据《刑法》的有关规定，授意、指使强令会计机构、会计人员及其他人员伪造、变造会计凭证、会计账簿，编制虚假财务会计报告或者隐匿、故意销毁依法应当保存的会计凭证、会计账簿、财务会计报告的，应当作为伪造、变造会计凭证、会计账簿，编制虚假财务会计报告或者隐匿、故意销毁依法应当保存的会计凭证、会计账簿、财务会计报告的共同犯罪，定罪处罚。

【提示】共同犯罪是指二人以上共同故意犯罪（二人以上共同过失犯罪，不以共同犯罪论处）。应当负刑事责任的，按照他们所犯的罪分别处罚。组织、领导犯罪集团进行犯罪活动的或者在共同犯罪中起主要作用的，是主犯。三人以上为共同实施犯罪而组成的较为固定的犯罪组织，是犯罪集团。对组织、领导犯罪集团的首要分子，按照集团所犯的全部罪行处罚。对于《刑法》第二十六条第三款规定以外的主犯，应当按照其所参与的或者组织、指挥的全部犯罪处罚。在共同犯罪中起次要或者辅助作用的，是从犯。对于从犯，应当从轻、减轻处罚或者免除处罚。对于被胁迫参加犯罪的，应当按照其犯罪情节减轻处罚或者免除处罚。教唆他人犯罪的，应当按照他在共同犯罪中所起的作用处罚。教唆不满18周岁的人犯罪的，应当从重处罚。如果被教唆的人没有犯被教唆的罪，对于教唆犯，可以从轻或者减轻处罚。

2.行政责任

有上述违法行为，情节较轻，社会危害不大，不构成犯罪的，应当按照《会计法》的规定予以处罚：

（1）罚款。县级以上人民政府财政部门可以视违法行为的情节轻重，对违法行为人处以5 000元以上5万元以下的罚款。

（2）行政处分。对授意、指使、强令会计机构、会计人员及其他人员伪造、变造会计凭证、会计账簿，编制虚假财务会计报告或者隐匿、故意销毁依法应当保存的会计凭证、会计账簿、财务会计报告的国家工作人员，还应当由其所在单位或者有关单位依法给予降级、撤职或者开除的行政处分。

（四）单位负责人对会计人员实行打击报复行为应当承担的法律责任

我国《会计法》规定，单位负责人对依法履行职责、抵制违反《会计法》规定行为

的会计人员以降级、撤职、调离工作岗位、解聘或者开除等方式实行打击报复，构成犯罪的，依法追究刑事责任；尚不构成犯罪的，由其所在单位或者有关单位依法给予行政处分。对受打击报复的会计人员，应当恢复其名誉和原有职务、级别。

1.刑事责任

《刑法》第二百五十五条规定，公司、企业、事业单位、机关、团体的领导人，对依法履行职责、抵制违反会计法、统计法行为的会计、统计人员实行打击报复，情节恶劣的，处3年以下有期徒刑或者拘役。

2.行政责任

单位负责人对依法履行职责、抵制违反《会计法》规定行为的会计人员实行打击报复，情节轻微，危害性不大，不构成犯罪的，由其所在单位或者有关单位依法给予行政处分。

【请注意】《刑法》中的罚金和行政责任中的罚款是比较容易混淆的概念，两者的区别主要是：(1) 性质不同。罚金属于刑事处罚；罚款则属于行政处罚。(2) 处罚依据不同。罚金由《刑法》加以规定；罚款则由行政法律规范加以规定。(3) 适用主体不同。罚金由人民法院判处；罚款则由行政机关或法律法规授权的组织判处。(4) 适用的对象不同。罚金是对犯罪者的惩罚；罚款则是对违反行政法律规范者的惩罚。

【阅读篇目】

[1] 全国人民代表大会常务委员会颁布的《中华人民共和国会计法》

[2] 全国人民代表大会常务委员会颁布的《中华人民共和国注册会计师法》

[3] 全国人民代表大会常务委员会颁布的《中华人民共和国刑法》

[4] 财政部发布的《会计基础工作规范》《代理记账管理办法》《企业会计准则——基本准则》

[5] 财政部、国家档案局发布的《会计档案管理办法》

职业能力判断与选择

一、单项选择题（每题只有一个正确答案，请将正确答案填在括号内）

1.下列各项中，属于会计专业职务的是（　　）。

A.财务部经理　　B.助理会计师

C.主任会计师　　D.总会计师

2.下列各项中，属于会计行政法规的是（　　）。

A.《企业会计准则——基本准则》　　B.《中华人民共和国会计法》

C.《会计基础工作规范》　　D.《企业财务会计报告条例》

3.应当对本单位的会计工作和会计资料的真实性、完整性负责的是（　　）。

A.审计人员　　B.会计机构负责人

C.总会计师　　D.单位负责人

4.下列各项中，不属于财政部门实施会计监督检查的内容的是（　　）。

A.各单位是否按照实际发生的经济业务进行会计核算

B.各单位是否按照税法的规定按时足额纳税

C.各单位是否依法设置会计账簿

D.各单位的会计核算是否符合法定要求

5.A单位的会计王某采用涂改手段，将金额为10 000元的购货发票改为40 000元。根据《会计法》的有关规定，该行为属于（　　）。

A.伪造会计凭证　　B.变造会计凭证

C.伪造会计账簿　　D.变造会计账簿

6.根据《会计法》的规定，单位提供的担保、未决诉讼等或有事项，应当按照国家统一的会计制度的规定，在（　　）中予以说明。

A.财务会计报告　　B.会计凭证

C.会计账簿　　D.其他会计核算资料

7.根据有关规定，会计人员因故离职时应与接替人员办理交接手续。下列选项中，表述正确的是（　　）。

A.会计人员调动工作或离职，未办理交接手续的，不得调动工作或离职

B.一般会计人员办理交接手续，由单位负责人负责监交

C.交接工作结束后，接替人员应当另立账册记账，以便分清各自的职责

D.交接工作结束后，只需要移交人员与接替人员在移交清册上签章

8.根据会计法律制度的规定，从事代理记账业务的机构必须取得代理记账许可证。该许可证的审批机关是（　　）。

A.县级以上市场监督管理部门　　B.县级以上人民政府财政部门

C.县级以上国家税务机关　　D.县级以上人民政府审计部门

9.根据《会计法》的规定，对随意变更会计处理方法的会计人员应处以（　　）。

A.3 000元以上5万元以下的罚款　　B.2 000元以上2万元以下的罚款

C.3 000元以上2万元以下的罚款　　D.2 000元以上5万元以下的罚款

10.下列会计档案中，应当永久保管的是（　　）。

A.库存现金日记账和银行存款日记账　　B.银行对账单

C.会计档案保管清册　　D.会计档案移交清册

二、多项选择题（每题有两个或两个以上正确答案，请将正确答案填在括号内）

1.政府对会计市场的管理包括（　　）。

A.会计市场的准入管理　　B.会计市场的退出管理

C.前期管理　　D.会计市场的运行管理

2.代理记账的业务范围包括（　　）。

A.审核、填制原始凭证

B.填制记账凭证

C.登记会计账簿并编制财务会计报告

D.提供税务资料

3.下列各项中，属于会计工作行政管理内容的有（　　）。

A.会计准则、制度及相关标准规范的制定和组织实施
B.会计市场管理
C.会计专业人才评价
D.会计监督检查

4.下列各项中，需要办理会计工作交接的情形有（　　）。
A.会计人员正常调动工作时　　B.会计人员因病暂时不能工作时
C.会计人员离职时　　D.会计人员死亡或者失踪时

5.财政部门实施会计监督的主要内容包括（　　）。
A.各单位是否依法设置会计账簿
B.各单位是否依法设置总会计师
C.会计凭证、会计账簿、财务会计报告和其他会计资料是否真实、完整
D.各单位的会计核算是否符合法定要求

6.根据《会计基础工作规范》的规定，下列各项属于会计岗位的有（　　）。
A.稽核岗位　　B.会计主管人员岗位
C.工资核算岗位　　D.单位内部审计岗位

7.根据《代理记账管理办法》的规定，没有设置会计机构且未配置会计人员的单位可以委托的代理记账机构有（　　）。
A.会计师事务所
B.律师事务所
C.持有代理记账许可证书的其他代理记账机构
D.持有代理记账许可证书的其他个人

8.下列各项中，不属于企业内部控制应当遵循的原则有（　　）。
A.可比性原则　　B.真实性原则
C.重要性原则　　D.谨慎性原则

9.下列各项中，不属于注册会计师及其所在的会计师事务所法定业务范围的有（　　）。
A.依法承办审计业务　　B.检查企业生产经营完成情况
C.检查企业会计工作情况　　D.承办会计咨询、会计服务业务

10.单位负责人对依法履行职责、抵制违反《会计法》规定行为的会计人员进行打击报复的行为包括（　　）。
A.降级　　B.撤职
C.调离工作岗位　　D.解聘或者开除

三、判断题（正确的在括号内打“√”，错误的打“×”）

（　　）1.会计法律是由全国各地人民代表大会或其常务委员会制定的。

（　　）2.常江为中淮公司的财务经理，他将自己的女儿安排在本部门担任存货会计，他的这一行为违背了会计人员回避制度。

（　　）3.财政、审计、税务、中国人民银行、证券监管、保险监管等部门有权对有关单位会计资料的真实性、完整性进行检查。

（　　）4.会计人员的工作岗位应该有计划地进行轮换。

（　　）5.会计机构、会计人员应当依照《会计法》的相关规定进行会计核算，实行会计监督。

（　　）6.出纳人员可以兼管稽核、债权债务账目登记和会计档案保管工作。

（　　）7.单位内部会计工作管理的责任主体是单位领导人。

（　　）8.原始凭证不得外借，其他单位如因特殊原因需要使用原始凭证，经本单位负责人批准可以复制，并办理登记手续。

（　　）9.单位的财务会计报告必须经过注册会计师审计才能对外报出。

（　　）10.单位应当加强银行预留印鉴的管理，必须坚持由一人保管支付款项所需的全部印章的原则。

答案与解析

一、单项选择题

1.B。会计专业职务一般指职称，包括会计员、助理会计师、会计师和高级会计师，其中前两个属于初级，会计师属于中级，高级会计师属于高级。

2.D。会计行政法规包括《总会计师条例》和《企业财务会计报告条例》。

3.D。根据规定，单位负责人对本单位的会计工作和会计资料的真实性、完整性负责。

4.B。财政部门实施会计监督检查的内容主要包括：①对各单位设置会计账簿的情况实施监督检查；②对各单位会计资料的真实性、完整性实施监督检查；③对各单位会计核算的情况实施监督检查；④对各单位会计人员的任职资格实施监督检查；⑤对会计师事务所出具的审计报告的程序和内容实施监督检查。

5.B。伪造会计凭证，是指以虚假的经济业务或者资金往来为前提，编造虚假的会计凭证的行为。变造会计凭证，是指采取涂改、挖补以及其他方法改变会计凭证真实内容的行为。伪造会计账簿，是指违反《会计法》和国家统一的会计制度的规定，根据伪造或者变造的虚假会计凭证填制会计账簿，或者不按要求登记会计账簿，或者对内对外采用不同的确认标准、计量方法等手段编造虚假的会计账簿的行为。变造会计账簿，是指采取涂改、挖补或者其他手段改变会计账簿的真实内容的行为。

6.A。《会计法》第十九条规定：“单位提供的担保、未决诉讼等或有事项，应当按照国家统一的会计制度的规定，在财务会计报告中予以说明。”

7.A。《会计基础工作规范》第二十五条规定：“会计人员工作调动或者因故离职，必须将本人所经管的会计工作全部移交给接替人员。没有办清交接手续的，不得调动或者离职。”

8.B。根据会计法律制度的规定，除会计师事务所之外，从事代理记账业务的机构必须取得代理记账许可证。该代理记账许可证的审批机关是县级以上人民政府财政部门。

9.B。根据《会计法》的规定，随意变更会计处理方法的，对其直接负责的主管人员和其他直接责任人员，可以处2 000元以上2万元以下的罚款。

10.C。年度财务会计报告、会计档案保管清册、会计档案销毁清册和会计档案鉴定意见书要永久保管。

二、多项选择题

1.ABD。在市场经济条件下，政府必须加强对会计市场的管理，包括会计市场的准入、运行和退出管理三个方面。

2.BCD。代理记账机构可以接受委托，办理委托人的以下业务：①根据委托人提供的原始凭证和其他资料，按照国家统一的会计制度的规定进行会计核算，包括审核原始凭证、填制记账凭证、登记会计账簿、编制财务会计报告等。②对外提供财务会计报告。代理记账机构为委托人编制的财务会计报告，经代理记账机构负责人和委托人签名并盖章后，按照有关法律、行政法规和国家统一的会计制度的规定对外提供。③向税务机关提供税务资料。④委托人委托的其他会计业务。

3.ABCD。会计工作行政管理的内容包括：①会计准则、制度及相关标准规范的制定和组织实施。②会计市场管理，包括会计市场的准入、运行和退出管理三个方面。③会计专业人才评价，包括会计专业技术资格管理、会计领军（后备）人才培养等。④会计监督检查，包括会计信息质量检查和会计师事务所执业质量检查。

4.ABCD。在下列情况下需要办理会计工作交接：①会计人员临时离职或因病不能工作、需要接替或代理时，会计机构负责人（会计主管人员）或单位负责人必须指定专人接替或者代理，并办理会计工作交接手续。②临时离职或因病不能工作的会计人员恢复工作时，应当与接替或代理人员办理交接手续。③移交人员因病或其他特殊原因不能亲自办理移交手续的，经单位负责人批准，可由移交人委托他人代办交接。

5.ACD。《会计法》第三十二条规定，财政部门对各单位的下列情况实施监督：①是否依法设置会计账簿；②会计凭证、会计账簿、财务会计报告和其他会计资料是否真实、完整；③会计核算是否符合本法和国家统一的会计制度的规定；④从事会计工作的人员是否具备专业能力、遵守职业道德。根据规定，国有大中型企业（包括国有资产占控股地位或主导地位的大中型企业）必须设置总会计师，其他单位亦可根据需要设置，因此不是所有单位必须设置总会计师这个职位，不会列入财政部门对各单位实施会计监督的事项。

6.ABC。根据《会计基础工作规范》的规定，各单位应当根据会计业务需要设置会计工作岗位。会计工作岗位一般可分为会计机构负责人或者会计主管人员、出纳、财产物资核算、工资核算、成本费用核算、财务成果核算、资金核算、往来结算、总账报表、稽核、档案管理等。

7.AC。会计师事务所、持有代理记账许可证书的其他代理记账机构可以代理记账，其他单位或者个人不可以。

8.ABD。企业内部控制的原则包括：全面性原则、重要性原则、制衡性原则、适应性原则和成本效益原则。

9.BC。检查企业生产经营完成情况、检查企业会计工作情况不属于注册会计师及其所在的会计师事务所的法定业务范围。

10.ABCD。《会计法》第四十六条规定："单位负责人对依法履行职责、抵制违反本法规定行为的会计人员以降级、撤职、调离工作岗位、解聘或者开除等方式实行打击报复，构成犯罪的，依法追究刑事责任；尚不构成犯罪的，由其所在单位或者有关单位依法给予行政处分。对受打击报复的会计人员，应当恢复其名誉和原有职务、级别。"

三、判断题

1.×。会计法律是指由全国人民代表大会及其常务委员会经过一定立法程序制定的有关会计工作的法律。

2.×。《会计基础工作规范》第十六条规定："国家机关、国有企业、事业单位任用会计人员应当实行回避制度。单位领导人的直系亲属不得担任本单位的会计机构负责人、会计主管人员。会计机构负责人、会计主管人员的直系亲属不得在本单位会计机构中担任出纳工作。"

3.√。《会计法》第三十三条规定，财政、审计、税务、人民银行、证券监管、保险监管等部门应当依照有关法律、行政法规规定的职责，对有关单位的会计资料实施监督检查。

4.√。《会计基础工作规范》第十三条规定："会计人员的工作岗位应当有计划地进行轮换。"

5.√。《会计法》第五条规定："会计机构、会计人员依照本法规定进行会计核算，实行会计监督。"

6.×。出纳人员不得兼管稽核、债权债务账目登记和会计档案保管工作。

7.√。《会计基础工作规范》第四条规定："单位领导人对本单位的会计基础工作负有领导责任。"因此，单位内部会计工作管理的责任主体是单位领导人。

8.√。根据《会计基础工作规范》的相关规定，原始凭证不得外借，其他单位如因特殊原因需要使用原始凭证，经本单位会计机构负责人、会计主管人员批准，可以复制。向外单位提供的原始凭证复制件，应当在专设的登记簿上登记，并由提供人员和收取人员共同签名或者盖章。

9.×。不是所有的财务会计报告都需要注册会计师审计。现阶段，只有上市公司、外商投资企业等的财务会计报告需要经过注册会计师审计才能对外报出。小企业的财务会计报告不对外公布，不需要会计师事务所出具审计报告。

10.×。根据有关规定，单位应当加强银行预留印鉴的管理。财务专用章应由专人保管，个人名章必须由本人或其授权人员保管。严禁一人保管支付款项所需的全部印章。

模块二

经济交易行天下的“媒介”——支付结算工具面面观

学习目标

1.理解支付结算的概念、分类、法律特征、基本原则和主要法律依据；

2.掌握现金管理的基本要求和现金的内部控制；

3.了解银行结算账户的开立、变更和撤销；

4.熟悉各银行结算账户的概念、使用范围和开户要求；

5.掌握票据和结算凭证填制的基本要求；

6.掌握支票、商业汇票、银行汇票、银行本票、银行卡、汇兑、委托收款、托收承付结算方式的规定和基本操作流程。

知识点

1.支付结算的概念、分类与法律特征；

2.开户单位使用现金的范围和限额；

3.银行结算账户的概念、种类和管理要求；

4.银行结算账户的开立、变更和撤销；

5.各银行结算账户的概念、使用范围、开户要求与程序；

6.票据的概念、种类、特征与功能。

技能点

1.能填写票据和结算凭证，办理支付结算；

2.能按照现金管理的规定办理开户单位的现金收支；

3.能对违反银行账户结算管理制度的事项进行处罚；

4.能对商业汇票、银行汇票、银行本票和支票的提示承兑期限进行比较；

5.能对银行卡进行计息并收费。

案例引入

2019年6月12日，福建省高级人民法院受理了甲、乙银行票据回购纠纷案。甲、乙银行签订《银行承兑汇票转贴现合同》，约定对合计票面金额9.93亿元的银行承兑汇票办理转贴现，甲银行在未收到合同项下票据的情况下，向乙银行支付贴现款9.81亿元，当天乙银行向丙银行转账9.80亿元。

经甲银行查询，乙银行办理转贴现业务的银行承兑汇票系伪造。甲银行为此提起诉讼，要求乙银行返还票据本金并支付利息。

经调查，本案合同项下票据与另一起以票据为形式的挪用资金犯罪、诈骗犯罪涉及票据一致，甲、乙银行在其中起到了资金通道作用，双方未按转贴现合同约定进行票据交付、审核及签章背书，双方签订的转贴现合同是外在表面行为，并非当事人真实意图，实为银行间资金融通。

银行以转贴现模式充当他人资金通道，不仅当事银行产生了损失，该行为更是作为刑事案件的一环破坏了金融秩序。

资料来源：佚名. 票据市场典型风险案例汇总（2019—2020）[EB/OL]. [2021-08-31]. http://geron-e.com/info/3552.

【思考】

伪造票据应如何处罚？

任务一　规范现金管理，建立内控制度

一、现金结算的概念及特点

（一）现金结算的概念

现金结算是指在商品交易、劳务供应等经济往来中，直接使用现金进行应收应付款结算的行为。

各级中国人民银行应当严格履行金融主管机关的职责，负责对开户银行的现金管理进行监督和稽核。开户银行依照《现金管理暂行条例》和中国人民银行的规定，负责现金管理的具体实施，对开户单位收支、使用现金进行监督管理。

（二）现金结算的特点

现金结算具有直接便利、安全性低、不易宏观控制和管理、费用较高等特点。

二、现金结算的渠道

现金结算的渠道主要有以下两种：

（1）付款人直接将现金支付给收款人；

（2）付款人委托银行、非银行金融机构或者非金融机构将现金支付给收款人。

三、现金结算的范围

根据《现金管理暂行条例》的规定，开户单位可以在下列范围内使用现金：

（1）职工工资、津贴；

（2）个人劳务报酬；

（3）根据国家规定颁发给个人的科学技术、文化艺术、体育等各种奖金；

（4）各种劳保、福利费用以及国家规定的对个人的其他支出；

（5）向个人收购农副产品和其他物资的价款；

（6）出差人员必须随身携带的差旅费；

（7）结算起点以下的零星支出；

（8）中国人民银行确定需要支付现金的其他支出。

结算起点为1 000元，结算起点的调整由中国人民银行确定，报国务院备案。除第（5）和（6）项外，开户单位支付给个人的款项中，支付现金每人一次不得超过1 000元，超过限额部分，根据提款人的要求在指定银行转为储蓄存款或以支票、银行本票支付；确需全额支付现金的，经开户银行审核后予以支付。

【提示】转账结算凭证在经济往来中具有同现金相同的支付能力。

【请注意】开户单位在销售活动中，不得对现金结算给予比转账结算优惠的待遇；不得拒收支票、银行汇票和银行本票。

四、现金使用的限额

现金是企业各项资产中流动性最强的一种资产。企业为了保证生产经营活动的正常开展，必须拥有一定数额的现金，用以购买零星办公用品、发放工资、支付手续费等。现金使用的限额是指单位在遵守相关规定的前提下，为保证日常零星开支的需要，允许单位留存现金的最高数额。这一限额由开户银行根据开户单位的实际需要核定，原则上以满足开户单位3～5天的日常零星开支需要量为限。边远地区和交通不便地区的开户单位的库存现金限额可以适当放宽，可以超过5天，但不得超过15天的日常零星开支需要量。

各开户单位库存现金限额设定的具体程序为：

（1）由开户单位提出库存现金限额计划，报开户银行审批。

（2）经核定后的库存现金限额，开户单位必须严格遵守。

（3）需要增加或者减少库存现金限额的，应当向开户银行提出申请，由开户银行核定。

【提示】对没有在银行单独开立账户的附属单位也要实行现金管理，必须保留的现金也要核定限额，其限额包括在开户单位的库存现金限额之内。商业和服务业的找零备用现金，也要根据营业额核定定额，但不包括在开户单位的库存现金限额之内。

五、现金收支的基本要求

开户单位的现金收支应当依照《现金管理暂行条例》的有关规定办理。

（1）开户单位现金收入应当于当日送存开户银行。当日送存确有困难的，由开户银行确定送存时间。

（2）开户单位支付现金，可以从本单位库存现金限额中支付或者从开户银行提取，不得从本单位的现金收入中直接支付（即坐支）。因特殊情况需要坐支现金的，应当事先报经开户银行审查批准，由开户银行核定坐支范围和限额。坐支单位必须在现金账上如实反映坐支金额，定期向开户银行报送坐支金额和使用情况。

（3）开户单位根据现金使用范围的规定，从开户银行提取现金，应当写明用途，由本单位财会部门负责人签字盖章，经开户银行审核后，予以支付现金。

（4）因采购地点不固定、交通不便、生产或者市场急需、抢险救灾以及其他特殊情况必须使用现金的，开户单位应当向开户银行提出申请，由本单位财会部门负责人签字盖章，经开户银行审核后，予以支付现金。

（5）单位收入的现金不准以个人储蓄存款方式存储。单位收入的所有现金应由财会部门统一管理，存储在财会部门或开户银行。无论收入的利息归单位所有还是归个人所有，都不能以个人储蓄方式存入银行。

（6）不能以“白条”抵库。所谓“白条”，是指没有审批手续的凭据。因此，“白条”不能作为记账依据。“白条”具有很多危害性，主要表现在以下几个方面：

①用“白条”抵顶现金，会使实际库存现金减少，日常零星开支所需的现金不足，还会使账面现金余额超过库存现金限额。

②用“白条”支付现金，付出的随意性大，容易产生挥霍浪费、挪用公款等问题，付出后不能及时进行账务处理，不便于进行财务管理。

③“白条”一般不便于管理，一旦丢失，无据可查，难以分清责任，有时会给单位或个人造成不应有的损失。

（7）不准设“账外账”和“小金库”。“账外账”是指违反《会计法》和国家有关规定，在法定会计账册之外设立的账册。“小金库”是指违反法律法规及其他有关规定，侵占、截留国家和单位收入，未列入本单位财务会计部门账内或未纳入预算管理、私存私放的各项资金。设置“账外账”和“小金库”为各种违法违纪行为提供了条件，危害性极大，必须坚决予以取缔。

（8）不准谎报用途套取现金，不准利用银行账户代其他单位和个人存入或支取现金。

六、建立健全现金核算与内部控制制度

（一）建立单位货币资金内部控制制度

（1）国务院有关部门可以根据国家有关法律法规、《企业内部控制应用指引第6号——资金活动》和《小企业内部控制规范（试行）》的规定，制定本部门或本系统的货币资金内部控制规定。

（2）各单位应当根据国家有关法律法规和《内部会计控制规范——货币资金（试行）》的规定，结合部门或系统的货币资金内部控制规定，建立符合本单位业务特点和管理要求的货币资金内部控制制度，并组织实施。

【请注意】单位负责人对本单位货币资金内部控制制度的建立健全、有效实施以及货币资金的安全完整负责。

（二）加强货币资金业务岗位管理

（1）各单位应当建立货币资金业务的岗位责任制，明确相关部门和岗位的职责权限，确保办理货币资金业务的不相容岗位相互分离、制约和监督。

（2）出纳人员不得兼任稽核、会计档案保管和收入、支出、费用、债权债务账目的登记工作。

（3）单位不得由同一人全程办理货币资金业务。

【提示】单位办理货币资金业务，应当配备合格的会计人员，并根据单位的具体情

况定期进行岗位轮换。办理货币资金业务的人员应当具备良好的职业道德，忠于职守、廉洁奉公、遵纪守法、客观公正，不断提高会计业务素质和职业道德水平。

（三）严格货币资金业务的授权管理

（1）单位应当对货币资金业务建立严格的授权批准制度，明确审批人对货币资金业务的授权批准方式、权限、程序、责任和相关控制措施，规定经办人办理货币资金业务的职责范围和工作要求。

（2）审批人应当根据货币资金业务授权批准制度的规定，在授权范围内进行审批，不得超越审批权限。

（3）经办人应当在职责范围内，按照审批人的批准意见办理货币资金业务。对于审批人超越授权范围审批的货币资金业务，经办人员有权拒绝办理，并及时向审批人的上级授权部门报告。

（4）单位对于重要的货币资金支付业务，应当实行集体决策和审批，并建立责任追究制度，防范贪污、侵占、挪用货币资金等行为。

（5）严禁未经授权的机构或人员办理货币资金业务或直接接触货币资金。

（四）按照规定程序办理货币资金支付业务

1. 支付申请

单位有关部门或个人用款应当提前向审批人提交货币资金支付申请，注明款项的用途、金额、预算、支付方式等内容，并附有效经济合同或相关证明。

2. 支付审批

审批人根据其职责、权限和相应程序对支付申请进行审批；对于不符合规定的货币资金支付申请，审批人应当拒绝批准。

3. 支付复核

复核人应当对批准后的货币资金支付申请进行复核，复核货币资金支付申请的批准范围、权限、程序是否正确，手续及相关单证是否齐备，金额计算是否准确，支付方式、支付单位是否妥当等。复核无误后，交由出纳人员办理支付手续。

视频

内部控制与风险管理

4. 办理支付

出纳人员应当根据复核无误的支付申请，按规定办理货币资金支付手续，及时登记库存现金日记账和银行存款日记账。

任务二　理解支付结算，遵守原则要求

一、支付结算的概念和特征

（一）支付结算的概念

支付结算是指单位、个人在社会经济活动中使用票据、信用卡、汇兑、托收承付、委托收款等结算方式进行货币给付及资金清算的行为。支付结算的主要功能是完成资金

从一方当事人向另一方当事人的转移。这是一个既广泛又普遍的社会经济行为。

银行、城市信用合作社、农村信用合作社（以下简称银行）以及单位和个人（含个体工商户）是办理支付结算的主体。其中，银行是支付结算和资金清算的中介机构。

【提示】支付结算的概念有广义与狭义之分。广义的支付结算包括现金结算和银行转账结算；狭义的支付结算仅指银行转账结算。1997年9月中国人民银行发布的《支付结算办法》中的“支付结算”是指狭义的概念。

（二）支付结算的特征

支付结算作为一种法律行为，具有以下法律特征：

1. 支付结算必须通过中国人民银行批准的金融机构进行

《支付结算办法》第六条规定：“银行是支付结算和资金清算的中介机构。未经中国人民银行批准的非银行金融机构和其他单位不得作为中介机构经营支付结算业务。但法律、行政法规另有规定的除外。”票据、银行卡、汇兑、托收承付、委托收款等结算方式必须通过中国人民银行批准的金融机构进行。

【请注意】支付结算与一般的货币给付及资金清算行为不同。

2. 支付结算是一种要式行为

要式行为是指依照法律规定，必须采取一定形式或履行一定程序才能成立的行为。公民或者法人设立、变更、终止民事权利和民事义务，必须遵照法律要求的形式，其法律行为方能成立。凡不具备法律规定的形式的民事行为都是无效的。办理支付结算必须符合《支付结算办法》的规定，具备法定的形式要件，如票据和结算凭证的格式以及书写规范要求等。

3. 支付结算的发生取决于委托人的意志

《支付结算办法》第十七条规定：“银行以善意且符合规定和正常操作程序审查，对伪造、变造的票据和结算凭证上的签章以及需要交验的个人有效身份证件，未发现异常而支付金额的，对出票人或付款人不再承担受委托付款的责任，对持票人或收款人不再承担付款的责任。”当事人对存于银行的存款拥有自主支配权。银行在支付结算中仅充当中介机构的角色。

4. 支付结算实行统一管理和分级管理相结合的管理体制

《支付结算办法》第二十条规定：“中国人民银行总行负责制定统一的支付结算制度，组织、协调、管理、监督全国的支付结算工作，调解、处理银行之间的支付结算纠纷。中国人民银行省、自治区、直辖市分行根据统一的支付结算制度制定实施细则，报总行备案；根据需要可以制定单项支付结算办法，报经中国人民银行总行批准后执行。中国人民银行分、支行负责组织、协调、管理、监督本辖区的支付结算工作，调解、处理本辖区银行之间的支付结算纠纷。政策性银行、商业银行总行可以根据统一的支付结算制度，结合本行情况，制定具体管理实施办法，报经中国人民银行总行批准后执行。政策性银行、商业银行负责组织、管理、协调本行内的支付结算工作，调解、处理本行内分支机构之间的支付结算纠纷。”

5. 支付结算必须依法进行

《支付结算办法》第五条规定：“银行、城市信用合作社、农村信用合作社（以下简称银行）以及单位和个人（含个体工商户），办理支付结算必须遵守国家的法律、行政法规和本办法的各项规定，不得损害社会公共利益。”《支付结算办法》第七条规定，单位、个人和银行应当按照《银行账户管理办法》的规定开立、使用账户。因此，支付结算的各方当事人必须严格遵守相关法律规定进行支付结算业务。

【动脑筋】支付结算是否必须通过中国人民银行批准的金融机构进行？

二、支付结算的主要法律依据

凡是与支付结算的各种结算方式有关的法律、行政法规以及部门规章和地方性规定，都是支付结算的法律依据。

目前适用支付结算的法律、行政法规以及部门规章和政策性规定主要有：

（1）《中华人民共和国票据法》（以下简称《票据法》），1995年5月10日第八届全国人民代表大会常务委员会第十三次会议通过，2004年8月28日第十届全国人民代表大会常务委员会第十一次会议修订。

（2）《支付结算办法》，中国人民银行于1997年9月19日发布，自1997年12月1日起实施。

（3）《国内信用证结算办法》，中国人民银行、中国银行业监督管理委员会于2016年4月27日发布，自2016年10月8日起实施。

（4）《票据管理实施办法》，经国务院批准由中国人民银行于1997年8月21日发布，自1997年10月1日起实施，2011年1月8日根据《国务院关于废止和修改部分行政法规的决定》修正。

（5）《银行卡业务管理办法》，中国人民银行于1999年1月5日发布，自1999年3月1日起实施。

（6）《人民币银行结算账户管理办法》，中国人民银行于2003年4月10日颁布，自2003年9月1日起施行。

（7）《电子支付指引（第一号）》，中国人民银行于2005年10月26日公布实施。

三、支付结算的基本原则

（一）恪守信用、履约付款原则

沙画

反洗钱法

这是支付结算应遵守的最基本的原则。各单位之间、单位与个人之间应在遵守相关法律、法规的前提下通过银行办理支付结算，结算双方应自觉遵守信用原则，依照合同和法律约定的要求依法承担义务和行使权利。特别是付款方，更应严格遵守信用原则，按照约定的付款金额和付款日期进行支付。

（二）谁的钱进谁的账、由谁支配原则

《支付结算办法》第十九条规定，银行依法为单位、个人在银行开立的基本存款账户、一般存款账户、专用存款账户和临时存款账户的存款保密，维护其资金的自主支配权。对单位、个人在银行开立上述存款账户的存款，除国家法律、行政法规另有规定外，银行不得为任何单位或者个人查询；除国家法律另有规定外，银行不代任何单位或

者个人冻结、扣款，不得停止单位、个人存款的正常支付。这一原则体现了存款人对存款资金的所有权，除国家另有规定外，存款人的资金必须由其自主支配。

（三）银行不得垫款原则

银行在办理支付结算业务的过程中，只负责办理结算当事人之间的款项划拨，无义务垫付任何款项。这一原则是为了保护银行资金的完整性和安全性，有利于划清银行资金与存款人资金的界限，督促单位和个人对自己的债权债务负责。

【提示】上述三项原则分别从不同的角度强调了付款人、收款人和银行在结算过程中的权利和义务，强调参与结算的各方当事人应严格遵守各项法律、法规，切实保障支付结算业务的正常、有序进行。

四、办理支付结算的具体要求

（一）办理支付结算的基本要求

1. 必须使用规定的票据凭证和结算凭证

单位、个人和银行办理支付结算，必须使用按中国人民银行统一规定印制的票据凭证和统一规定的结算凭证。未使用按中国人民银行统一规定印制的票据，票据无效；未使用中国人民银行统一规定格式的结算凭证，银行不予受理。

2. 按规定开立和使用账户

单位、个人和银行应当按照《人民币银行结算账户管理办法》的规定开立、使用账户。

在银行开立存款账户的单位和个人办理支付结算，账户内需有足够的资金保证支付。银行依法为单位、个人在银行开立的存款账户中的存款保密，维护其资金的自主支配权。除国家法律、行政法规另有规定外，银行不得为任何单位或者个人查询账户情况，不得代任何单位或者个人冻结、扣划款项，不得停止单位、个人存款的正常支付。

【动脑筋】夫妻双方是否有权直接到银行柜台查询对方银行存款账户收支明细及余额？

3. 规范填写票据和结算凭证

填写票据和结算凭证应当规范，要做到要素齐全、数字正确、字迹清晰、不错不漏、不潦草，防止涂改。

票据和结算凭证金额以中文大写和阿拉伯数字同时记载，两者必须一致，两者不一致的票据无效；两者不一致的结算凭证，银行不予受理。

4. 票据和结算凭证上的签章及其他记载事项应当真实，不得伪造、变造

单位、个人和银行必须按《票据法》《票据管理实施办法》《支付结算办法》的规定在票据和结算凭证上签章。签章包括签名、盖章或签名加盖章。单位、银行在票据上的签章和单位在结算凭证上的签章为该单位、银行的公章加其法定代表人或其授权的代理人的签名或盖章。个人在票据和结算凭证上的签章，为该个人的签名或盖章。

银行汇票的出票人在票据上的签章，应为经中国人民银行批准使用的该银行汇票专用章加其法定代表人或其授权经办人的签名或者盖章；银行承兑商业汇票、办理商业汇票转贴现或再贴现时的签章，应为经中国人民银行批准使用的该银行汇票专用章加其法

定代表人或其授权经办人的签名或者盖章；银行本票的出票人在票据上的签章，应为经中国人民银行批准使用的该银行本票专用章加其法定代表人或其授权经办人的签名或者盖章；个人在票据上的签章，应为该个人的签名或者盖章；支票的出票人和商业承兑汇票的承兑人在票据上的签章，应为其预留银行的签章。

伪造是指无权限人假冒他人或虚构人名义签章的行为，包括假冒出票人名义签发票据的行为和假冒他人名义进行出票行为之外的其他票据行为，如伪造背书签章、承兑签章及保证签章等票据上的签章。

变造是指无权更改票据内容的人对票据上签章以外的记载事项加以改变的行为。变造票据的方法多是在合法票据的基础上对票据加以剪接、挖补、覆盖、涂改，从而非法改变票据的记载事项，如变更票据上的到期日、付款日、付款地及金额等。

在票据上真正签章的当事人，仍应对被伪造的票据的债权人承担票据责任，票据债权人在提示承兑、提示付款或者行使追索权时，在票据上真正签章的当事人不能以伪造为由进行抗辩。也就是说，持票人即使是善意取得伪造的票据，也不能对被伪造人行使票据权利。由于伪造人没有在票据上以自己的名义签章，因此也不承担票据责任。但是，如果伪造人的行为给他人造成损害，则伪造人必须承担民事责任。如果当事人的签章在变造之前，则应当按照原记载的内容负责；如果当事人的签章在变造之后，则应当按照变造后的记载内容负责。如果无法辨别签章发生在变造之前还是之后，视同在变造之前签章。

（二）支付结算凭证填写的要求

1. 中文大写金额数字书写的基本要求

中文大写金额数字应用正楷或行书填写，如壹、贰、叁、肆、伍、陆、柒、捌、玖、拾、佰、仟、万、亿、元、角、分、零、整（正）等字样。不得用一、二（两）、三、四、五、六、七、八、九、十、念、毛、另（或0）填写，不得自造简化字。如果金额数字书写中使用繁体字，也应受理。

中文大写金额数字到“元”为止的，在“元”之后，应写“整”（或“正”）字，在“角”之后可以不写“整”（或“正”）字。大写金额数字有“分”的，“分”后面不写“整”（或“正”）字。

中文大写金额数字前应标明“人民币”字样，大写金额数字应紧接“人民币”字样填写，不得留有空白。大写金额数字前未印“人民币”字样的，应加填“人民币”三个字。在票据和结算凭证大写金额栏内不得预印固定的“仟、佰、拾、万、仟、佰、拾、元、角、分”字样。

2. 有关“零”字的用法

阿拉伯数字小写金额中有“0”时，中文大写应按照汉语语言规律、金额数字构成和防止涂改的要求进行书写。具体要求如下：

（1）阿拉伯数字小写金额中间有“0”时，中文大写金额要写“零”字。例如，¥1 608.50应写成人民币壹仟陆佰零捌元伍角。

（2）阿拉伯数字小写金额中间连续有几个“0”时，中文大写金额中间可以只写一个“零”字。例如，¥1 006.15应写成人民币壹仟零陆元壹角伍分。

（3）阿拉伯数字小写金额万位和元位是“0”，或者数字中间连续有几个“0”，万位、元位也是“0”，但千位、角位不是“0”时，中文大写金额中可以只写一个“零”字，也可以不写“零”字。例如，¥2 780.32应写成人民币贰仟柒佰捌拾元零叁角贰分，或者写成人民币贰仟柒佰捌拾元叁角贰分。又如，¥108 000.62应写成人民币壹拾万捌仟元零陆角贰分，或者写成人民币壹拾万零捌仟元陆角贰分。

（4）阿拉伯数字小写金额角位是“0”，而分位不是“0”时，中文大写金额“元”后面应写“零”字。例如，¥35 409.02应写成人民币叁万伍仟肆佰零玖元零贰分。又如，¥125.09应写成人民币壹佰贰拾伍元零玖分。

【动脑筋】¥2 719.80的中文大写金额数字应该怎么写？

【提示】阿拉伯小写金额数字前面均应填写人民币符号“¥”。阿拉伯小写金额数字要认真填写，不得连写。

3.票据出票日期的中文大写

票据的出票日期必须使用中文大写。为防止变造票据的出票日期，在填写月、日时，月为壹、贰和壹拾的，日为壹至玖和壹拾、贰拾和叁拾的，应在其前加“零”；日为拾壹至拾玖的，应在其前面加“壹”。

例如，1月16日应写成零壹月壹拾陆日；10月30日应写成零壹拾月零叁拾日。

票据出票日期使用小写填写的，银行不予受理。大写日期未按要求规范填写的，银行可予受理，但由此造成损失的，由出票人自行承担。

【动脑筋】某单位出纳员于2022年2月20日签发了一张转账支票，转账支票上的日期填写为“贰零贰贰年贰月贰拾日”。请问该支票日期填写是否正确？银行对该支票是否应予以受理？

任务三　开设银行结算账户，做到管理常态化

一、银行结算账户的概念

银行结算账户是指存款人在经办银行开立的办理资金收付结算的人民币活期存款账户。

【提示】根据《人民币银行结算账户管理办法》的规定，“存款人”是指在中国境内开立银行结算账户的机关、团体、部队、企业、事业单位、其他组织（以下统称单位）、个体工商户和自然人；“银行”是指在中国境内经中国人民银行批准经营支付结算业务的政策性银行、商业银行（含外资独资银行、中外合资银行、外国银行分行）、城市信用合作社、农村信用合作社。中国人民银行是银行结算账户的监督管理部门。

二、银行结算账户的特点

（一）办理的是人民币业务

这与外币存款账户不同。外币存款账户办理的是外币业务，其开立和使用应遵守国家外汇管理局的有关规定。

（二）办理的是资金收付结算业务

这与储蓄账户不同。储蓄账户不具有办理资金收付结算的功能，其开立和使用应遵守《储蓄管理条例》的规定。

（三）属于活期存款账户

这与单位定期存款账户不同。单位定期存款账户不具有结算功能，其开立和使用应遵守《人民币单位存款管理办法》的规定。

三、银行结算账户的种类

（一）按照存款人分类

按照存款人不同，银行结算账户可分为单位银行结算账户和个人银行结算账户。

存款人以单位名称开立的银行结算账户称为单位银行结算账户。这里所说的单位包括机关、团体、部队、企业、事业单位和其他组织等，个体工商户凭营业执照以字号或经营者姓名开立的银行结算账户纳入单位银行结算账户管理。

存款人凭个人身份证件以自然人名称开立的可办理支付结算的银行结算账户称为个人银行结算账户。这里所指的个人包括中国公民（含香港、澳门、台湾居民）和外国公民。

个人银行结算账户在使用中应注意的问题有：

（1）单位从其银行结算账户支付给个人银行结算账户的款项，每笔超过5万元人民币的，应向其开户银行提供下列付款依据：

① 代发工资协议和收款人清单。

② 奖励证明。

③ 新闻出版、演出主办等单位与收款人签订的劳务合同或支付给个人款项的证明。

④ 证券公司、期货公司、信托投资公司、奖券发行或承销部门支付或退还给自然人款项的证明。

⑤ 债权或产权转让协议。

⑥ 借款合同。

⑦ 保险公司的证明。

⑧ 税收征管部门的证明。

⑨ 农、副、矿产品购销合同。

⑩ 其他合法款项的证明。

付款单位若在付款用途栏或备注栏注明事由，可不再另行出具付款依据，但付款单位应对支付款项事由的真实性、合法性负责。

（2）从单位银行结算账户支付给个人银行结算账户的款项应纳税的，税收代扣单位付款时应向其开户银行提供完税证明。

（3）个人持出票人为单位的支票向开户银行委托收款，将款项转入其个人银行结算账户的，或者个人持申请人为单位的银行汇票和银行本票向开户银行提示付款，将款项转入其个人银行结算账户的，个人应当提供前述有关收款依据。

（4）单位银行结算账户支付给个人银行结算账户款项的，银行应按有关规定，认真审查付款依据或收款依据的原件，并留存复印件，按会计档案保管。未提供相关依据或相关依据不符合规定的，银行应拒绝办理。

（5）储蓄账户仅限于办理现金存取业务，不得办理转账结算。

【请注意】个人因投资、消费使用各种支付工具（包括借记卡、信用卡）在银行开立的银行结算账户，邮政储蓄机构办理银行卡业务开立的账户等，均纳入个人银行结算账户管理。

（二）按照用途分类

按照用途不同，单位银行结算账户可分为基本存款账户、一般存款账户、专用存款账户和临时存款账户。

1. 基本存款账户

基本存款账户是指存款人因办理日常转账结算和现金收付而开立的银行结算账户，是存款人的主办账户。基本存款账户主要用于办理存款人日常经营活动的资金收付及工资、奖金和现金的支取。

2. 一般存款账户

一般存款账户是指存款人因借款或其他结算需要，在基本存款账户开户银行以外的银行营业机构开立的银行结算账户。一般存款账户主要用于办理存款人借款转存、借款归还和其他结算的资金收付。

【请注意】一般存款账户可以办理现金缴存，但不得办理现金支取。

3. 专用存款账户

专用存款账户是指存款人按照法律、行政法规和规章，为对其特定资金进行专项管理和使用而开立的银行结算账户。对下列资金的管理与使用，存款人可以申请开立专用存款账户：①基本建设资金；②更新改造资金；③财政预算外资金；④粮、棉、油收购资金；⑤证券交易结算资金；⑥期货交易保证金；⑦信托基金；⑧金融机构存放同业资金；⑨政策性房地产开发资金；⑩单位银行卡备用金；⑪住房基金；⑫社会保障基金；⑬收入汇缴资金和业务支出资金；⑭党、团、工会设在单位的组织机构经费；⑮其他需要专项管理和使用的资金。合格境外机构投资者在境内从事证券投资开立的人民币特殊账户和人民币结算资金账户纳入专用存款账户管理。

针对不同的专用资金，专用存款账户有着不同的使用范围：

（1）单位银行卡账户的资金必须由其基本存款账户转账存入。该账户不得办理现金收付业务。

（2）财政预算外资金、证券交易结算资金、期货交易保证金和信托基金专用存款账户不得支取现金。

（3）基本建设资金、更新改造资金、政策性房地产开发资金、金融机构存放同业资金账户需要支取现金的，应在开户时报中国人民银行当地分支行批准。中国人民银行当地分支行应根据国家现金管理的规定审查批准。

（4）粮、棉、油收购资金，社会保障基金，住房基金和党、团、工会经费等专用存款账户支取现金，应按照国家现金管理的规定办理。

（5）收入汇缴账户除向其基本存款账户或预算外资金财政专用存款账户划缴款项外，只收不付，不得支取现金。业务支出账户除从其基本存款账户拨入款项外，只付不收，其现金支取必须按照国家现金管理的规定办理。

4. 临时存款账户

临时存款账户是指存款人因临时需要并在规定期限内使用而开立的银行结算账户。

临时存款账户用于办理临时机构以及存款人临时经营活动发生的资金收付。临时存款账户应根据有关开户证明文件确定的期限或存款人的需要确定其有效期限。存款人在账户的使用中需要延长期限的，应在有效期限内向开户银行提出申请，并由开户银行报中国人民银行当地分支行核准后办理展期。有效期限最长不得超过2年。

临时存款账户支取现金，应按照国家现金管理的规定办理。

【提示】注册验资的临时存款账户在验资期间只收不付，注册验资资金的汇缴人应与出资人的名称一致；注册验资的临时存款账户转为基本存款账户不受开户之日起3个工作日后使用的限制。

（三）按照开户地分类

根据开户地的不同，银行结算账户可分为本地银行结算账户和异地银行结算账户。

异地银行结算账户是指存款人符合法定条件，根据需要在异地开立的银行结算账户。存款人有下列情形之一的，可以在异地开立有关银行结算账户：

（1）营业执照注册地与经营地不在同一行政区域（跨省、市、县），需要开立基本存款账户的；

（2）办理异地借款和其他结算需要开立一般存款账户的；

（3）存款人因附属的非独立核算单位或派出机构发生的收入汇缴或业务支出需要开立专用存款账户的；

（4）异地临时经营活动需要开立临时存款账户的；

（5）自然人根据需要在异地开立个人银行结算账户的。

【请注意】银行结算账户的类别不同，其开立、使用和管理也不同。

【提示】各类银行结算账户的比较见表2-1。

四、银行结算账户管理的基本原则

（一）一个基本账户原则

存款人只能在银行开立一个基本存款账户，不能多头开立基本存款账户。

【动脑筋】某企业在本市中国银行已开设了一个基本存款账户，经与本市中国工商银行负责人疏通关系，又在其营业部开设了一个基本存款账户。请问该企业的做法是否符合规定？说明理由。

表2-1 各类银行结算账户的比较

名称	概念	使用范围	核准/备案
基本存款账户	存款人因办理日常转账结算和现金收付而开立的银行结算账户，是存款人的主办账户	主要用于办理存款人日常经营活动的资金收付及工资、奖金和现金的支取	1.核准 2.在境内设立的企业法人、非法人企业和个体工商户实行备案制
一般存款账户	存款人因借款或其他结算需要，在基本存款账户开户银行以外的银行营业机构开立的银行结算账户	主要用于办理存款人借款转存、借款归还和其他结算的资金收付；可以办理现金缴存，但不得办理现金支取	备案
专用存款账户	存款人按照法律、行政法规和规章，为对其特定资金进行专项管理和使用而开立的银行结算账户	1.单位银行卡账户不得办理现金收付业务 2.财政预算外资金、证券交易结算资金、期货交易保证金和信托基金专用存款账户不得支取现金 3.基本建设资金、更新改造资金、政策性房地产开发资金、金融机构存放同业资金账户需要支取现金的，应在开户时报中国人民银行当地分支行批准 4.粮、棉、油收购资金，社会保障基金，住房基金和党、团、工会经费等专用存款账户支取现金，应按照国家现金管理的规定办理 5.收入汇缴账户只收不付，不得支取现金。业务支出账户只付不收，其现金支取必须按照国家现金管理的规定办理	1.QFII专用存款账户实行核准制 2.预算单位专用存款账户应核准，其他专用账户应备案
临时存款账户	存款人因临时需要并在规定期限内使用而开立的银行结算账户	用于办理临时机构以及存款人临时经营活动发生的资金收付	1.核准 2.在境内设立的企业法人、非法人企业和个体工商户实行备案制 3.因注册验资和增资验资开立的实行备案制
个人银行结算账户	存款人凭个人身份证件以自然人名称开立的可办理支付结算的银行结算账户	用于办理个人转账收付和现金支取	备案
异地银行结算账户	存款人符合法定条件，根据需要在异地开立的银行结算账户	其用途根据账户的类型而定	依账户性质而定

（二）自主选择原则

存款人可以自主选择银行开立银行结算账户。除国家法律、行政法规和国务院另有规定外，任何单位和个人不得强令存款人到指定银行开立银行结算账户。

（三）守法合规原则

银行结算账户的开立和使用应当遵守法律、行政法规，不得利用银行结算账户进行逃避缴纳税款、逃废债务、套取现金及其他违法犯罪活动。

（四）存款信息保密原则

银行必须依法为存款人的银行结算账户信息保密。对单位银行结算账户和个人银行结算账户的存款和有关资料，除国家法律、行政法规另有规定外，银行有权拒绝任何单位或个人查询。

【提示】银行结算账户管理的基本原则与支付结算的基本原则的比较见表2-2。

表2-2 银行结算账户管理的基本原则与支付结算的基本原则的比较

银行结算账户管理的基本原则	支付结算的基本原则
1.一个基本账户原则 2.自主选择原则 3.守法合规原则 4.存款信息保密原则	1.恪守信用、履约付款原则 2.谁的钱进谁的账、由谁支配原则 3.银行不得垫款原则

五、银行结算账户的开立、变更和撤销

（一）银行结算账户的开立

存款人开立的银行结算账户，需要核准的，应及时报送中国人民银行当地分支行核准；不需要核准的，应在开户之后的法定期限内向中国人民银行当地分支行备案。

存款人应以实名开立银行结算账户，并对其出具的开户申请资料实质内容的真实性负责，法律、行政法规另有规定的除外。存款人应在注册地或住所地开立银行结算账户。符合异地（跨省、市、县）开户条件的，也可以在异地开立银行结算账户。

1.开立银行结算账户的一般程序

（1）存款人填写开户申请书，并将开立账户所需要的证明材料和盖有存款人章的印鉴卡片送交开户银行。

（2）银行与存款人签订银行结算账户管理协议，以明确双方的权利和义务。

（3）开户银行对申请人的资格条件、所提供的证明材料进行审查。

（4）经审查符合条件的申请人即可办理开户手续，并履行向中国人民银行当地支行备案的义务；需要核准的应及时报送核准。

2.开立各类银行结算账户的具体程序和要求

（1）基本存款账户开立的具体程序和要求。

① 根据《人民币银行结算账户管理办法》的规定，基本存款账户的开立程序如下：

a. 存款人申请开立基本存款账户时，应填写开户申请书，提供规定的证明文件。

b. 银行应对存款人的开户申请书填写的事项和证明文件的真实性、完整性、合规性

进行认真审查，然后将存款人提交的上述文件和审核意见等开户资料报送中国人民银行当地分支行，经其核准或备案后办理开户手续。

c. 中国人民银行应于2个工作日内对银行报送的基本存款账户的开户资料的合规性予以审核，符合开户条件的，予以核准；不符合开户条件的，应在开户申请书上签署意见，连同有关证明文件一并退回报送银行。

② 根据《人民币银行结算账户管理办法》的规定，申请开立基本存款账户的存款人包括：

a. 企业法人；

b. 非法人企业；

c. 机关、事业单位；

d. 团级（含）以上军队、武警部队以及分散执勤的支（分）队；

e. 社会团体；

f. 民办非企业组织；

g. 异地常设机构；

h. 外国驻华机构；

i. 个体工商户；

j. 居民委员会、村民委员会、社区委员会；

k. 单位设立的独立核算的附属机构；

l. 其他组织。

【请注意】凡是具有民事权利能力和民事行为能力，并依法独立享有民事权利和承担民事义务的法人和其他组织，均可以开立基本存款账户。有些单位虽然不是法人组织，但具有独立核算资格，有自主办理资金结算需要的，也可以开立基本存款账户，如外国驻华机构、个体工商户，以及独立核算的食堂、幼儿园、招待所。

③根据《人民币银行结算账户管理办法》的规定，存款人申请开立基本存款账户，应向银行出具的证明文件包括：

a. 企业法人，应出具企业法人营业执照正本。

b. 非法人企业，应出具企业营业执照正本。

c. 机关和实行预算管理的事业单位，应出具政府人事部门或编制委员会的批文或登记证书和财政部门同意其开户的证明；非预算管理的事业单位，应出具政府人事部门或编制委员会的批文或登记证书。

d. 军队、武警团级（含）以上单位以及分散值勤的支（分）队，应出具军队军级以上单位财务部门、武警总队财务部门的开户证明。

e. 社会团体，应出具社会团体登记证书，宗教组织还应出具宗教事务管理部门的批文或证明。

f. 民办非企业组织，应出具民办非企业登记证书。

g. 外地常设机构，应出具其驻在地政府主管部门的批文。

h. 外国驻华机构，应出具国家有关主管部门的批文或证明；外资企业驻华代表处、办事处应出具国家登记机关颁发的登记证。

i. 个体工商户，应出具个体工商户营业执照正本。

j. 居民委员会、村民委员会、社区委员会，应出具其主管部门的批文或证明。

k. 独立核算的附属机构，应出具其主管部门的基本存款账户开户登记证和批文。

l. 其他组织，应出具政府主管部门的批文或证明。

【请注意】存款人只能在银行开立一个基本存款账户，其他银行结算账户的开立必须以基本存款账户的开立为前提，必须凭基本存款账户开户登记证办理开户手续，并在基本存款账户开户登记证上进行相应的登记；严禁将单位和个体工商户款项转入个人储蓄账户；基本存款账户的开立须经中国人民银行核准后才能由开户银行核发开户登记证。

（2）一般存款账户开立的具体程序和要求。

① 根据《人民币银行结算账户管理办法》的规定，一般存款账户的开立程序如下：

a. 存款人申请开立一般存款账户时，应填写开户申请书，提供规定的证明文件。

b. 银行应对存款人的开户申请书填写的事项和证明文件的真实性、完整性、合规性进行认真审查，符合开立一般存款账户条件的，银行予以办理开户手续。

c. 银行应自开户之日起5个工作日内向中国人民银行当地分支行备案，自开户之日起3个工作日内书面通知基本存款账户开户银行。

② 根据《人民币银行结算账户管理办法》的规定，存款人申请开立一般存款账户，应向银行出具下列证明文件：

a. 开立基本存款账户规定的证明文件。

b. 基本存款账户开户登记证。

c. 存款人因向银行借款需要，应出具借款合同。

d. 存款人因其他结算需要，应出具有关证明。

（3）专用存款账户开立的具体程序和要求。

① 根据《人民币银行结算账户管理办法》的规定，专用存款账户的开立程序如下：

a. 存款人申请开立专用存款账户时，应填写开户申请书，提供规定的证明文件。

b. 银行应对存款人的开户申请书填写的事项和证明文件的真实性、完整性、合规性进行认真审查。

c. 专用存款账户属于预算单位专用存款账户的，银行应将存款人的开户申请书、相关的证明文件和银行审核意见等开户资料报送中国人民银行当地分支行，经其对申报资料进行合规性审查，并核准后办理开户手续，该核准程序与基本存款账户的核准程序相同。

d. 属于预算单位专用存款账户之外的其他专用存款账户的，银行应办理开户手续，并于开户之日起5个工作日内向中国人民银行当地分支行备案。

e. 银行在为存款人开立专用存款账户时，应在其基本存款账户开户登记证上登记账户名称、账号、账户性质、开户银行、开户日期，并签章，自开立专用存款账户之日起3个工作日内书面通知基本存款账户开户银行。

② 根据《人民币银行结算账户管理办法》的规定，存款人申请开立专用存款账户，应向银行出具其开立基本存款账户规定的证明文件、基本存款账户开户登记证和下列证

明文件：

a. 基本建设资金、更新改造资金、政策性房地产开发资金、住房基金、社会保障基金，应出具主管部门批文。

b. 财政预算外资金，应出具财政部门的证明。

c. 粮、棉、油收购资金，应出具主管部门批文。

d. 单位银行卡备用金，应按照中国人民银行批准的银行卡章程的规定出具有关证明和资料。

e. 证券交易结算资金，应出具证券公司或证券管理部门的证明。

f. 期货交易保证金，应出具期货公司或期货管理部门的证明。

g. 金融机构存放同业资金，应出具其证明。

h. 收入汇缴资金和业务支出资金，应出具基本存款账户存款人有关的证明。

i. 党、团、工会设在单位的组织机构经费，应出具该单位或有关部门的批文或证明。

j. 其他按规定需要专项管理和使用的资金，应出具有关法规、规章或政府部门的有关文件。

【提示】合格境外机构投资者在境内从事证券投资开立的人民币特殊账户和人民币结算资金账户（简称“QFII专用存款账户”），以及预算单位开立的专用存款账户实行核准制度，经中国人民银行核准后由开户银行核发开户许可证。

（4）临时存款账户开立的具体程序和要求。

① 根据《人民币银行结算账户管理办法》的规定，临时存款账户的开立程序如下：

a. 存款人申请开立临时存款账户时，应填写开户申请书，提供规定的证明文件。

b. 银行应对存款人的开户申请书填写的事项和证明文件的真实性、完整性、合规性进行认真审查。

c. 银行应将存款人的开户申请书、相关的证明文件和银行审核意见等开户资料报送中国人民银行当地分支行，经其对申报资料进行合规性审查，并核准后办理开户手续，该核准程序与基本存款账户的核准程序相同。

d. 银行在为存款人开立临时存款账户时，应在其基本存款账户开户登记证上登记账户名称、账号、账户性质、开户银行、开户日期，并签章，自开立临时存款账户之日起3个工作日内书面通知基本存款账户开户银行。

【请注意】根据《人民币银行结算账户管理办法》的规定，只有预算单位专用存款账户需要核准，其他专用存款账户不需要核准；临时机构和注册验资需要开立的临时存款账户不需要核准。

【提示】有下列情况的，存款人可以申请开立临时存款账户：设立临时机构，如工程指挥部、筹备领导小组、摄制组等；异地临时经营活动，如异地建筑施工及安装活动等；注册验资。

②根据《人民币银行结算账户管理办法》的规定，存款人申请开立临时存款账户，应向银行出具下列证明文件：

a. 临时机构，应出具其驻在地主管部门同意设立临时机构的批文。

b. 异地建筑施工及安装单位，应出具其营业执照正本或其隶属单位的营业执照正本，以及施工及安装地建设主管部门核发的许可证或建筑施工及安装合同。

c. 异地从事临时经营活动的单位，应出具其营业执照正本以及临时经营地市场监督管理部门的批文。

d. 注册验资资金，应出具市场监督管理部门核发的企业名称预先核准通知书或有关部门的批文。

针对上述第b、c项，存款人还应出具其基本存款账户开户登记证。

（5）个人银行结算账户开立的具体程序和要求。

个人银行结算账户是指存款人因投资、消费、结算等需要而凭个人身份证件以自然人名称开立的银行结算账户。个人银行结算账户分为Ⅰ类银行账户、Ⅱ类银行账户和Ⅲ类银行账户（以下分别简称Ⅰ类户、Ⅱ类户和Ⅲ类户）。银行可通过Ⅰ类户为存款人提供存款、购买投资理财产品等金融产品、转账、消费和缴费支付、支取现金等服务。Ⅱ类户可以办理存款、购买投资理财产品等金融产品、限额消费和缴费、限额向非绑定账户转出资金业务。经银行柜面、自助设备加以银行工作人员现场面对面确认身份的，Ⅱ类户还可以办理存取现金、非绑定账户资金转入业务，可以配发银行卡实体卡片。非绑定账户转入资金、存入现金日累计限额合计为1万元、年累计限额合计为20万元；消费和缴费、向非绑定账户转出资金、取出现金日累计限额合计为1万元、年累计限额合计为20万元。银行可以向Ⅱ类户发放本银行贷款资金并通过Ⅱ类户还款，发放贷款和贷款资金归还，不受转账限额规定。Ⅲ类户可以办理限额消费和缴费、限额向非绑定账户转出资金业务。经银行柜面、自助设备加以银行工作人员现场面对面确认身份的，Ⅲ类户还可以办理非绑定账户资金转入业务。Ⅲ类户任一时点账户余额不得超过2 000元。

①开户方式。

a. 柜面开户。通过柜面受理银行账户升户申请的，银行可为开户申请人开立Ⅰ类户、Ⅱ类户和Ⅲ类户。个人开立Ⅱ类户、Ⅲ类户，可以绑定Ⅰ类户或者信用卡账户进行身份验证，不得绑定非银行支付机构开立的支付账户进行身份验证。在银行柜面开立的，则无须绑定Ⅰ类账户或者信用卡账户进行身份验证。

b. 自助机具开户。通过远程视频柜员机和智能柜员机等自助机具受理银行账户开户申请，银行工作人员现场核验开户申请人身份信息的，银行可为其开立Ⅰ类户；银行工作人员未现场核验开户申请人身份信息的，银行可为其开立Ⅱ类户或Ⅲ类户。

c. 电子渠道开户。通过网上银行和手机银行等电子渠道受理银行账户开户申请的，银行可为开户申请人开立Ⅱ类户或Ⅲ类户。银行通过电子渠道非面对面为个人开立开户Ⅱ类户或Ⅲ类户时，应当向绑定账户开户行验证Ⅱ类户或Ⅲ类户与绑定账户为同一人开立，且开户申请人登记验证的手机号码应与绑定账户使用的手机号码保持一致，开立Ⅱ类户还应向绑定账户开户行验证绑定账户为Ⅰ类户或者信用卡账户。

②亲自办理与代理办理。

开户申请人开立个人银行账户或者办理其他个人银行账户业务，原则上应当由开户申请人本人亲自办理；符合条件的，可以由他人代理办理。他人代理开立个人银行账户的，代理人应出具代理人、被代理人的有效身份证件以及合法的委托书等。银行认为有必要的，应要求代理人出具证明代理关系的公证书。

存款人开立代发工资、教育、社会保障（如社保、医保、军保）、公共管理（如公共事业、拆迁、捐助、助农扶农）等特殊用途个人银行账户时，可由所在单位代理办理。单位代理个人开立银行账户的，应提供单位证明材料、被代理人有效身份证件的复印件或影印件。单位代理开立的个人银行账户，在被代理人持本人有效身份证件到开户银行办理身份确认、密码设（重）置等激活手续前，该银行账户只收不付。

无民事行为能力或限制民事行为能力的开户申请人，由法定代理人或者人民法院、有关部门依法指定的人员代理办理。因身患重病、行动不便、无自理能力等无法自行前往银行的存款人办理挂失、密码重置、销户等业务时，银行可采取上门服务方式办理，也可由配偶、父母或成年子女凭合法的委托书、代理人与被代理人的关系证明文件、被代理人所在社区居委会（村民委员会）及以上组织或县级以上医院出具的特殊情况证明代理办理。

③开户证明文件。根据个人银行账户实名制的要求，存款人申请开立个人银行账户时，应向银行出具本人有效身份证件，银行通过有效身份证件仍无法准确判断开户申请人身份的，应要求其出具辅助身份证明材料。

a.有效身份证件包括：

◀在中华人民共和国境内已登记常住户口的中国公民为居民身份证；不满16周岁的，可以使用居民身份证或户口簿。

◀香港、澳门特别行政区居民为港澳居民来往内地通行证、港澳居民居住证。

◀台湾地区居民为台湾居民来往大陆通行证、台湾居民居住证。

◀国外的中国公民为中国护照。

◀外国公民为护照或者外国人永久居留证（外国边民，按照边贸结算的有关规定办理）。

◀法律、行政法规规定的其他身份证明文件。

b.辅助身份证明材料包括但不限于：

◀中国公民为户口簿、护照、机动车驾驶证、居住证、社会保障卡、军人和武装警察身份证件、公安机关出具的户籍证明、工作证。

◀香港、澳门特别行政区居民为香港、澳门特别行政区居民身份证。

◀台湾地区居民为在台湾居住的有效身份证明。

◀定居国外的中国公民为定居国外的证明文件。

◀外国公民为外国居民身份证、使领馆人员身份证件或者机动车驾驶证等其他带有照片的身份证件。

◀完税证明、水电煤缴费单等税费凭证。

c.军人、武装警察尚未领取居民身份证的，除出具军人和武装警察身份证件外，还应出具军人保障卡或所在单位开具的尚未领取居民身份证的证明材料。

④个人银行结算账户的使用。

a.个人银行结算账户用于办理个人转账收付和现金存取。下列款项可以转入个人银行结算账户：工资、奖金收入；稿费、演出费等劳务收入；债券、期货、信托等投资的本金和收益；个人债权或产权转让收益；个人贷款转存；证券交易结算资金和期货交易保证金；继承、赠与款项；保险理赔、保费退还等款项；纳税退还；农、副、矿产品销售收入；其他合法款项。

b.单位从其银行结算账户支付给个人银行结算账户的款项，每笔超过5万元的，应向其开户银行提供下列付款依据：代发工资协议和收款人清单；奖励证明；新闻出版、演出主办等单位与收款人签订的劳务合同或支付给个人款项的证明；证券公司、期货公司、信托投资公司、奖券发行或承销部门支付或退还给自然人款项的证明；债权或产权转让协议；借款合同；保险公司的证明；税收征管部门的证明；农、副、矿产品购销合同；其他合法款项的证明。

从单位银行结算账户支付给个人银行结算账户的款项应纳税的，税收代扣单位付款时应向其开户银行提供完税证明。

当个人持出票人为单位的支票向开户银行委托收款，将款项转入其个人银行结算账户的，或个人持申请人为单位的银行汇票和银行本票向开户银行提示付款，将款项转入其个人银行结算账户的，个人应出具上述规定的有关收款依据。存款人应对其提供的收款依据或付款依据的真实性、合法性负责。

从单位银行结算账户向个人银行结算账户支付款项单笔超过5万元人民币时，付款单位若在付款用途栏或备注栏注明事由，可不再另行出具付款依据，付款单位应对支付款项事由的真实性、合法性负责。

（6）异地银行结算账户开立的具体程序和要求。

① 根据《人民币银行结算账户管理办法》的规定，存款人有下列情形之一的，可以在异地开立有关银行结算账户：

a. 营业执照注册地与经营地不在同一行政区域（跨省、市、县），需要开立基本存款账户的。

b. 办理异地借款和其他结算需要开立一般存款账户的。

c. 存款人因附属的非独立核算单位或派出机构发生的收入汇缴或业务支出需要开立专用存款账户的。

d. 异地临时经营活动需要开立临时存款账户的。

e. 自然人根据需要在异地开立个人银行结算账户的。

② 根据《人民币银行结算账户管理办法》的规定，存款人需要在异地开立单位银行结算账户，根据开立存款账户的种类不同，除出具开立基本存款账户、一般存款账户、专用存款账户和临时存款账户规定的有关证明文件外，还应出具下列相应的证明文件：

a. 经营地与注册地不在同一行政区域的存款人，在异地开立基本存款账户的，应出具注册地中国人民银行分支行的未开立基本存款账户的证明。

b. 异地借款的存款人在异地开立一般存款账户的，应出具在异地取得贷款的借款合同。

c. 因经营需要在异地办理收入汇缴和业务支出的存款人，在异地开立专用存款账户的，应出具隶属单位的证明。

属于上述第b、c种情况的，还应出具其基本存款账户开户登记证。

【动脑筋】在银行结算账户中，哪些可以存现金，哪些可以支付现金？

3.开立银行结算账户时应注意的问题

（1）存款人的预留签章。存款人为单位的，其预留签章为该单位的公章或财务专用章加其法定代表人（单位负责人）或其授权的代理人的签名或者盖章。存款人为个人的，其预留签章为该个人的签名或者盖章。

（2）名称的一致性。存款人在申请开立单位银行结算账户时，其申请开立的银行结算账户的账户名称、出具的开户证明文件上记载的存款人名称以及预留银行签章中公章或财务专用章的名称应保持一致，但下列情形除外：

① 因注册验资开立的临时存款账户，其账户名称为市场监督管理部门核发的“企业名称预先核准通知书”或政府有关部门批文中注明的名称；其预留银行签章中公章或财务专用章的名称应是存款人与银行在银行结算账户管理协议中约定的出资人名称。

② 预留银行签章中公章或财务专用章的名称依法可使用简称的，账户名称应与其保持一致。

③ 没有字号的个体工商户开立的银行结算账户，其预留签章中公章或财务专用章应是“个体户”字样加营业执照上载明的经营者的签字或盖章。

（3）存款人因注册验资或增资验资开立临时存款账户后，需要在临时存款账户有效期届满前退还资金的，应出具市场监督管理部门的证明；无法出具证明的，应于账户有效期届满后办理销户退款手续。

（4）银行结算账户的信息查询。中国人民银行当地分支行在核准存款人开立基本存款账户后，应为存款人打印初始密码，由开户银行转交存款人。存款人可到中国人民银行当地分支行或基本存款账户开户银行，提交基本存款账户开户许可证，使用密码查询其已经开立的所有银行结算账户的相关信息。

【请注意】对于核准类银行结算账户，正式开立之日为中国人民银行当地分支行的核准日期；对于非核准类单位银行结算账户，正式开立之日为银行为存款人办理开户手续的日期。

（二）银行结算账户的变更

银行结算账户的变更是指存款人的账户信息资料发生的变化或改变。存款人的下列账户资料变更后，应及时向开户银行办理变更手续：

（1）银行结算账户的存款人更改账户名称，但不改变开户银行及账号的，应于5个工作日内向开户银行提出银行结算账户的变更申请，并出具有关部门的证明文件。

（2）单位的法定代表人或主要负责人、住址以及其他开户资料发生变更时，应于5个工作日内书面通知开户银行并提供有关证明。

银行接到存款人的变更通知后，应及时办理变更手续，并于2个工作日内向中国人民银行报告。

（三）银行结算账户的撤销

1.银行结算账户撤销的概念

银行结算账户撤销是指存款人因开户资格或其他原因终止银行结算账户使用的行为。

2. 银行结算账户撤销的申请

有下列情形之一的，存款人应向开户银行提出撤销银行结算账户的申请：

（1）被撤并、解散、宣告破产或关闭的；

（2）注销、被吊销营业执照的；

（3）因迁址需要变更开户银行的；

（4）其他原因需要撤销银行结算账户的。

存款人有第（1）、（2）项情形的，应于5个工作日内向开户银行提出撤销银行结算账户的申请。银行得知存款人有第（1）、（2）项情形，存款人超过规定期限未主动办理撤销银行结算账户手续的，银行有权停止其银行结算账户的对外支付。存款因有第（3）、（4）项情形且因该原因撤销基本存款户的，应在撤销其原基本存款账户后10日内申请重新开立基本存款账户。

未获得市场监督管理部门核准登记的单位，在验资期满后，应向银行申请撤销注册验资临时存款账户，其账户资金应退还给原汇款人账户。注册验资资金以现金方式存入，出资人需提取现金的，应出具缴存现金时的现金缴款单原件及其有效身份证件。

存款人尚未清偿其开户银行债务的，不得申请撤销该账户。存款人撤销银行结算账户，必须与开户银行核对银行结算账户存款余额，交回各种重要空白票据及结算凭证和开户登记证，银行核对无误后方可办理销户手续。存款人未按规定交回各种重要空白票据及结算凭证的，应出具有关证明，造成损失的，由其自行承担。

银行撤销单位银行结算账户时，应在其基本存款账户开户登记证上注明销户日期并签章，同时于撤销银行结算账户之日起2个工作日内，向中国人民银行报告。

【提示】对于未按规定应撤销而未办理销户手续的单位银行结算账户，银行通知该单位银行结算账户的存款人自发出通告当日起30日内办理销户手续，逾期视同自愿销户，未划款项列入久悬未取专户管理。

六、违反银行结算账户管理制度的法律责任

根据《人民币银行结算账户管理办法》的规定，违反银行结算账户管理制度的处罚包括以下内容：

（一）存款人违反银行结算账户管理制度的处罚

（1）存款人在开立、撤销银行结算账户的过程中发生以下行为之一的，对于非经营性的存款人，给予警告并处以1 000元的罚款；对于经营性的存款人，给予警告并处以1万元以上3万元以下的罚款；构成犯罪的，移交司法机关依法追究刑事责任：

① 违反规定开立银行结算账户。

② 伪造、变造证明文件，欺骗银行开立银行结算账户。

③ 违反规定不及时撤销银行结算账户。

（2）存款人在使用银行结算账户的过程中，有下列行为之一的，对于非经营性的存款人，给予警告并处以1 000元的罚款；对于经营性的存款人，给予警告并处以5 000元以上3万元以下的罚款：

① 违反规定将单位款项转入个人银行结算账户。

② 违反规定支取现金。

③ 利用开立银行结算账户逃废银行债务。

④ 出租、出借银行结算账户。

⑤ 从基本存款账户之外的银行结算账户转账存入、将销货收入存入或现金存入单位信用卡账户。

（3）法定代表人或主要负责人、存款人地址以及其他开户数据的变更事项未在规定期限内通知银行的，给予警告并处以1 000元的罚款。

（4）存款人违反规定，伪造、变造、私自印制开户登记证的，对于非经营性的存款人，处以1 000元的罚款；对于经营性的存款人，处以1万元以上3万元以下的罚款；构成犯罪的，移交司法机关依法追究刑事责任。

【请注意】非经营性的存款人不一定是个人，经营性的存款人也不一定是企业。

【提示】存款人违反银行结算账户管理制度的处罚见表2-3。

表2-3 存款人违反银行结算账户管理制度的处罚

违法行为		处罚规定
开立、撤销银行结算账户的过程中发生的违法行为	（1）违反规定开立银行结算账户 （2）伪造、变造证明文件，欺骗银行开立银行结算账户 （3）违反规定不及时撤销银行结算账户 （4）伪造、变造、私自印刷开户许可证	（1）对于非经营性的存款人，给予警告并处以1 000元的罚款 （2）对于经营性的存款人，给予警告并处以1万元以上3万元以下的罚款 （3）构成犯罪的，移交司法机关依法追究刑事责任
使用银行结算账户的过程中发生的违法行为	（1）违反规定将单位款项转入个人银行结算账户 （2）违反规定支取现金 （3）利用开立银行结算账户逃废银行债务 （4）出租、出借银行结算账户 （5）从基本存款账户之外的银行结算账户转账存入、将销货收入存入或现金存入单位信用卡账户 （6）法定代表人或主要负责人、存款人地址以及其他开户数据的变更事项未在规定期限内通知银行	（1）存款人有第（1）至（5）项行为的： ①对于非经常性的存款人，给予警告并处以1 000元的罚款 ②对于经营性的存款人，给予警告并处以5 000元以上3万元以下的罚款 （2）存款人有第（6）项行为的，给予警告并处以1 000元的罚款
其他违法行为	违反规定，伪造、变造、私自印制开户登记证	（1）对于非经营性的存款人，处以1 000元的罚款 （2）对于经营性的存款人，处以1万元以上3万元以下的罚款 （3）构成犯罪的，移交司法机关依法追究刑事责任

（二）银行违反银行结算账户管理制度的处罚

1.银行在银行结算账户的开立过程中，有下列行为之一的，给予警告，并处以5万元以上30万元以下的罚款；对该银行直接负责的高级管理人员、其他直接负责的主管人员、直接责任人员按规定给予纪律处分；情节严重的，中国人民银行有权停止对其开立基本存款账户的核准，责令该银行停业整顿或者吊销经营金融业务许可证；构成犯罪的，移交司法机关依法追究刑事责任：

（1）违反规定为存款人多头开立银行结算账户。

（2）明知或应知是单位资金，而允许以自然人名称开立账户存储。

2.银行在银行结算账户的使用过程中，有下列行为之一的，给予警告，并处以5 000元以上3万元以下的罚款；对该银行直接负责的高级管理人员、其他直接负责的主管人员、直接责任人员按规定给予纪律处分；情节严重的，中国人民银行有权停止对其开立基本存款账户的核准；构成犯罪的，移交司法机关依法追究刑事责任：

（1）提供虚假开户申请资料欺骗中国人民银行许可开立基本存款账户、临时存款账户、预算单位专用存款账户。

（2）违反《人民币银行结算账户管理办法》第四十二条规定办理个人银行结算账户转账结算。

（3）为储蓄账户办理转账结算。

（4）违反规定为存款人支付现金或办理现金存入。

（5）超过期限或未向中国人民银行报送账户开立、变更、撤销等资料。

【提示】银行违反银行结算账户管理制度的处罚见表2-4。

表2-4 银行违反银行结算账户管理制度的处罚

违法行为		处罚规定
银行结算账户开立过程中的违法行为	（1）违反规定为存款人多头开立银行结算账户 （2）明知或应知是单位资金，而允许以自然人名称开立账户存储	（1）给予警告，并处以5万元以上30万元以下的罚款 （2）对该银行直接负责的高级管理人员、其他直接负责的主管人员、直接责任人员按规定给予纪律处分 （3）情节严重的，中国人民银行有权停止对其开立基本存款账户的核准，责令该银行停业整顿或者吊销经营金融业务许可证 （4）构成犯罪的，移交司法机关依法追究刑事责任
银行结算账户使用过程中的违法行为	（1）提供虚假开户申请资料欺骗中国人民银行许可开立基本存款账户、临时存款账户、预算单位专用存款账户 （2）违反《人民币银行结算账户管理办法》第四十二条规定办理个人银行结算账户转账结算 （3）为储蓄账户办理转账结算 （4）违反规定为存款人支付现金或办理现金存入 （5）超过期限或未向中国人民银行报送账户开立、变更、撤销等资料	（1）给予警告，并处以5 000元以上3万元以下的罚款 （2）对该银行直接负责的高级管理人员、其他直接负责的主管人员、直接责任人员按规定给予纪律处分 （3）情节严重的，中国人民银行有权停止对其开立基本存款账户的核准 （4）构成犯罪的，移交司法机关依法追究刑事责任

任务四 掌握票据结算方式，创新票据结算工具

一、票据结算概述

（一）票据的概念与种类

1.票据的概念

票据是指由出票人依法签发的、约定自己或者委托付款人在见票时或指定的日期向收款人或持票人无条件支付一定金额并可转让的有价证券。

【提示】这里的“有价证券”是指设定并证明持券人有权取得一定财产权利的书面凭证。

一般来讲，票据具有信用、支付、汇总和结算等功能，票据结算是支付结算的重要内容。

2.票据的种类

（1）按照范围分类。按照范围的不同，票据可以分为广义和狭义两种。广义的票据包括各种有价证券和凭证，如股票、国库券、企业债券、发票等；狭义的票据仅指《票据法》规定的票据，包括汇票、本票和支票三种。

（2）按照付款时间分类。按照付款时间的不同，票据可以分为即期票据和远期票据。即期票据是指付款人见票后必须立即付款给持票人的票据，如支票、见票即付的汇票、本票。远期票据是指付款人见票后在一定期限或特定日期付款的票据。

（3）按照出票人与付款人是否为同一人分类。按照出票人与付款人是否为同一人，票据可以分为自付票据和委付票据。自付票据是指票据的出票人即付款人的票据，如本票。委付票据是指出票人委托其他人支付票据金额的票据，如商业汇票（不包括见票即付汇票）、支票等。

【请注意】根据我国《票据法》第二条第二款的规定，我国法律上的“票据”是汇票、本票和支票的合称。

（二）票据的特征与功能

1.票据的特征

（1）票据为债权证券。根据证券上的权利所表示的法律性质的不同，证券可分为物权证券、社员权证券和债权证券三种。物权证券是用以证明财产权的，如提单、仓单等。社员权证券是用以证明社员权利的，如公司的股东权即为社员权，股票就属于这类证券。票据上所示的权利，是一种以一定的金额为请求权的债权。票据权利人（即收款人或持票人）对票据义务人（即付款人、承兑人及其保证人或被追索人）可行使付款请求权和追索权。

（2）票据为设权证券。证券是记载并代表一定权利的法律凭证。根据证券上权利的发生与证券关系的不同，证券可以分为证权证券和设权证券两种。证权证券上的权利在证券做成之前就已经存在，做成证券就证明了这种权利的存在；当证券灭失、毁损而无

法提示时，只要通过其他途径证明这种权利存在，则该权利仍可行使。典型的证权证券如股票、债券、提单等。设权证券上的权利在证券做成之前并不存在，做成证券就创设了证券权利；当证券灭失、毁损而无法提示时，该证券权利也随之无法行使。票据就是典型的设权证券。

（3）票据为金钱证券。债权证券根据其表彰的权利的经济内容的不同，可以分为两种：一种是以请求支付金钱为内容的金钱证券；另一种是以请求支付物品为内容的物品证券。票据以一定的金钱为支付标的，支付“票据金额”是发行票据的唯一目的，因此票据是金钱证券。

（4）票据为文义证券。票据上所创设的权利和义务，均依票据上记载的文字内容来确定，不受票据所载文字以外事项的影响。在票据上签名的人，均应依签名时的票据文义对票据负责，不得以票据以外的证据来变更或补充其文义。因此，票据的文义性维护了善意持票人的正当权益，达到了保护交易安全的目的。

（5）票据为无因证券。票据的无因性是指当票据做成之后，只要其具有完备的法定形式要件即可生效，而不论其赖以发生的实质性原因如何。也就是说，当票据做成之后，票据行为与导致其发生的实质性原因相分离，票据行为的效力不再受原因关系存废或效力有无的影响。

（6）票据为要式证券。要式证券是指证券的做成和记载事项的格式必须符合法律法规的规定，否则会影响该证券的效力，甚至会导致该证券无效。因此，票据的做成必须符合法律规定，否则会影响其安全性和流通性。

2. 票据的功能

票据具有多种功能，主要包括：

（1）支付功能。票据的支付功能即票据可以充当支付工具，代替现金使用。对当事人来讲，用票据支付可以消除现金携带的不便，克服点钞的麻烦，节省计算现金的时间。

（2）汇兑功能。票据的汇兑功能即票据可以代替货币在不同地方之间运送，方便异地之间的支付。如果在异地之间使用货币，就需要运送或携带货币，这样不仅费力，而且不安全，大额货币的运送更是如此。如果只拿着一张票据到异地支付，相对而言，既安全又方便。

（3）信用功能。票据的信用功能即票据当事人可以凭借自己的信誉，将未来才能获得的金钱拿来使用。

（4）结算功能。票据的结算功能即债务抵销功能。简单的结算是互有债务的双方当事人各签发一张本票，等两张本票都到到期日时可以抵销债务，如有差额，由一方以现金支付。

（5）融资功能。票据的融资功能即融通资金或调度资金。票据的融资功能是通过票据的贴现、转贴现和再贴现实现的。

【提示】不同种类的票据，其功能的侧重点会有所不同。汇票的主要功能是汇兑，但其支付、信用和流通的功能也很强；本票的主要功能是作为信用工具，也常被当作汇兑、支付和流通的工具；支票的主要功能是作为支付手段，也可用于异地汇兑或充当流通工具，其信用功能也正在被越来越多的人所使用。

（三）票据行为

票据行为是指票据当事人以发生票据债务为目的、以在票据上签名或盖章为权利与义务成立要件的法律行为，包括出票、背书、承兑和保证四种。

1.出票

出票是指出票人签发票据并将其交付给收款人的行为。出票人在票据上的签章不符合《票据法》等规定的，票据无效；承兑人、保证人在票据上的签章不符合《票据法》等规定的，其签章无效，但不影响其他符合规定签章的效力；背书人在票据上的签章不符合《票据法》等规定的，其签章无效，但不影响其前手符合规定签章的效力。

2.背书

背书是指持票人为了将票据权利转让给他人或者将一定的票据权利授予他人行使，而在票据背面或者粘单上记载有关事项并签章的行为。背书按照目的不同，可分为转让背书和非转让背书。转让背书是指持票人以转让票据权利为目的而进行的背书；非转让背书是指持票人以将一定的票据权利授予他人行使为目的而进行的背书，包括委托收款背书和质押背书。无论何种目的的背书，都应当记载背书事项并交付票据。

3.承兑

承兑是指汇票付款人承诺在汇票到期日支付汇票金额并签章的行为。承兑仅适用于商业汇票。承兑不得附有条件；承兑附有条件的，视为拒绝承兑。付款人承兑汇票后，应承担到期付款的责任。

4.保证

保证是指票据债务人以外的人，为担保特定债务人履行票据债务而在票据上记载有关事项并签章的行为。保证人为两人以上的，保证人之间承担连带责任。票据到期后得不到付款的，持票人有权向保证人请求付款，保证人应当足额付款。保证人清偿票据债务后，可以行使持票人对被保证人及其前手的追索权。

【动脑筋】经无民事行为能力人或限制行为能力人签章的票据是否有效？其签章是否有效？

（四）票据当事人

票据当事人是指票据法律关系中享有票据权利、承担票据义务的当事人，也称票据法律关系主体。票据当事人可分为基本当事人和非基本当事人。

1.基本当事人

基本当事人是指在票据做成和交付时就已经存在的当事人，是构成票据法律关系的必要主体，包括出票人、付款人和收款人。在汇票及支票中有出票人、付款人与收款人。在本票中有出票人与收款人。

2.非基本当事人

非基本当事人是指在票据做成并交付后，通过一定的票据行为加入票据关系而享有一定权利、义务的当事人，包括承兑人、背书人、被背书人、保证人等。

（五）票据权利和义务

1.票据权利

票据权利是指持票人向债务人请求支付票据金额的权利，包括付款请求权和票据追索权。

（1）付款请求权。它是指持票人向汇票的承兑人、本票的出票人、支票的付款人出示票据要求付款的权利，是第一顺序权利，又称主要票据权利。行使付款请求权的持票人可以是票据记载的收款人，也可以是最后的被背书人；担负付款请求权付款义务的主要是主债务人。

（2）票据追索权。它是指票据当事人行使付款请求权遭到拒绝或有其他法定原因存在时，向其前手请求偿还票据金额及其他法定费用的权利，是第二顺序权利，又称偿还请求权利。行使票据追索权的当事人除了票据记载的收款人和最后的被背书人外，还可能是代为清偿票据债务的保证人、背书人。

2.票据义务

票据义务是指票据债务人向持票人支付票据金额的责任。在会计实务中，票据债务人承担票据义务一般有四种情况：

（1）汇票承兑人因承兑而应承担付款义务；

（2）本票出票人因出票而应承担付款义务；

（3）支票付款人在与出票人有资金关系时应承担付款义务；

（4）汇票、本票、支票的背书人，汇票、支票的出票人、保证人，在票据不获承兑或不获付款时应承担付款清偿义务。

二、支票

（一）支票的概念及适用范围

支票是指由出票人签发的、委托办理支票存款业务的银行在见票时无条件支付确定的金额给收款人或者持票人的票据。

支票的基本当事人包括出票人、付款人和收款人。支票的出票人为在经中国人民银行当地分支行批准办理支票业务的银行机构开立可以使用支票的存款账户的单位和个人；付款人为出票人的开户银行；持票人是票面上填明的收款人，也可以是经背书转让的被背书人。

单位和个人各种款项的结算，均可使用支票。2007年7月8日，中国人民银行宣布，支票可以实现全国范围内互通使用。

【请注意】出票人只能在账户可用余额以内签发支票，不能透支；用于支取现金的支票不能背书转让；国内目前不能签发远期支票，支票的提示付款期为10天，银行在见票的当天要将票款支付给收款人。

（二）支票的种类

根据《票据法》的规定，按照支付票款方式的不同，支票可分为现金支票、转账支票和普通支票三种。

1.现金支票

由银行统一印制且印有“现金”字样的支票为现金支票，现金支票只能用于支取现金，不能用于转账。现金支票票样如图2-1所示。

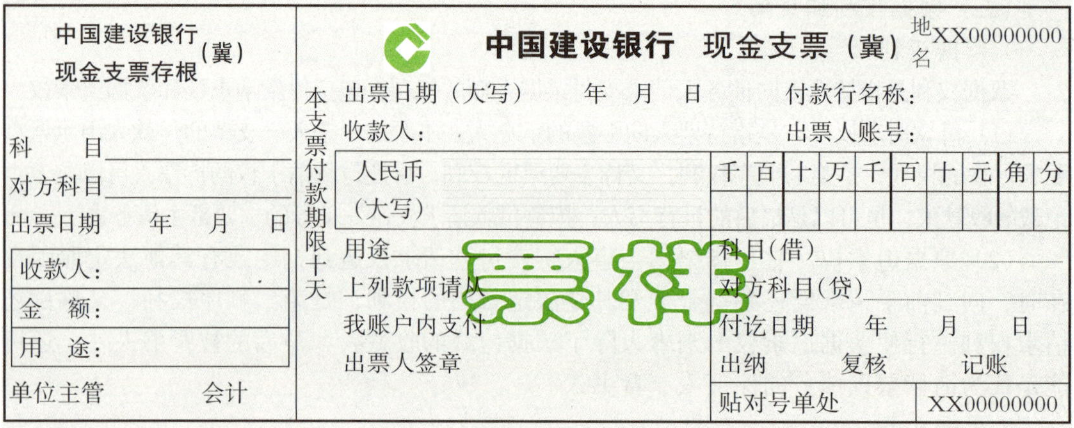

中国建设银行（冀）
现金支票存根
科　目
对方科目
出票日期　年　月　日
收款人：
金　额：
用　途：
单位主管　会计

中国建设银行　现金支票（冀）　地名 XX00000000
本支票付款期限十天
出票日期（大写）　年　月　日　付款行名称：
收款人：　出票人账号：
人民币（大写）　千 百 十 万 千 百 十 元 角 分
用途
上列款项请从
我账户内支付
出票人签章
科目（借）
对方科目（贷）
付讫日期　年　月　日
出纳　复核　记账
贴对号单处　XX00000000
票样

图2-1　现金支票票样

2. 转账支票

印有“转账”字样的支票为转账支票，转账支票只能用于转账，不能用于支取现金。转账支票票样如图2-2所示。

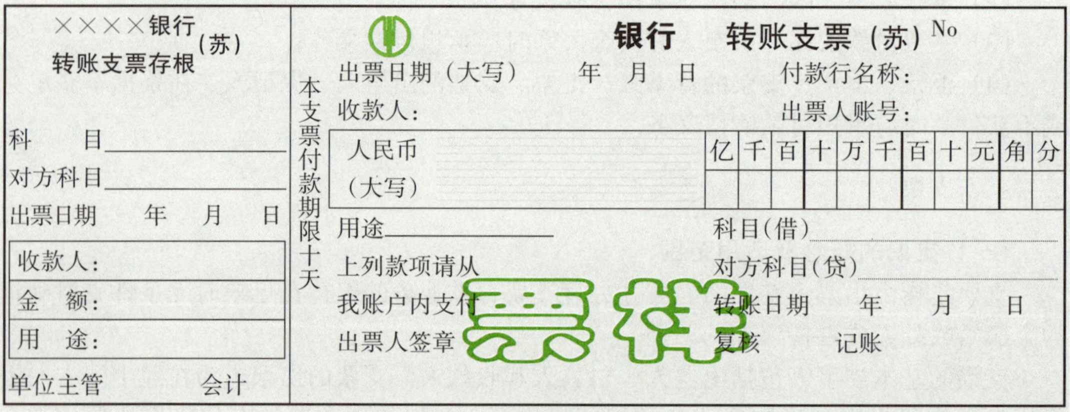

××××银行（苏）
转账支票存根
科　目
对方科目
出票日期　年　月　日
收款人：
金　额：
用　途：
单位主管　会计

银行　转账支票（苏）No
本支票付款期限十天
出票日期（大写）　年　月　日　付款行名称：
收款人：　出票人账号：
人民币（大写）　亿 千 百 十 万 千 百 十 元 角 分
用途
上列款项请从
我账户内支付
出票人签章
科目（借）
对方科目（贷）
转账日期　年　月　日
复核　记账
票样

图2-2　转账支票票样

3. 普通支票

未印有“现金”或“转账”字样的支票为普通支票，普通支票可以用于支取现金，也可以用于转账。普通支票票样如图2-3所示。

【请注意】如果普通支票的左上角有两条平行线，则该支票为划线支票。划线支票只能用于转账，不得支取现金。划线支票票样如图2-4所示。

（三）支票的出票

出票人签发支票并交付的行为即为出票。出票人签发支票必须具备一定的条件，即出票人应为在经中国人民银行当地分支行批准办理支票业务的银行机构开立可以使用的支票的存款账户的单位和个人。《票据法》第八十二条规定，开立支票存款账户，申请人必须使用其本名，并提交证明其身份的合法证件。开立支票存款账户和领用支票，应当有可靠的资信，并存入一定的资金。开立支票存款账户，申请人应当预留其本名的签名式样和印鉴。这些规定主要用于保证支付支票票款的安全，保护支票各方当事人的合法权益。

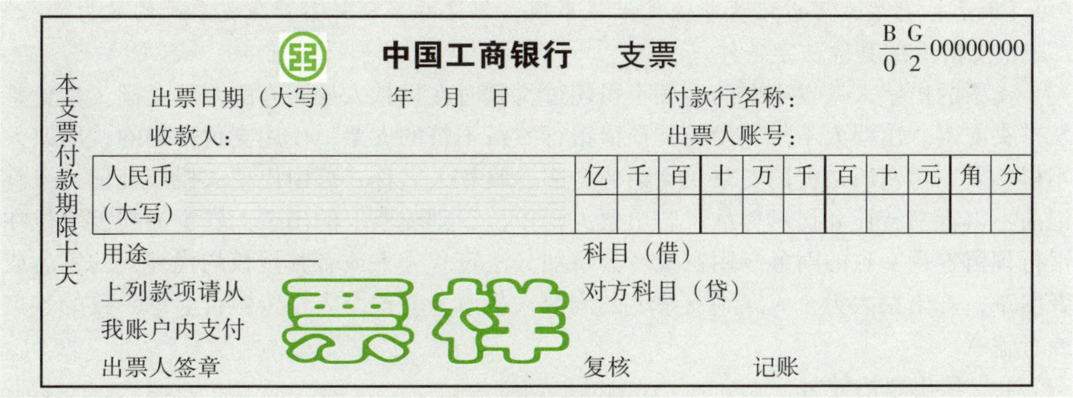

本支票付款期限十天

中国工商银行　支票　$\frac{B}{0}\frac{G}{2}$00000000

出票日期（大写）　年　月　日　付款行名称：

收款人：　出票人账号：

人民币（大写）	亿	千	百	十	万	千	百	十	元	角	分

用途______　科目（借）

上列款项请从　对方科目（贷）

我账户内支付

出票人签章　复核　记账

票样

图2-3　普通支票票样

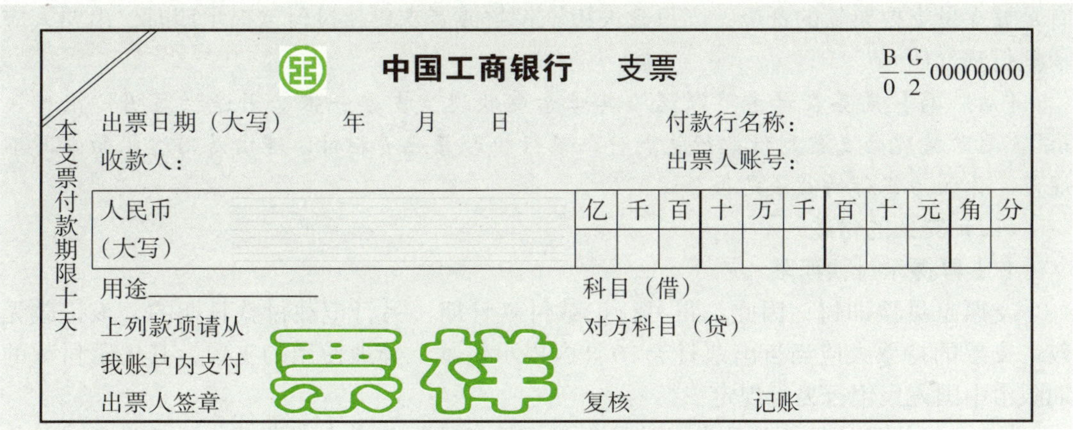

本支票付款期限十天

中国工商银行　支票　$\frac{B}{0}\frac{G}{2}$00000000

出票日期（大写）　年　月　日　付款行名称：

收款人：　出票人账号：

人民币（大写）	亿	千	百	十	万	千	百	十	元	角	分

用途______　科目（借）

上列款项请从　对方科目（贷）

我账户内支付

出票人签章　复核　记账

票样

图2-4　划线支票票样

1. 支票的绝对记载事项

签发支票必须记载下列事项：

（1）表明“支票”的字样；

（2）无条件支付的委托；

（3）确定的金额；

（4）付款人名称；

（5）出票日期；

（6）出票人签章。

【请注意】欠缺上述绝对记载事项之一的，支票无效。此外，《票据法》和《支付结算办法》规定，支票的金额、收款人名称可以由出票人授权补记，未补记前不得背书转让和提示付款。

2. 支票的相对记载事项

（1）付款地。支票上未记载付款地的，付款人的营业场所为付款地。

（2）出票地。支票上未记载出票地的，出票人的营业场所、住所或者经常居住地为出票地。

【提示】支票上可以记载非法定记载事项，但这些事项并不产生支票上的效力。

3. 支票上的其他法定条件

支票的出票人签发支票的金额不得超过付款时在付款人处实有的存款金额。禁止签发空头支票。出票人不得签发与其预留银行签章不符的支票；使用支付密码的，出票人不得签发支付密码错误的支票。支票的金额、收款人名称，可由出票人授权补记，未补记前不得背书转让和提示付款。若出票人为单位，则支票上的出票人签章为与该单位在银行预留签章一致的财务专用章或者公章加其法定代表人或者其授权的代理人的签名或者盖章；若出票人为个人，则支票上的出票人签章为与该个人预留银行签章一致的签名或者盖章。

4. 支票出票的效力

支票做成并交付之后，会对出票人产生相应的法律效力。出票人必须在付款人处存有足够支付支票票款的资金；当付款人拒绝付款或者支票超过付款提示期时，出票人应承担付款责任。

【动脑筋】周芬在母亲节赠送给其母亲赵欣现金支票一张，用途栏写明“生日快乐”。赵欣持现金支票到付款行兑现时，银行柜台营业员拒付，理由是用途栏的书写不规范。你认为银行的做法是否合法?

（四）支票的付款

1. 支票提示付款期限

支票是见票即付，因此不得另行记载付款日期。另行记载付款日期的，该记载无效。支票的持票人应当自出票日起10日内提示付款。异地使用的支票，其提示付款的期限由中国人民银行另行规定。

【请注意】超过提示付款期限的，根据《票据法》第九十一条第二款的规定，付款人可以不予付款；付款人不予付款的，出票人仍应当对持票人承担票据责任。持票人超过提示付款期限的，并不丧失对其前手和出票人的追索权，其前手和出票人仍应当对持票人承担支付票款的责任。

2. 支票的付款责任

《票据法》第八十九条规定：“出票人在付款人处的存款足以支付支票金额时，付款人应当在当日足额付款。”因此，如果出票人在付款人处的存款足以支付支票金额，那么付款人应当无条件在当日足额付款。

3. 付款责任的解除

《票据法》第九十二条规定：“付款人依法支付支票金额的，对出票人不再承担受委托付款的责任，对持票人不再承担付款的责任。但是，付款人以恶意或者有重大过失付款的除外。”

【请注意】付款人或者代理付款人未能识别出伪造、变造的票据或者身份证件而错误付款，或者付款人不按照正常的操作程序审查票据时，由此造成的损失由付款人承担，付款人不能解除付款责任。

（五）支票的办理要求

存款人领购支票应填写“票据和结算凭证领用单”并签章，签章应与预留银行的签章相符。存款账户结清时，必须将全部剩余空白支票交回银行注销。

1.签发支票的要求

（1）签发支票应使用碳素墨水或墨汁填写，中国人民银行另有规定的除外。

（2）签发现金支票和用于支取现金的普通支票，必须符合国家现金管理的规定。

（3）支票的金额、收款人名称，可由出票人授权补记，未补记前不得背书转让和提示付款。

（4）支票的出票人预留银行签章是银行审核支票付款的依据。银行也可以与出票人约定使用支付密码，作为银行审核支付支票金额的条件。

（5）支票的出票人签发支票的金额不得超过付款时在付款人处实有的存款金额。禁止签发空头支票。

（6）支票的出票人不得签发与其预留银行签章不符的支票；使用支付密码的，出票人不得签发支付密码错误的支票。

（7）出票人签发空头支票，签章与预留银行签章不符的支票，使用支付密码地区，支付密码错误的支票，银行应予以退票，并按票面金额处以5%但不低于1 000元的罚款。持票人有权要求出票人赔偿支票金额2%的赔偿金。对于屡次签发空头支票的出票人，银行有权停止为其办理支票或全部支付结算业务。

2.兑付支票的要求

（1）持票人可以委托开户银行收款或直接向付款人提示付款。用于支取现金的支票仅限于收款人向付款人提示付款。

（2）持票人委托开户银行收款时，应作委托收款背书，在支票背面背书人签章栏签章、记载“委托收款”字样、背书日期，在被背书人栏记载开户银行名称，并将支票和填制的进账单送交开户银行。

（3）持票人持用于转账的支票向付款人提示付款时，应在支票背面背书人签章栏签章，并将支票和填制的进账单交送出票人开户银行。

（4）收款人持用于支取现金的支票向付款人提示付款时，应在支票背面“收款人签章”处签章，持票人为个人的，还需交验本人身份证件，并在支票背面注明证件名称、号码及发证机关。

三、商业汇票

汇票是出票人签发的，委托付款人在见票时或者在指定日期无条件支付确定的金额给收款人或者持票人的票据。汇票可分为银行汇票和商业汇票。前者是指银行签发的汇票，后者则是指银行之外的企事业单位、机关、团体等签发的汇票。

（一）商业汇票的概念和种类

1.商业汇票的概念

商业汇票是指出票人签发的，委托付款人在见票时或者在指定日期无条件支付确定的金额给收款人或者持票人的票据。

2.商业汇票的种类

商业汇票按承兑人的不同，可分为商业承兑汇票和银行承兑汇票。其中，商业承兑汇票由银行以外的付款人承兑，银行承兑汇票由银行承兑。商业承兑汇票票样如图2-5所示，银行承兑汇票票样如图2-6所示。

商业承兑汇票　2　　IXⅣ0000000

签发日期　年　月　日　　第　号

付款人	全　称		收款人	全　称	
	账　号			账　号	
	开户银行	行号		开户银行	行号
汇票金额	人民币（大写）		千 百 十 万 千 百 十 元 角 分		
汇票到期日	年　月　日		交易合同号码		
本汇票已经本单位承兑，到期日无条件支付票款。 承兑人签章 负责　经办　年　月　日			本汇票请予以承兑于到期日付款。 出票人签章 负责　经办		

此联收款人开户行随委托收款凭证寄付款行作借方凭证附件

票样

图2-5　商业承兑汇票票样

银行承兑汇票　2　　$\frac{C}{0}\frac{A}{1}$00000000

出票日期（大写）　年　月　日　　第　号

出票人全称		收款人	全　称	
出票人账号			账　号	
付款行全称			开户银行	
出票金额	人民币（大写）		亿 千 百 十 万 千 百 十 元 角 分	
汇票到期日（大写）		付款行	行号	
承兑协议编号			地址	
本汇票请你行承兑，到期无条件付款。 出票人签章		本汇票已经承兑，到期日由本行付款。 承兑行签章 承兑日期　年　月　日 备注：		复核　记账

此联收款人开户行随委托收款凭证寄付款行作借方凭证附件

票样

图2-6　银行承兑汇票票样

【提示】商业汇票的付款期限，最长不得超过6个月；商业汇票的提示付款期限，自汇票到期日起10日。

（二）商业汇票的出票

商业汇票的出票，又称汇票的签发或发行，是指出票人签发商业汇票并将其交付给收款人的票据行为。

1. 出票人的确定

商业承兑汇票的出票人，为在银行开立存款账户的法人以及其他组织，与付款人具有真实的委托付款关系，具有支付汇票金额的可靠资金来源。

银行承兑汇票的出票人必须具备下列条件：

（1）在承兑银行开立存款账户的法人以及其他组织；

（2）与承兑银行具有真实的委托付款关系；

（3）资信状况良好，具有支付汇票金额的可靠资金来源。

2. 商业汇票的绝对记载事项

签发商业汇票必须记载下列事项：

（1）表明“商业承兑汇票”或“银行承兑汇票”的字样；

（2）无条件支付的委托；

（3）确定的金额；

（4）付款人名称；

（5）收款人名称；

（6）出票日期；

（7）出票人签章。

【请注意】欠缺记载上述事项之一的，商业汇票无效。

【提示】电子商业汇票出票必须记载下列事项：标明“电子商业承兑汇票”或“电子银行承兑汇票”字样；无条件支付的委托；确定的金额；出票人名称；付款人名称；出票日期；票据到期日；出票人签章。

3. 商业汇票的相对记载事项

相对记载事项未在汇票上记载，并不影响汇票本身的效力，汇票仍然有效。汇票上未记载付款日期的，为见票即付；汇票上未记载付款地的，付款人的营业场所、住所或者经常居住地为付款地；汇票上未记载出票地的，出票人的营业场所、住所或者经常居住地为出票地。

【请注意】汇票上可以记载非法定记载事项，但这些事项不具有汇票上的效力。

4. 商业汇票出票的效力

出票人依据《票据法》的规定完成出票行为后，即产生票据上的效力。

（1）对收款人的效力。收款人取得汇票后，即取得了票据权利。收款人取得的票据权利包括付款请求权和追索权，以及依法转让票据的权利。

（2）对付款人的效力。付款人在对汇票进行承兑后，即成为汇票上的主债务人。

（3）对出票人的效力。出票人在签发汇票后则应承担承兑和付款的责任。出票人在汇票得不到承兑或者付款时，应当向持票人清偿法律规定的金额和费用。

5. 商业汇票出票的法定要求

在银行开立存款账户的法人以及其他组织之间，只有具有真实的交易关系或债权债务关系，才能使用商业汇票，个人不能使用商业汇票。出票人不得签发无对价的商业汇票用以骗取银行或者其他票据当事人的资金。商业汇票一律记名。

（三）商业汇票的承兑

承兑是指汇票付款人承诺在汇票到期日支付汇票金额的票据行为。承兑是汇票的特有制度，本票和支票都不涉及承兑。

【提示】由于汇票是一种单方面的法律行为，因此汇票对付款人并不当然产生约束力，只有在付款人表示愿意向收款人或持票人支付汇票金额后，持票人才可于汇票到期日向付款人行使付款请求权。承兑就是这样一种明确付款人付款责任、确定持票人票据权利的制度。

1. 商业汇票承兑的程序

商业汇票承兑的程序包括提示承兑、受理承兑和记载承兑事项等。

（1）提示承兑。提示承兑是指持票人向付款人出示汇票，并要求付款人承诺付款的行为。定日付款或者出票后定期付款的汇票，持票人应当在汇票到期日前向付款人提示承兑。对于见票后定期付款的汇票，持票人应当自出票日起1个月内向付款人提示承兑。见票即付的汇票无须提示承兑。

（2）受理承兑。

① 承兑时间。付款人对向其提示承兑的汇票，应当自收到提示承兑的汇票之日起3日内承兑或者拒绝承兑。如果付款人在3日内不做承兑与否的表示，则应视同拒绝承兑。持票人可以请求其作出拒绝承兑证明，并向其前手行使追索权。

② 接受承兑。付款人收到持票人提示承兑的汇票时，应当向持票人签发收到汇票的回单。

【提示】回单是付款人向持票人出具的已收到请求承兑商业汇票的证明，回单上应记明商业汇票承兑日期并签章。

（3）记载承兑事项。付款人必须在汇票正面记载“承兑”字样，不记载的，承兑不成立。付款人应在汇票正面记载承兑日期，未记载日期的，以付款人3天考虑时间的最后一天为承兑期。付款人必须在汇票正面签章，未签章的，承兑不成立。见票后定期付款的汇票，应当在承兑时记载付款日期。

退回已承兑的汇票。付款人按承兑格式填写完记载事项后，必须将已承兑的汇票退回给持票人，承兑才能生效。

2. 商业汇票承兑的效力

（1）承兑人于汇票到期日必须向持票人无条件地支付汇票上的金额，否则其必须承担迟延付款责任；

（2）承兑人必须对汇票上的一切权利人承担责任，这里的权利人包括付款请求权人和追索权人；

（3）承兑人不得以其与出票人之间的资金关系来对抗持票人，拒绝支付汇票金额；

（4）承兑人的票据责任不因持票人未在法定期限提示付款而解除。

3. 商业汇票承兑不得附有条件

（1）付款人承兑商业汇票，不得附有条件；承兑附有条件的，视为拒绝承兑。

（2）银行承兑汇票的承兑银行，应当按照票面金额向出票人收取万分之五的手续费。

（四）商业汇票的付款

商业汇票的付款，是指付款人依据票据文义支付票据金额，以消灭票据关系的行为。

1. 提示付款

提示付款是指持票人向付款人或承兑人出示票据，请求付款的行为。《票据法》规定，持票人应当按照下列期限提示付款：

（1）见票即付的汇票（银行汇票），自出票日起1个月内向付款人提示付款。

（2）定日付款、出票后定期付款或者见票后定期付款的汇票，自到期日起10日内向承兑人提示付款。

持票人未按照前款规定期限提示付款的，在作出说明后，承兑人或者付款人仍应当继续对持票人承担付款责任。

提示付款期限是指自汇票到期日起，通过开户银行委托收款或直接向付款人提示付款的期限。持票人超过提示付款期限提示付款的，持票人开户银行不予受理。

2. 支付票款

持票人按照规定向付款人或承兑人提示付款后，付款人必须无条件地在当日按票据金额足额支付票款给持票人；否则，应承担延迟付款的责任。

商业承兑汇票的付款人开户银行收到通过委托收款寄来的商业承兑汇票后，应将商业承兑汇票留存，并及时通知付款人。

（1）付款人收到开户银行的付款通知后，应在当日通知银行付款。付款人在接到通知日的次日起3日内（遇法定休假日顺延，下同）未通知银行付款的，视同付款人承诺付款，银行应于付款人接到通知日的次日起第4日上午开始营业时，将票款划给持票人。

付款人提前收到由其承兑的商业汇票，应通知银行于汇票到期日付款。付款人在接到通知日的次日起3日内未通知银行付款，付款人接到通知日的次日起第4日在汇票到期日之前的，银行应于汇票到期日将票款划给持票人。

（2）银行在办理划款时，付款人存款账户不足支付的，应填制付款人未付票款通知书，连同商业承兑汇票邮寄持票人开户银行转交持票人。

（3）付款人存在合法抗辩事由拒绝支付的，应自接到通知日的次日起3日内，做成拒绝付款证明送交开户银行，银行将拒绝付款证明和商业承兑汇票邮寄持票人开户银行转交持票人。

【提示】银行承兑汇票的出票人应于汇票到期日前将票款足额交存其开户银行。承兑银行应在汇票到期日或到期日后的见票当日支付票款。

银行承兑汇票的出票人于汇票到期日未能足额交存票款时，承兑银行除凭票向持票人无条件付款外，对出票人尚未支付的汇票金额按照每天万分之五计收利息。

【请注意】由于持票人和付款人的收款或付款行为往往是通过委托银行进行的，受委托收款或付款的银行不是汇票的当事人，只是代理人。因此，持票人委托的收款银行的责任，限于按照汇票上记载事项将汇票金额转入持票人账户。付款人委托的付款银行的责任，限于按照汇票上记载事项从付款人账户支付汇票金额。付款人及其代理付款人付款时，应当审查汇票背书的连续性，并审查提示付款人的合法身份证明或者有效证件。如果付款人及其代理付款人以恶意或者有重大过失付款的，应当自行承担责任。对定日付款、出票后定期付款或者见票后定期付款的汇票，付款人在到期日前付款的，由付款人自行承担所产生的责任。汇票金额为外币的，按照付款日的市场汇价，以人民币支付。汇票当事人对汇票支付的货币种类另有约定的，从其约定。

3. 付款的效力的情形

付款人依法足额付款后，全体汇票债务人的责任解除。

（五）商业汇票的背书

商业汇票允许背书转让。商业汇票背书是指以转让商业汇票权利或者将一定的商业汇票权利授予他人行使为目的，按照法定的事项和方式在商业汇票背面或粘单上记载有关事项并签章的行为。出票人在商业汇票上记载“不得转让”字样，则该商业汇票不得转让。

1. 背书的形式

背书是一种要式行为，因此必须符合法定的形式。

（1）背书的记载事项。

① 票据背书转让时，由背书人在票据背面签章、记载被背书人名称和背书日期；未记载背书日期的，视为在汇票到期日前背书。

② 背书记载“委托收款”字样的，被背书人有权代背书人行使被委托的汇票权利。但是，被背书人不得再以背书转让汇票权利。汇票可以设定质押；质押时应当以背书记载“质押”字样。被背书人依法实现其质权时，可以行使汇票权利。

（2）背书不得记载的事项。

① 背书不得附有条件。背书时附有条件的，所附条件不具有票据上的效力，但不影响背书行为本身的效力。

② 将汇票的一部分转让的背书或者将汇票金额分别转让给两人以上的背书，背书无效。

（3）禁止背书的情况。禁止背书是指出票人或背书人在票据上记载“不得转让”等类似文句，以禁止票据权利的转让，具体来说有以下两种情况：

① 出票人的禁止背书是指出票人在汇票的正面记载“不得转让”字样，其后手再背书转让的，该转让不发生票据法上的效力，只具有普通债权让与的效力。出票人对受让人不承担票据责任。

② 背书人的禁止背书是指背书人在汇票的背面记载“不得转让”字样，其后手再背书转让的，原背书人对其直接被背书人以后通过背书方式取得汇票的一切当事人不负担保责任。

【提示】背书时粘单的使用：背书应当记载在票据的背面或者粘单上，不得记载在票据的正面。背书栏不附背书的，可以使用统一格式的粘单，粘附于票据凭证上规定的粘接处。粘单上的第一记载人，应当在汇票和粘单的粘接处签章。

2. 背书连续

背书连续是指在票据转让中，转让汇票的背书人与受让汇票的被背书人在汇票上的签章依次前后衔接。如果背书不连续，付款人可以拒绝向持票人付款，否则付款人需自行承担责任。

3. 法定禁止背书的情形

（1）被拒绝承兑的汇票。

（2）被拒绝付款的汇票。

（3）超过付款提示期限以及票据权利中的付款权利已经丧失的汇票。

上述汇票背书转让的，背书人应当承担背书责任。

（六）商业汇票的保证

票据保证是指票据债务人以外的第三人，以担保特定债务人履行票据债务为目的，而在票据上所为的一种附属票据行为。

【提示】国家机关、以公益为目的的事业单位、社会团体、企业法人的分支机构和职能部门一般不得为保证人；但是，法律另有规定的除外。

1. 保证的当事人

保证人是指票据债务人以外的，为票据债务的履行提供担保而参与票据关系的第三人。已成为票据债务人的，不得再充当票据上的保证人。

2. 保证的格式

办理保证手续时，保证人必须在汇票或粘单上记载下列事项：

（1）表明“保证”的字样；

（2）保证人名称和住所；

（3）被保证人的名称；

（4）保证日期；

（5）保证人签章。

票据保证记载的事项，有绝对记载事项和相对记载事项之分。绝对记载事项包括保证文句和保证人签章两项。相对记载事项包括被保证人的名称、保证日期和保证人住所。保证不得附有条件；附有条件的，不影响对汇票的保证责任。

3. 保证的效力

保证一旦成立，即在保证人与被保证人之间产生法律效力，保证人必须对保证行为承担相应的责任。

（1）保证人的责任。对于被保证的汇票，保证人应当与被保证人对持票人承担连带责任。

（2）共同保证人的责任。在共同保证的情况下，持票人可以不分先后向保证人中的一人或者数人或者全体就全部票据金额及有关费用行使票据权利，共同保证人不得拒绝。

（3）保证人的追索权。保证人清偿汇票债务后，可以行使持票人对被保证人及其前手的追索权。

（七）电子商业汇票

电子商业汇票是指出票人依托电子商业汇票系统，以数据电文形式制作的，委托付款人在指定日期无条件支付确定金额给收款人或者持票人的票据。

电子商业汇票分为电子银行承兑汇票和电子商业承兑汇票。其中，电子银行承兑汇票由银行业金融机构、财务公司（以下统称金融机构）承兑；电子商业承兑汇票由金融机构以外的法人或其他组织承兑。电子商业汇票的付款人为承兑人。

电子商业汇票与纸质商业汇票的联系与区别：

（1）纸质商业汇票分为见票即付票据、定日付款票据、出票后定期付款票据、见票后定期付款票据；电子商业汇票为定日付款票据。

（2）纸质商业汇票的付款期限最长不超过6个月；电子商业汇票的付款期限自出票日起至到期日止，最长不得超过1年。

（3）纸质商业汇票上的签章必须为当事人的签名或盖章；电子商业汇票上的签章为符合《中华人民共和国电子签名法》相关规定的电子签名。

（4）纸质商业汇票是具有特定格式的纸质凭证，采用手工传递或邮寄等方式传输；电子商业汇票以数据电文的形式，运用电子商业汇票系统通过网络传输，提高运转效率，降低流转风险。

（5）纸质商业汇票以纸质形式保存，保管成本较高；电子商业汇票以数据电文形式存储于中国人民银行电子商业汇票系统。

四、银行汇票

（一）银行汇票的概念和适用范围

银行汇票是指出票银行签发的，由其在见票时按照实际结算金额无条件支付给收款人或者持票人的票据。银行汇票的出票人为经中国人民银行批准办理银行汇票业务的银行，出票银行为银行汇票的付款人。银行汇票一般由汇款人将款项交存当地银行，由银行签发给汇款人持往异地办理转账结算或支取现金。银行汇票的适用范围如下：

（1）单位和个人在异地、同城或同一票据交换区域的各种款项结算，均可使用银行汇票。

（2）银行汇票可以用于转账。

（3）填明“现金”字样的银行汇票也可以用于支取现金。

银行汇票票样如图2-7所示。

（二）银行汇票的记载事项

1. 银行汇票的绝对记载事项

根据《票据法》的规定，签发银行汇票必须记载下列事项：

（1）表明“银行汇票”的字样；

（2）无条件支付的承诺；

（3）确定的金额；

（4）付款人名称；

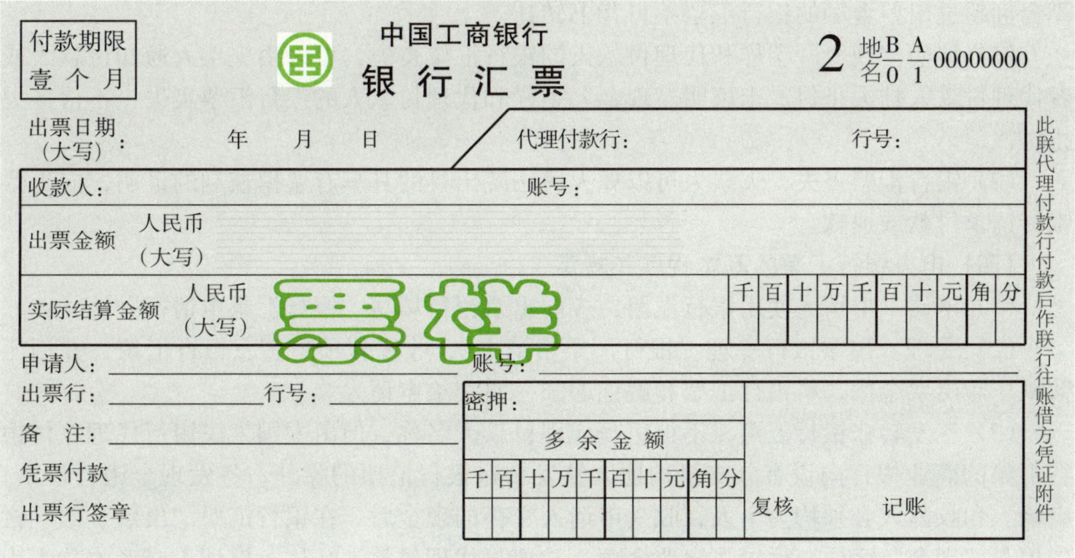
付款期限
壹 个 月
中国工商银行
银行汇票
2 地名 B0 A1 00000000
出票日期（大写）：　年　月　日
代理付款行：　行号：
收款人：　账号：
出票金额 人民币（大写）
实际结算金额 人民币（大写）
千 百 十 万 千 百 十 元 角 分
申请人：　账号：
出票行：　行号：
备　注：
凭票付款
出票行签章
密押：
多余金额
千 百 十 万 千 百 十 元 角 分
复核　记账
此联代理付款行付款后作联行往账借方凭证附件
票样

图2-7　银行汇票票样

（5）收款人名称；

（6）出票日期；

（7）出票人签章。

【请注意】绝对记载事项缺一则票据无效。

【提示】银行汇票的出票人在票据上的签章，应为经中国人民银行批准使用的该银行汇票专用章加其法定代表人或其授权经办人的签名或盖章。

2. 银行汇票的相对记载事项

（1）付款日期。未记载付款日期的，视为见票即付。

（2）付款地。未记载付款地的，以付款人的营业场所、住所或者经常居住地为付款地。

（3）出票地。未记载出票地的，以出票人的营业场所、住所或经常居住地为出票地。

【提示】相对记载事项的说明：未在汇票上记载，并不影响汇票本身的效力。

（三）银行汇票的基本规定

（1）银行汇票可以用于转账，填明“现金”字样的银行汇票也可以用于支取现金。

（2）银行汇票的付款人为银行汇票的出票银行，银行汇票的付款地为代理付款人或出票人所在地。

（3）银行汇票的出票人在票据上的签章，应为经中国人民银行批准使用的该银行汇票专用章加其法定代表人或其授权经办人的签名或盖章。

（4）银行汇票属于见票即付的汇票，自出票日起1个月内向付款人提示付款。持票人超过付款期限向代理付款人提示付款的，代理付款人不予受理。

（5）银行汇票可以背书转让，但填明“现金”字样的银行汇票不得背书转让。银行汇票的背书转让以不超过出票金额的实际结算金额为准。未填明实际结算金额或实际结算金额超过出票金额的银行汇票不得背书转让。

（6）填明“现金”字样和代理付款人的银行汇票丧失，可以由失票人通知付款人或者代理付款人挂失止付。未填明“现金”字样和代理付款人的银行汇票丧失，不得挂失止付。

（7）银行汇票丧失，失票人可以凭人民法院出具的其享有票据权利的证明，向出票银行请求付款或退款。

（四）申办银行汇票的基本程序和规定

（1）申请。申请人使用银行汇票，应向出票银行填写“银行汇票申请书”。

（2）受理。出票银行受理“银行汇票申请书”，收妥款项后签发银行汇票，并用压数机压印出票金额，将银行汇票和解讫通知一并交给申请人。

（3）签发转账银行汇票，不得填写代理付款人名称，但由中国人民银行代理兑付银行汇票的商业银行向设有分支机构地区签发转账银行汇票的除外。签发现金银行汇票，申请人和收款人必须均为个人，收妥申请人交存的现金后，在银行汇票“出票金额”栏先填写“现金”字样，后填写出票金额，并填写代理付款人名称。申请人或者收款人为单位的，银行不得为其签发现金银行汇票。

（4）申请人应将银行汇票和解讫通知一并交付给汇票上记明的收款人。

（5）银行汇票的实际结算金额低于出票金额的，其多余金额由出票银行退交申请人。

（6）申请人因银行汇票超过付款提示期限或其他原因要求退款时，应将银行汇票和解讫通知同时交到出票银行，并提供本人身份证件或单位证明。对于代理付款银行查询的该张银行汇票，应在汇票提示付款期满后方能办理退款。申请人缺少解讫通知要求退款的，出票银行应于银行汇票提示付款期满1个月后办理。

（五）兑付银行汇票的基本程序和规定

（1）收款人收到银行汇票后，应审查下列事项：

① 银行汇票和解讫通知是否齐全，汇票号码和记载的内容是否一致；

② 收款人是否为本单位或本人；

③ 银行汇票是否在提示付款期限内；

④ 必须记载的事项是否齐全；

⑤ 出票人签章是否符合规定，是否有压数机压印的出票金额，并与大写出票金额一致；

⑥ 出票金额、出票日期、收款人名称是否更改，更改的其他记载事项是否由原记载人签章证明。

（2）审查无误后，收款人应在出票金额以内，根据实际需要的款项办理结算，并将实际结算金额和多余金额准确、清晰地填入银行汇票和解讫通知的有关栏内。未填明实际结算金额和多余金额或实际结算金额超过出票金额的，银行不予受理。银行汇票的实际结算金额不得更改，更改实际结算金额的银行汇票无效。

在提示付款时，收款人应在汇票背面“持票人向银行提示付款签章”处加盖预留银行印鉴，同时填写进账单，连同银行汇票一并交开户银行转账。收款人应根据银行盖章退回的进账单回单联及有关单据编制记账凭证。

（3）收款人可以将银行汇票背书转让给被背书人，但填明“现金”字样的银行汇票不得背书转让。银行汇票的背书转让以不超过出票金额的实际结算金额为准。未填写实际结算金额或实际结算金额超过出票金额的银行汇票不得背书转让。

（4）被背书人受理银行汇票时，除按照前述要求审查汇票外，还应审查下列事项：

① 银行汇票是否记载实际结算金额，有无更改，其金额是否超过出票金额；

② 背书是否连续，背书人签章是否符合规定，背书使用粘单的是否按规定签章；

③ 背书人为个人的身份证件。

（5）持票人向银行提示付款时，必须同时提交银行汇票和解讫通知，缺少任何一联，银行不予受理。

（6）未在银行开立存款账户的个人持票人，可以向选择的任何一家银行机构提示付款。提示付款时，应在汇票背面“持票人向银行提示付款签章”处签章，并填明本人身份证件名称、号码及发证机关，由其本人向银行提交身份证件及其复印件。银行审核无误后，将其身份证件复印件留存备查，并以持票人的姓名开立应解汇款及临时存款账户，该账户只付不收，付完清户，不计付利息。

【提示】转账支付的，应由原持票人向银行填制支款凭证，并由本人交验其身份证件办理支付款项。该账户的款项只能转入单位或个体工商户的存款账户，严禁转入储蓄和信用卡账户。

【请注意】支取现金的，银行汇票上必须有出票银行按规定填明的“现金”字样才能办理。未填明“现金”字样，需要支取现金的，由银行按照国家现金管理规定审查支付。

（7）持票人超过期限向代理付款银行提示付款不获付款的，须在票据权利时效内向出票银行作出说明，并提供本人身份证件或单位证明，持银行汇票和解讫通知向出票银行请求付款。出票银行对于转账银行汇票的退款，只能转入原申请人账户；对于符合规定填明“现金”字样银行汇票的退款，才能退付现金。申请人缺少解讫通知要求退款的，出票银行应于银行汇票提示付款期满1个月后办理。

（8）银行汇票丧失，失票人可以凭人民法院出具的其享有票据权利的证明，向出票银行请求付款或退款。

【动脑筋】银行汇票的提示付款期限为自出票日起多长时间？持票人向银行提示付款时，是否需要提交解讫通知？

五、银行本票

（一）银行本票的概念和种类

银行本票是指银行签发的，承诺自己在见票时无条件支付确定的金额给收款人或者持票人的票据。银行本票的代理付款人是代理出票银行审核支付本票款项的银行。

银行本票分为定额本票和不定额本票两种。定额本票面额为1 000元、5 000元、1万元和5万元。银行本票票样如图2-8所示。

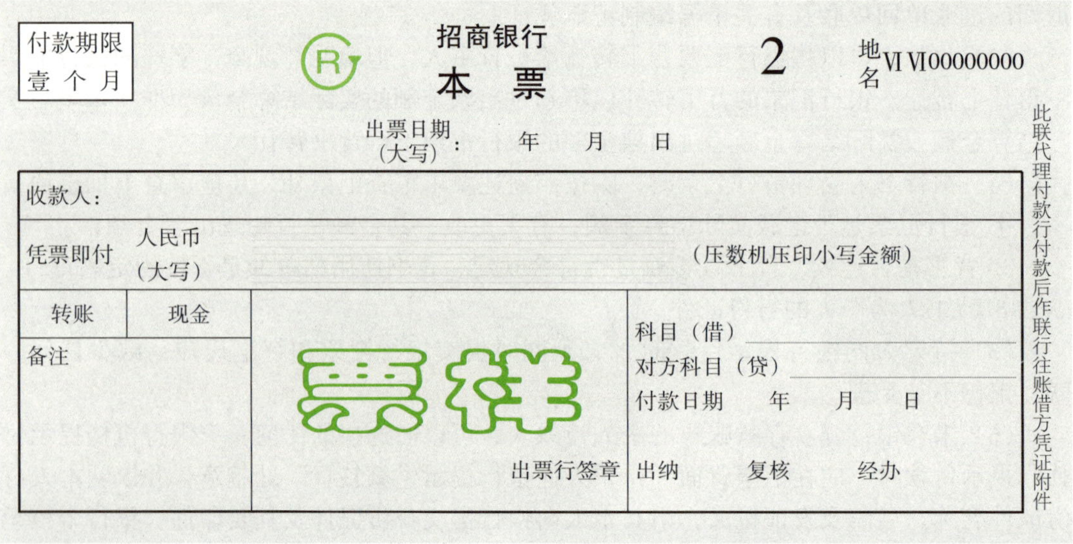
付款期限 壹 个 月

招商银行
本　票　　2　　地名 VI VI00000000

出票日期（大写）：　年　月　日

收款人：

凭票即付　人民币（大写）　　（压数机压印小写金额）

转账　现金

备注

票样

出票行签章

科目（借）
对方科目（贷）
付款日期　年　月　日
出纳　复核　经办

此联代理付款行付款后作联行往账借方凭证附件

图2-8　银行本票票样

（二）银行本票的使用范围

（1）单位和个人在同一票据交换区域需要支付各种款项，均可以使用银行本票。

（2）银行本票可以用于转账，注明“现金”字样的银行本票可以用于支取现金。

【请注意】只有注明“现金”字样的银行本票才可以用于支取现金。申请人或收款人为单位的，不得申请签发现金银行本票。

（三）银行本票的记载事项

1.银行本票的绝对记载事项

签发银行本票必须记载下列事项：

（1）表明“银行本票”的字样；

（2）无条件支付的承诺；

（3）确定的金额；

（4）收款人的名称；

（5）出票日期；

（6）出票人签章。

【提示】欠缺记载上列事项之一的，银行本票无效。

2.银行本票的相对记载事项

银行本票的相对记载事项包括两项内容：

（1）付款地。本票上未记载付款地的，出票人的营业场所为付款地。

（2）出票地。本票上未记载出票地的，出票人的营业场所为出票地。

【请注意】出票人如果记载了“不得转让”字样，则该银行本票不得转让。

（四）银行本票的提示付款期限

银行本票的提示付款期限自出票日起最长不得超过2个月。持票人超过付款期限提示付款的，代理付款人不予受理。

【请注意】银行本票的持票人未按规定期限提示见票的，则丧失对出票人以外的前手的追索权。

六、银行卡

（一）银行卡的概念和分类

1.银行卡的概念

银行卡是指经批准由商业银行（含邮政金融机构）向社会发行的具有消费信用、转账结算、存取现金等全部或部分功能的信用支付工具。

2.银行卡的分类

银行卡按照发行主体是否在境内，可分为境内卡和境外卡；按照是否给予持卡人授信额度，可分为信用卡和借记卡；按照发行对象的不同，可分为个人卡和单位卡；按照账户币种的不同，可分为人民币卡、外币卡和双币种卡；按照信息载体的不同，可分为磁条卡和芯片卡。

【提示】信用卡按是否向发卡银行交存备用金，可分为贷记卡和准贷记卡两类。贷记卡是指发卡银行给予持卡人一定的信用额度，持卡人可以在信用额度内先消费后还款的信用卡。它具有透支消费、期限内还款可免息、卡内存款不计付利息等特点。准贷记卡是指持卡人必须先按照发卡银行的要求交存一定金额的备用金，当备用金账户余额不足支付时，可以在发卡银行规定的信用额度内透支的信用卡。

（二）银行卡账户与交易

1.银行卡交易的基本规定

（1）单位人民币卡可办理商品交易和劳务供应款项的结算，但不得透支。单位卡不得支取现金。

（2）发卡银行应当遵守下列信用卡业务风险控制指标：

① 同一持卡人单笔透支发生额个人卡不得超过2万元（含等值外币），单位卡不得超过5万元（含等值外币）。

② 同一账户月透支余额个人不得超过5万元（含等值外币），单位卡不得超过发卡银行对该单位综合授信额度的3%。无综合授信额度可参照的单位，其月透支余额不得超过10万元（含等值外币）。

③ 外币卡的透支额度不得超过持卡人保证金（含储蓄存单质押金额）的80%。

（3）持卡人透支消费享受免息还款期和最低还款额待遇的条件和标准等，由发卡机构自主确定。

（4）发卡银行通过下列途径追偿透支款项和诈骗款项：

① 扣减持卡人保证金、依法处理抵押物和质物；

② 向保证人追索透支款项；

③ 通过司法机关的诉讼程序进行追偿。

【请注意】准贷记卡最长透支期限为60天。贷记卡的首月最低还款额不得低于其当月透支余额的10%。

【提示】恶意透支是指持卡人超过规定限额或规定期限，并且经发卡银行催收无效的透支行为。

2.银行卡的资金来源

单位卡在使用过程中，需要向其账户结存资金的，一律从其基本存款账户转账存入，不得交存现金，不得将销货收入的款项存入其账户。

个人卡在使用过程中，需要向其账户续存资金的，只限于其持有的现金存入和工资性款项以及属于个人的劳务报酬收入转账存入。严禁将单位的款项存入个人卡账户。

3.银行卡的计息和收费

（1）计息。

①发卡银行对准贷记卡及借记卡（不含储值卡）账户内的存款，按照中国人民银行规定的同期同档次存款利率及计息办法计付利息。

②发卡银行对贷记卡账户的存款、储值卡（含IC卡的电子钱包）内的币值不计付利息。

③贷记卡持卡人非现金交易享受如下优惠条件：第一，免息还款期待遇。免息还款期最长为60天。第二，最低还款额待遇。

④自2021年1月1日起，信用卡透支利率由发卡机构和持卡人自主协商确定，取消信用卡透支利率上限和下限管理。

（2）收费。收费是指商业银行为办理银行卡收单业务而向商户收取结算手续费。

（3）违约金和服务费用。对信用卡持卡人违约逾期未还款的行为，发卡机构应与持卡人通过协议约定是否收取违约金，以及相关收取方式和标准。发卡机构对向持卡人收取的违约金和年费、取现手续费、货币兑换费等服务费用不得计收利息。

（4）信用卡预借现金业务。信用卡预借现金业务包括现金提取、现金转账和现金充值。

（5）非本人授权交易的处理。持卡人提出伪卡交易和账户盗用等非本人授权交易时，发卡机构应及时引导持卡人留存证据，按照相关规则进行差错争议处理，并定期向持卡人反馈处理进度。

4.银行卡的申领、注销和挂失

（1）银行卡的申领。凡在中国境内金融机构开立基本存款账户的单位，都可凭中国人民银行核发的开户许可证申领单位卡。单位卡可申领若干张，持卡人资格由申领单位法定代表人或其委托的代理人书面指定或注销。凡具有完全民事行为能力的公民，都可凭本人有效身份证件及发卡银行规定的相关证明文件申领个人卡。

（2）银行卡的注销。持卡人在还清全部交易款项、透支本息和有关费用后，可申请办理销户。销户时，单位卡账户余额转入其基本存款账户，不得提取现金；个人卡账户可以转账结清，也可以提取现金。

针对信用卡，持卡人还清透支本息后，属于下列情况之一的，可以办理销户：

① 信用卡有效期满45天后，持卡人不更换新卡的；

② 信用卡挂失满45天后，没有附属卡又不更换新卡的；

③ 信用卡被列入止付名单，发卡银行已收回其信用卡45天的；

④ 持卡人死亡，发卡银行已收回其信用卡45天的；

⑤ 持卡人要求销户或担保人撤销担保，并已交回全部信用卡45天的；

⑥ 信用卡账户2年（含）以上未发生交易的；

⑦ 持卡人违反其他规定，发卡银行认为应该取消资格的。

发卡银行办理销户，应当收回信用卡。有效信用卡无法收回的，应当将其止付。

发卡机构调整信用卡利率标准的，应至少提前45天通知持卡人。持卡人有权在新利率标准生效之日前选择销户，并按照已签订的协议偿还相关款项。

（3）银行卡的挂失。持卡人丧失银行卡，应立即持本人身份证件或其他有效证明，并按规定提供有关情况，向发卡银行或代办银行申请挂失。

七、汇兑

（一）汇兑的概念和分类

汇兑是汇款人委托银行将其款项支付给收款人的结算方式。单位和个人的各种款项的结算，均可使用汇兑结算方式。

根据支付方式的不同，汇兑可分为信汇和电汇两种。信汇是指以邮寄方式将汇款凭证转给外地收款人指定的汇入行，电汇则是指以电报方式将汇款凭证转发给收款人指定的汇入行。汇款单样式如图2-9所示。

中国邮政汇款单 （汇业001）

邮编□□□□□□

用户填写	业务种类	普通汇款□ 电子汇款□ 加急汇款□ 特急汇款□	附加种类	入账□ 划拨□ 礼仪□ 支票□ 附言□ 自行通知□

收款人姓名______ 汇款金额

百	十	万	千	百	十	元	角	分

收款人地址______

开户局及账号______

汇款人地址______

汇款人姓名______

邮局填写	汇票号码	汇款金额	汇费	手续费	收汇日期

经办员： 复核员： 检查员：

图2-9 汇款单样式

（二）办理汇兑的程序

1. 签发汇兑凭证

签发汇兑凭证必须记载下列事项：

（1）表明“信汇”或“电汇”的字样；

（2）无条件支付的委托；

（3）确定的金额；

（4）收款人名称；

（5）汇款人名称；

（6）汇入地点、汇入行名称；

（7）汇出地点、汇出行名称；

（8）委托日期；

（9）汇款人签章。

【提示】委托日期是指汇款人向汇出银行提交汇兑凭证的当日。汇兑凭证上欠缺上列记载事项之一的，银行不予受理。汇兑凭证记载的汇款人名称、收款人名称，其在银行开立存款账户的，必须记载其账号。欠缺记载的，银行不予受理。

汇兑凭证上记载收款人为个人的，收款人需要到汇入银行领取汇款，汇款人应在汇兑凭证上注明“留行待取”字样；“留行待取”的汇款，需要指定单位的收款人领取汇款的，应注明收款人的单位名称；信汇凭收款人签章支取的，应在信汇凭证上预留其签章。

汇款人确定不得转汇的，应在汇兑凭证备注栏注明“不得转汇”字样。汇款人和收款人均为个人，需要在汇入银行支取现金的，应在信、电汇凭证的汇款金额大写栏，先填写“现金”字样，后填写汇款金额。

2. 银行受理

汇出银行受理汇款人签发的汇兑凭证，经审查无误后，应及时向汇入银行办理汇款，并向汇款人签发汇款回单。汇款回单只能作为汇出银行受理汇款的依据，不能作为该笔汇款已转入收款人账户的证明。

3. 汇入处理

（1）对于开立存款账户的收款人，汇入银行应将汇给其的款项直接转入其存款账户，并向其发出收账通知。

【提示】收账通知是指银行将款项确已收入收款人账户的凭据。

（2）未在银行开立存款账户的收款人，凭信、电汇的取款通知或“留行待取”的，向汇入银行支取款项，必须交验本人的身份证件，在信、电汇凭证上注明证件名称、号码及发证机关，并在“收款人签章”处签章；信汇凭签章支取的，收款人的签章必须与预留信汇凭证上的签章相符。银行审查无误后，以收款人的姓名开立应解汇款及临时存款账户，该账户只付不收，付完清户，不计付利息。

（3）支取现金的，信、电汇凭证上必须有按规定填明的“现金”字样，才能办理。未填明“现金”字样，需要支取现金的，由汇入银行按照国家现金管理规定审查支付。

（4）收款人需要委托他人向汇入银行支取款项的，应在取款通知上签章，注明本人身份证件名称、号码、发证机关和“代理”字样以及代理人姓名。代理人代理取款时，也应在取款通知上签章，注明其身份证件名称、号码及发证机关，同时交验代理人和被代理人的身份证件。

（5）转账支付的，应由原收款人向银行填制支款凭证，并由本人交验其身份证件办理支付款项。该账户的款项只能转入单位或个体工商户的存款账户，严禁转入储蓄和信用卡账户。转汇的，应由原收款人向银行填制信、电汇凭证，并由本人交验其身份证件。

(6) 转汇的收款人必须是原收款人。原汇入银行必须在信、电汇凭证上加盖“转汇”戳记。

(三) 汇兑的撤销和退汇

1. 汇兑的撤销

汇款人对汇出银行尚未汇出的款项可以申请撤销。申请撤销时，应出具正式函件或本人身份证件及原信、电汇回单。汇出银行查明确未汇出款项的，收回原信、电汇回单，方可办理撤销。

2. 汇兑的退汇

汇款人对汇出银行已经汇出的款项可以申请退汇。转汇银行不得受理汇款人或汇出银行对汇款的撤销或退汇。

(1) 对在汇入银行开立存款账户的收款人，由汇款人与收款人自行联系退汇。

(2) 对未在汇入银行开立存款账户的收款人，汇款人应出具正式函件或本人身份证件以及原信、电汇回单，由汇出银行通知汇入银行，经汇入银行核实汇款确未支付，并将款项退回汇出银行，方可办理退汇。

(3) 汇入银行对于收款人拒绝接受的汇款，应立即办理退汇。

(4) 汇入银行对于向收款人发出取款通知，经过 2 个月无法交付的汇款，应主动办理退汇。

【小知识】嘉庆年间，在平遥众多的商号中，有一家叫“西裕成”的颜料庄，这里产生了中国第一家集“汇兑”和“存放”于一体的票号——日昇（升）昌票号，首任掌柜是雷履泰。

八、委托收款

(一) 委托收款的概念

委托收款是指收款人委托银行向付款人收取款项的结算方式。委托收款结算款项的划回方式，分邮寄和电报两种，由收款人选用。单位和个人凭已承兑商业汇票、债券、存单等付款人债务证明办理款项的结算，均可以使用委托收款结算方式。委托收款在同城、异地均可以使用。

(二) 委托收款的记载事项

签发委托收款凭证必须记载下列事项：

(1) 表明“委托收款”的字样；

(2) 确定的金额；

(3) 付款人名称；

(4) 收款人名称；

(5) 委托收款凭据名称及附寄单证张数；

(6) 委托日期；

(7) 收款人签章。

（三）委托收款的结算规定

1.委托收款办理办法

收款人办理委托收款应向银行提交委托收款凭证和有关的债务证明。银行接到寄来的委托收款凭证及债务证明，经审查无误之后应向收款人办理付款。

（1）以银行为付款人的，银行应在当日将款项主动支付给收款人。

（2）以单位为付款人的，银行应及时通知付款人，按照有关办法规定，需要将有关债务证明交给付款人的应交给付款人，并签收。付款人应于接到通知的当日书面通知银行付款。如果付款人未在接到通知日的次日起3日内通知银行付款的，视同付款人同意付款，银行应于付款人接到通知日的次日起第4日上午开始营业时，将款项划给收款人。

【请注意】银行在办理划款时，付款人存款账户不能足额支付的，应通过被委托银行向收款人发出未付款项通知书。

2.委托收款的注意事项

（1）付款人审查有关债务证明后，对收款人委托收取的款项需要拒绝付款的，可以办理拒绝付款。

① 以银行为付款人的，应自收到委托收款及债务证明的次日起3日内出具拒绝证明，连同有关债务证明、凭证寄给被委托银行，转交收款人。

② 以单位为付款人的，应在付款人接到通知日的次日起3日内出具拒绝证明，持有债务证明的，应将其送交开户银行。银行将拒绝证明、债务证明和有关凭证一并寄给被委托银行，转交收款人。

（2）在同城范围内，收款人收取公用事业费或根据国务院的规定，可以使用同城特约委托收款。收取公用事业费，必须具有收付双方事先签订的经济合同，由付款人向开户银行授权，并经开户银行同意，报经中国人民银行当地分支行批准。

九、托收承付

（一）托收承付的概念

托收承付是指根据买卖合同由收款人发货后委托银行向异地付款人收取款项，由付款人向银行承认付款的结算方式。托收承付结算每笔的金额起点为1万元（新华书店系统每笔的金额起点为1 000元）。

（二）托收承付的结算规定

使用托收承付结算方式的收款单位和付款单位，必须是国有企业、供销合作社以及经营管理较好，并经开户银行审查同意的城乡集体所有制工业企业。

办理托收承付结算的款项，必须是商品交易以及因商品交易而产生的劳务供应的款项。代销、寄销、赊销商品的款项，不得办理托收承付结算。异地托收承付结算款项的划回方式，分邮寄和电报两种，由收款人选用。

签发托收承付凭证必须记载下列事项：

（1）表明“托收承付”的字样；

（2）确定的金额；

（3）付款人名称及账号；

（4）收款人名称及账号；

（5）付款人开户银行名称；

（6）收款人开户银行名称；

（7）托收附寄单证张数或册数；

（8）合同名称、号码；

（9）委托日期；

（10）收款人签章。

（三）托收承付结算的办理要求

（1）收付双方使用托收承付结算必须签有符合法律规定的买卖合同，并在合同上订明使用托收承付结算方式。收款人办理托收，必须具有商品确已发运的证件。

（2）付款人开户银行收到托收凭证及其附件后，应当及时通知付款人。验单付款的承付期为3天，从付款人开户银行发出承付通知的次日算起（承付期内遇法定休假日顺延）；验货付款的承付期为10天，从运输部门向付款人发出提货通知的次日算起。

付款人在承付期内，未向银行表示拒绝付款，银行即视作承付，并在承付期满的次日（遇法定休假日顺延）上午银行开始营业时，将款项主动从付款人的账户内付出，按照收款人指定的划款方式，划给收款人。

（3）付款人在承付期满日银行营业终了时，如无足够资金支付，其不足部分，即为逾期未付款项，按逾期付款处理。

（4）付款人在承付期内，对不符合规定条件的款项，可向银行提出全部或部分拒绝付款。

（5）收款人对被无理拒绝付款的托收款项，在收到退回的结算凭证及其所附单证后，可以委托银行重办托收。

（6）收付双方办理托收承付结算，必须重合同、守信用。收款人对同一付款人发货托收累计3次收不回货款的，收款人开户银行应暂停收款人向该付款人办理托收；付款人累计3次提出无理拒付的，付款人开户银行应暂停其向外办理托收。

十、国内信用证

（一）国内信用证的概念

国内信用证（简称信用证）是适用于国内贸易的一种支付结算方式，是指开证银行依照申请人（买方）的申请向受益人（卖方）开出的有一定金额、在一定期限内凭信用证规定的单据支付款项的书面承诺。

（二）国内信用证的结算方式

国内信用证只适用于国内企业之间商品交易产生的货款结算，并且只能用于转账结算，不得支取现金。

（三）办理国内信用证的基本程序

1.开证

开证行在决定受理开证业务时，应向申请人收取不低于开证金额20%的保证金，并可根据申请人资信情况要求其提供抵押、质押或由其他金融机构出具保函。

2. 通知

通知行收到信用证及信用证修改书，应认真审核。审核无误的，应填制信用证通知书或信用证修改通知书，连同信用证或信用证修改书交付受益人。

3. 议付

议付是指信用证指定的议付行在单证相符的条件下，扣除议付利息后向受益人给付对价的行为。议付行必须是开证行指定的受益人开户行。议付仅限于延期付款信用证。

4. 付款

受益人在交单期或信用证有效期内向开证行交单收款，应向开户银行填制委托收款凭证和信用证议付/委托收款申请书，并出具单据和信用证正本、信用证修改书正本。

开证行对议付行寄交的委托收款凭证、单据及寄单通知书或受益人开户行寄交的委托收款凭证、信用证正本单据及信用证议付/委托收款申请书等审核无误后，对即期付款信用证，从申请人账户收取款项支付给受益人；对延期付款信用证，应向议付行或受益人发出到期付款确认书，并于到期日从申请人账户收取款项支付给议付行或受益人。

申请人交存的保证金和其存款账户余额不足支付的，开证行仍应在规定的付款时间内进行付款。对不足支付的部分作逾期贷款处理。

十一、网上支付

网上支付是电子支付的一种形式，它是指电子交易的当事人，包括消费者、商户、银行或者支付机构，使用电子支付手段通过信息网络进行的货币支付或资金流转。网上支付的方式主要有网银支付和第三方支付两种。

（一）网银支付

1. 网银支付的概念

网银支付即网上银行支付，是指直接通过登录网上银行进行支付的方式。

2. 网上银行的分类

（1）按经营模式的不同，可分为单纯网上银行和分支型网上银行。单纯网上银行是指完全依赖于互联网的虚拟的电子银行，它没有实际的物理柜台，一般只有一个办公地址，也没有分支机构和营业网点，而是采用互联网等高科技服务手段与客户建立密切的联系，为客户提供全方位的金融服务。分支型网上银行是指现有的传统银行利用互联网开展传统的银行业务，即传统银行利用互联网作为新的服务手段为客户提供在线服务，这实际上是传统银行服务在互联网上的延伸。

（2）按主要服务对象的不同，可分为企业网上银行和个人网上银行。企业网上银行主要服务于企事业单位，其功能包括：①查询账户信息；②发出支付指令；③B2B在线支付；④批量支付。个人网上银行主要服务于个人，其功能包括：①查询账户信息；②人民币转账业务；③银证转账业务；④外汇买卖业务；⑤账户管理业务；⑥B2C在线支付。

【提示】B2B是指企业与企业之间进行的电子商务活动。B2C是指企业与消费者之间进行的在线式零售商业活动（包括网上购物和网上拍卖等）。

3. 网银支付的流程及交易时的身份认证

（1）网银支付的流程如下：

① 客户使用浏览器通过互联网接到网银中心，发出网上交易请求。

② 网银中心接受并审核客户的交易请求，然后将交易请求转发给相应成员行的业务主机。

③ 成员行业务主机完成交易处理，并将处理结果返回网银中心。

④ 网银中心对交易结果进行再处理后，返回相应信息给客户。

（2）交易时的身份认证包括：

① 密码；

② 文件数字证书；

③ 动态口令卡；

④ 动态手机口令；

⑤ 移动口令牌；

⑥ 移动数字证书。

（二）第三方支付

1. 第三方支付的概念

第三方支付是指经过中国人民银行批准从事第三方支付业务的非银行支付机构，借助通信、计算机和信息安全技术，采用与各大银行签约的方式，在用户与银行支付结算系统间建立连接的电子支付模式（其中，通过手机端进行的支付，称为移动支付）。第三方支付是一种新型的支付手段，是互联网技术与传统金融支付方式的有机结合。

【提示】非金融机构提供支付服务，应当取得《支付业务许可证》，成为支付机构。未经中国人民银行批准，任何非金融机构和个人不得从事或变相从事支付业务。

2. 第三方支付的种类

（1）线上支付。线上支付是指通过互联网实现的用户和商户之间、商户和商户之间的在线货币支付、资金清算等行为。

（2）线下支付。线下支付是指通过非线上支付方式进行的支付行为，包括POS机刷卡支付、拉卡拉等自助终端支付、电话支付、手机近端支付等方式。

3. 第三方支付的流程及交易时的身份验证

（1）第三方支付的流程。

① 开户。支付机构为客户开立支付账户的，应当对客户实行实名制管理，登记并采取有效措施验证客户身份基本信息，按规定核对有效身份证件并留存有效身份证件复印件或者影印件，建立客户唯一识别编码，并在与客户业务关系存续期间采取持续的身份识别措施，确保有效核实客户身份及其真实意愿，不得开立匿名、假名支付账户。支付账户不得透支，不得出借、出租、出售，不得利用支付账户从事或者协助他人从事非法活动。

② 账户充值。客户开户后，需要将银行卡和支付账户绑定。付款前，将银行卡中的资金转入支付账户。

③ 付款。付款时，客户应通过支付平台将自己支付账户中的虚拟资金划转到支付

平台暂存，待客户收到商品并确认后，支付平台会将款项划转到商家的支付账户中，支付行为完成。

（2）交易时的身份验证。支付机构可以组合选用下列三类要素，在客户使用支付账户付款时进行身份验证：

① 仅客户本人知悉的要素；

② 仅客户本人持有并特有的，不可复制或者不可重复利用的要素；

③ 客户本人生理特征要素。

支付机构应当确保采用的要素相互独立，部分要素的损坏或者泄露不应导致其他要素损坏或者泄露。

4.第三方支付机构及支付账户管理规定

（1）支付机构应根据客户身份对同一客户在本机构开立的所有支付账户进行关联管理，并按照下列要求对个人支付账户进行分类管理：

① Ⅰ类支付账户，账户余额仅可用于消费和转账，余额付款交易自账户开立起累计不超过1 000元（包括支付账户向客户本人同名银行账户转账）。

② Ⅱ类支付账户，账户余额仅可用于消费和转账，其所有支付账户的余额付款交易年累计不超过10万元（不包括支付账户向客户本人同名银行账户转账）。

③ Ⅲ类支付账户，账户余额可以用于消费、转账以及购买投资理财等金融类产品，其所有支付账户的余额付款交易年累计不超过20万元（不包括支付账户向客户本人同名银行账户转账）。

（2）支付机构办理银行账户与支付账户之间转账业务的，相关银行账户与支付账户应属于同一客户。

（3）因交易取消（撤销）、退货、交易不成功或者投资理财等金融类产品赎回等原因需划回资金的，相应款项应当划回原扣款账户。

（4）支付机构应根据交易验证方式的安全级别，按照下列要求对个人客户使用支付账户余额付款的交易进行限额管理：

① 支付机构采用包括数字证书或电子签名在内的两类（含）以上有效要素进行验证的交易，单日累计限额由支付机构与客户通过协议自主约定。

② 支付机构采用不包括数字证书、电子签名在内的两类（含）以上有效要素进行验证的交易，单个客户所有支付账户单日累计金额应不超过5 000元（不包括支付账户向客户本人同名银行账户转账）。

③ 支付机构采用不足两类有效要素进行验证的交易，单个客户所有支付账户单日累计金额应不超过1 000元（不包括支付账户向客户本人同名银行账户转账），且支付机构应当承诺无条件全额承担此类交易的风险损失赔付责任。

【阅读篇目】

[1] 全国人民代表大会常务委员会发布的《中华人民共和国票据法》

[2] 中国人民银行发布的《票据管理实施办法》

[3] 中国人民银行发布的《支付结算办法》

[4] 国务院发布的《现金管理暂行条例》

[5] 中国人民银行发布的《人民币银行结算账户管理办法》
[6] 中国人民银行发布的《银行卡业务管理办法》

职业能力判断与选择

一、单项选择题（每题只有一个正确答案，请将正确答案填在括号内）

1.下列各项中，不可以使用现金结算的是（　　）。

A.职工工资、津贴

B.购买国家专控商品

C.个人劳务报酬

D.向个人收购农副产品和其他物资的价款

2.下列办理支付结算和资金清算的主体中，属于中介机构性质的是（　　）。

A.银行　　B.国家　　C.企业　　D.个人

3.根据《支付结算办法》的规定，下列各项不会导致票据无效的是（　　）。

A.原记载人更改票据金额，并在更改处签章证明

B.原记载人更改出票日期，并在更改处签章证明

C.原记载人更改票据用途，并在更改处签章证明

D.原记载人更改收款人名称，并在更改处签章证明

4.根据《支付结算办法》的规定，签发票据时，可以更改的项目是（　　）。

A.出票日期　　B.收款人名称　　C.票据金额　　D.票据用途

5.存款人日常经营活动的资金收付及其现金的支取，应通过（　　）办理。

A.基本存款账户　　B.一般存款账户

C.专用存款账户　　D.临时存款账户

6.宏大有限责任公司在中国工商银行A市支行开设基本存款账户，现因经营需要向中国建设银行B分行申请贷款100万元，经审查同意贷款，其应在B分行开设（　　）。

A.基本存款账户　　B.一般存款账户

C.专用存款账户　　D.临时存款账户

7.符合开立一般存款账户、其他专用存款账户和个人银行结算账户条件的，银行予以办理开户手续，并于开户之日起（　　）个工作日内向中国人民银行当地分支行备案。

A.3　　B.5　　C.7　　D.10

8.中国人民银行应于（　　）个工作日内对银行报送的基本存款账户、临时存款账户和预算单位专用存款账户的开户资料的合规性予以审核，符合开户条件的，予以核准。

A.2　　B.3　　C.5　　D.7

9.下列各项中，不符合《中华人民共和国票据法》规定的是（　　）。

A.商业承兑汇票属于商业汇票

B.商业承兑汇票的出票人可以是收款人，也可以是付款人
C.银行承兑汇票属于商业汇票
D.银行承兑汇票属于银行汇票
10.下列各项中，属于背书中不得记载的事项的是（　　）。
A.背书日期　　B.禁止背书的记载
C.部分背书　　D.被背书人的名称

二、多项选择题（每题有两个或两个以上正确答案，请将正确答案填在括号内）

1.下列各项中，单位开户银行可以使用现金的有（　　）。
A.发给公司职工甲某的800元奖金
B.支付给公司临时工王某的2 000元劳务报酬
C.向农民收购农产品的1万元收购款
D.出差人员出差必须随身携带的2 000元差旅费
2.根据《现金管理暂行条例》的规定，下列支出可以使用现金的有（　　）。
A.支付差旅费2 000元　　B.从供销社收购农副产品价值10 000元
C.购买办公用品500元　　D.支付材料款1 500元
3.我国《中华人民共和国票据法》规定的票据包括（　　）。
A.银行汇票　　B.股票　　C.商业汇票　　D.支票
4.下列各项中，属于办理支付结算主体的有（　　）。
A.城市信用合作社　　B.农村信用合作社
C.单位　　D.个体工商户
5.根据《人民币银行结算账户管理办法》的规定，存款人开立（　　）实行核准制度，经中国人民银行核准后由开户银行核发开户许可证。
A.基本存款账户　　B.一般存款账户
C.临时存款账户　　D.个人银行结算账户
6.下列各项关于存款人申请开立银行结算账户名称的表述中，正确的有（　　）。
A.单位开立银行结算账户的名称应与其提供的申请开户的证明文件的名称全称相一致
B.有字号的个体工商户开立银行结算账户的名称应与其营业执照的字号相一致
C.无字号的个体工商户开立银行结算账户的名称，由“个体户”字样和营业执照记载的经营者姓名组成
D.自然人开立银行结算账户的名称应与其提供的有效身份证件中的名称全称相一致
7.根据《人民币银行结算账户管理办法》的规定，存款人申请开立基本存款账户，应向银行出具的证明文件包括（　　）。
A.机关和实行预算管理的事业单位，应出具政府人事部门或编制委员会的批文或登记证书
B.民办非企业组织，应出具民办非企业登记证书
C.外国驻华机构，应出具国家登记机关颁发的登记证

D.独立核算的附属机构，应出具其主管部门的基本存款账户开户登记证和批文

8.甲签发一张汇票给乙，汇票上记载了收款人乙、保证人丙等事项。乙在法定时间内向甲提示承兑后将该汇票背书转让给丁。丁又将该汇票背书转让给张三。张三在法定期限内向付款人请求付款，未获付款。根据《中华人民共和国票据法》的规定，下列各项中，应承担该汇票责任的有（　　）。

A.甲　　B.乙　　C.丙　　D.丁

9.下列各项关于银行汇票的表述中，正确的有（　　）。

A.填明“现金”字样的银行汇票可以提取现金

B.填明“现金”字样的银行汇票可以挂失止付

C.商业承兑汇票可以背书转让

D.银行承兑汇票不可以背书转让

10.下列各项中，国有企业之间不能采用托收承付结算方式的有（　　）。

A.商品寄销　　B.由商品交易产生的劳务供应

C.商品赊销　　D.商品代销

三、判断题（正确的在括号内打“√”，错误的打“×”）

（　　）1.开户单位因特殊情况可坐支现金，但应事先报经开户银行审查批准，由开户银行核定坐支范围和限额。

（　　）2.根据《支付结算办法》的规定，未经中国人民银行批准的非银行金融机构和其他单位不得作为中介机构经营支付结算业务。

（　　）3.根据规定，银行可以为任何单位或者个人查询账户情况，但不得代任何单位或者个人冻结、扣划款项，不得停止单位、个人存款的正常支付。

（　　）4.票据出票日期使用小写填写的，银行可以受理，但由此造成损失的，由出票人承担。

（　　）5.中文大写金额数字应用正楷或草书填写，不得自造简化字。

（　　）6.对票据金额、出票日期、收款人名称进行更改的票据，为无效票据。

（　　）7.行使票据追索权的当事人除票据上记载的收款人和最后被背书人之外，还可能是代为清偿票据债务的保证人、背书人。

（　　）8.根据《中华人民共和国票据法》的规定，付款人承兑汇票不得附有条件，承兑附有条件的，所附条件不具备票据上的效力。

（　　）9.票据的相对记载事项未在银行汇票上记载，并不影响汇票本身的效力，汇票仍然有效。

（　　）10.因税收、继承、赠与依法无偿取得票据的，不受给付对价的限制，但是所享有的票据权利不得优于其前手的权利。

答案与解析

一、单项选择题

1.B。现金结算的范围包括：职工工资、津贴；个人劳务报酬；根据国家规定颁发给个人的科学技术、文化艺术、体育等各种奖金；各种劳保、福利费用以及国家规定的对个人的其他支出；向个人收购农副产品和其他物资的价款；出差人员必须随身携带的差旅费；结算起点以下的零星支出；中国人民银行确定需要支付现金的其他支出。

2.A。《支付结算办法》第六条规定："银行是支付结算和资金清算的中介机构。"

3.C。原记载人更改票据用途，并在更改处签章证明，票据有效。

4.D。原记载人更改票据用途，并在更改处签章证明，票据有效。

5.A。基本存款账户主要用于办理存款人日常经营活动的资金收付及工资、奖金和现金的支取。

6.B。一般存款账户是指存款人因借款或其他结算需要，在基本存款账户开户银行以外的银行营业机构开立的银行结算账户。

7.B。符合开立一般存款账户、其他专用存款账户和个人银行结算账户条件的，银行予以办理开户手续，并于开户之日起5个工作日内向中国人民银行当地分支行备案。

8.A。中国人民银行应于2个工作日内对银行报送的基本存款账户、临时存款账户和预算单位专用存款账户的开户资料的合规性予以审核，符合开户条件的，予以核准。

9.D。汇票分为银行汇票和商业汇票。商业汇票又分为商业承兑汇票和银行承兑汇票。

10.C。背书不得记载的事项包括附有条件的背书和部分背书。

二、多项选择题

1.ACD。现金结算的范围包括：职工工资、津贴；个人劳务报酬；根据国家规定颁发给个人的科学技术、文化艺术、体育等各种奖金；各种劳保、福利费用以及国家规定的对个人的其他支出；向个人收购农副产品和其他物资的价款；出差人员必须随身携带的差旅费；结算起点以下的零星支出；中国人民银行确定需要支付现金的其他支出。

2.AC。《现金管理暂行条例》规定，出差人员必须随身携带的差旅费属于现金结算的范围，所以支付差旅费2 000元可以用现金支付。购买办公用品的500元在结算起点以下，所以也可以使用现金支付。

3.ACD。《中华人民共和国票据法》规定的票据包括汇票、本票和支票。

4.ABCD。办理支付结算的主体有银行、城市信用合作社、农村信用合作社以及单位和个人（含个体工商户）。

5.AC。符合开立基本存款账户、临时存款账户和预算单位专用存款账户条件的，银行应将存款人的开户申请书、相关的证明文件和银行审核意见等开户资料报送中国人民银行当地分支行，经其核准后办理开户手续。

6.ABCD。《人民币银行结算账户管理办法》第二十四条规定，单位开立银行结算账户的名称应与其提供的申请开户的证明文件的名称全称相一致。有字号的个体工商户开立银行结算账户的名称应与其营业执照的字号相一致；无字号的个体工商户开立银行结算账户的名称，由“个体户”字样和营业执照记载的经营者姓名组成。自然人开立银行结算账户的名称应与其提供的有效身份证件中的名称全称相一致。

7.BD。A项不正确，机关和实行预算管理的事业单位，应出具政府人事部门或编制委员会的批文或登记证书和财政部门同意其开户的证明；C项不正确，外国驻华机构，应出具国家有关主管部门的批文或证明。

8.ABCD。票据债务人是依据票据行为而应承担或担保票据权利的人，根据《中华人民共和国票据法》的规定，收款人、付款人、保证人、背书人均应承担汇票债务责任。

9.ABC。D项不正确，银行承兑汇票可以背书转让。

10.ACD。办理托收承付结算的款项，必须是商品交易，以及因商品交易而产生的劳务供应的款项。代销、寄销、赊销商品的款项，不得办理托收承付结算。

三、判断题

1.√。开户单位支付现金，可以从本单位库存现金限额中支付或者从开户银行提取，不得从本单位的现金收入中直接支付（即坐支）。因特殊情况需要坐支现金的，应当事先报经开户银行审查批准，由开户银行核定坐支范围和限额。坐支单位必须在现金账上如实反映坐支金额，并按月向开户银行报送坐支金额和使用情况。

2.√。支付结算必须通过经中国人民银行批准的金融机构进行。

3.×。银行依法为单位、个人在银行开立的存款账户中的存款保密，维护其资金的自主支配权。除国家法律、行政法规另有规定外，银行不得为任何单位或者个人查询账户情况，不得代任何单位或者个人冻结、扣划款项，不得停止单位、个人存款的正常支付。

4.×。票据出票日期使用小写填写的，银行不予受理。大写日期未按要求规范填写的，银行可予受理，但由此造成损失的，由出票人自行承担。

5.×。中文大写金额数字应用正楷或行书填写，如壹、贰、叁、肆、伍、陆、柒、捌、玖、拾、佰、仟、万、亿、元、角、分、零、整（正）等字样。不得用一、二（两）、三、四、五、六、七、八、九、十、念、毛、另（或0）填写，不得自造简化字。如果金额数字书写中使用繁体字，也应受理。

6.√。票据金额、出票日期、收款人名称不得更改，否则票据无效。

7.√。票据当事人行使付款请求权遭到拒绝或有其他法定原因存在时，向其前手请求偿还票据金额及其他法定费用的权利，是第二顺序权利，又称偿还请求权利。行使票据追索权的当事人除了票据记载的收款人和最后的被背书人外，还可能是代为清偿票据债务的保证人、背书人。

8.×。根据《中华人民共和国票据法》的规定，付款人承兑汇票不得附有条件；承兑附有条件的，视为拒绝承兑。

9.√。票据的相对记载事项未在银行汇票上记载，并不影响汇票本身的效力，汇票仍然有效。

10.√。因税收、继承、赠与依法无偿取得票据的，不受给付对价的限制，但是所享有的票据权利不得优于其前手的权利。

模块三

企业履行社会责任的义务

——反哺社会的一种直接贡献

学习目标

1. 了解税收的概念、特征与分类；
2. 理解税法的概念及其构成要素；
3. 掌握增值税、消费税、企业所得税和个人所得税的相关原理及应纳税额的计算；
4. 掌握营业税改征增值税的具体政策；
5. 熟悉税收征管的具体规定，包括税务登记管理、发票开具与管理、纳税申报及方式、税款征收方式等规定；
6. 了解税务检查及应承担的法律责任。

知识点

1. 税收的概念与分类；
2. 税法的概念及其构成要素；
3. 主要税种的概念、征税范围、纳税人、扣缴义务人、税率、应纳税额和征收管理；
4. 税务登记的概念、范围与管理；
5. 发票开具与管理；
6. 纳税申报的概念、对象、内容与方式；
7. 税款征收的概念、方式与相关规定。

技能点

1. 能编制各主要税种构成要素一览表；
2. 能对各主要税种的应纳税额进行计算；
3. 能办理税务登记和纳税申报工作；
4. 能办理发票领购和开具工作。

案例引入

2018年5月18日，甲市税务机关稽查局接到举报信，举报乙市美达服装厂自2014年6月1日起在甲市设立临时销售点，销售该厂生产的产品，取得大额销售收入，且未申报纳税。接到举报后，甲市税务机关稽查局决定立案调查。2018年5月27日，3名稽查局稽查人员和2名法院工作人员组成检查组，对该销售点进行税务稽查。经检查发现，该销售点自设立以来未在甲市办理任何有关税务登记的手续，自2014年8月起，该销售点由李某承包经营，承包人李某也未向税务机关报告有关承包经营的情况。检查期间，由于该销售点拒绝提供有关资料，因此检查组采用核定应纳税额的方法确定该销售点的应纳税额为86 000元。同时，检查组认为该纳税人有逃避纳税义务的嫌疑，决定查封该销售点承包人李某在甲市购买的普通住房。由于李某在甲市无其他住所，检查组允许李某暂时居住在被查封的住房里。

【思考】

(1) 该销售点存在哪些违反税法的行为?

(2) 税务机关对销售点采取核定应纳税额的方式来确定其应纳税额是否正确?

(3) 税务机关的税收保全措施是否恰当?

任务一 理清税收税法，确定税法构成要素

一、税收概述

(一) 税收的概念及作用

1. 税收的概念

税收是指国家凭借政治权力，按照国家法律规定，强制地、无偿地参与国民收入的分配，以取得财政收入的一种特定分配形式。税收是一定社会制度下的一种特定分配关系，这种分配关系的主体是国家，客体是劳动人民创造的国民收入和积累的社会财富。马克思指出："赋税是政府机器的经济基础，而不是其他任何东西。"恩格斯在《家庭、私有制和国家的起源》一书中也指出："为了维持这种公共权力，就需要公民缴纳费用——捐税。"

2. 税收的作用

现代市场经济条件下的税收具有以下四个方面的作用：

(1) 税收是国家取得财政收入的主要形式和工具。从历史上看，税收是为了满足国家经费开支的需要而产生的。在市场经济条件下，税收是国家财政收入最主要的来源，一些国家的税收占财政收入的比例甚至超过了90%。具体来说：第一，税收具有强制性、无偿性、固定性，因此能够保证国家财政收入的稳定性；第二，税收按年、按季、按月征收，均匀入库，有利于合理分配财力，能够满足日常财政支出的需要；第三，税收的来源十分广泛，多税种、多科目、多层次的课税制度，能够从多个方面筹集财政收入。

(2) 税收是国家调控经济运行的重要手段。经济决定税收，税收反作用于经济。税收作为经济杠杆，通过增税与减免税等手段来影响社会成员的经济利益，进而引导个人、企业的经济行为，达到对宏观经济运行进行调控的目的。国家可以根据经济形势的发展情况作出增税或减免税的选择：开征新税、扩大征税范围、提高税率、减少税收优惠等措施都能起到增税的效果；停征税种、降低税率和实行税收优惠等措施都可以起到减免税的效果。就具体税种而言，企业所得税、消费税等税种对宏观经济运行调控的效果最为显著。自20世纪30年代世界经济大萧条以来，税收一直都是各国

重要的宏观调控工具。在我国，税收已经成为社会主义市场经济宏观调控的重要杠杆。

（3）税收具有维护国家政权的作用。国家政权是税收产生和存在的必要条件，没有税收，国家机器也不可能有效运转。同时，税收分配不是按照等价原则和所有权原则进行的，而是凭借政治权力进行的，体现了国家支持什么、限制什么，有利于达到维护和巩固国家政权的目的。

（4）税收具有维护国家利益的作用。在国际经济交往中，任何国家对在本国境内从事生产、经营的外国企业或个人都拥有税收管辖权，这是国家权益的具体体现。我国自改革开放以来，在平等互利的基础上，不断扩大和发展与世界各国和地区的经济交流与合作，在建立和完善涉外税法的同时，还同多数国家签订了避免双重征税的协定。这些规定既维护了国家的权益，又为鼓励外商投资、保护外国企业或个人在中国的合法经营、发展国家间平等互利的经济技术合作提供了可靠的法律保障。

（二）税收的特征

和其他财政收入形式相比，税收具有强制性、无偿性和固定性三个特征。

1.税收在征收上具有强制性

税收的强制性是指税收是国家凭借政治权力，通过法律形式对社会产品进行的强制性分配，不以纳税人的意志为征税的要件。纳税人必须依法纳税，否则国家会通过法律的强制力迫使纳税人履行纳税义务，并追究纳税人相应的法律责任。

2.税收在缴纳性质上具有无偿性

税收的无偿性是指国家征税以后，税款一律纳入国家财政预算，由财政统一分配，而不直接向具体纳税人返还或支付报酬。税收的无偿性是对个体纳税人而言的，虽然其享有的公共利益与其缴纳的税款并不是对等的，但就纳税人整体而言则是对等的。政府使用税款的目的是向社会全体成员提供公共产品和公共服务，因此税收的无偿性与国家凭借政治权力进行收入分配的本质相关联，表现为个体的无偿性、整体的有偿性。

3.税收在征税对象和征税标准上具有固定性

税收的固定性来源于税收法定原则，国家以法律的形式明确规定了税收的纳税主体、征收对象和税率等基本要素，即通过税法把对什么征税、对谁征税和征多少税预先固定下来，不仅纳税人必须严格依法按时足额申报纳税，国家也只能依法定程序和标准征税。未经严格的立法程序，任何单位和个人不得随意变更和修改征税标准。

【提示】税收的“三性”是指强制性、无偿性和固定性，其中无偿性是“三性”的核心。税收的“三性”是一个统一的整体，它们相互联系，缺一不可。无偿性是税收这种特殊分配手段本质的体现，强制性是实现税收无偿性的保证，固定性是无偿性和强制性的必然要求。三者相互配合，能够保证政府取得稳定的财政收入。

（三）税收的分类

税收的分类是指按照一定的标准对不同税种进行的分类。在我国，税收的分类方式主要有以下三种：

1.按照征税对象分类

按照征税对象的不同，税收可以分为流转税类、所得税类、财产和行为税类、资源税类和特定目的税类。

（1）流转税类。流转税类是指以货物、劳务或服务的流转额为课税对象的一类税收。流转税类主要以流转额为计税依据，在生产、流通或者服务业中发挥调节作用，收入对价格的变化较为敏感。流转额主要是指商品交易、劳务收入或服务性收入的金额或数量。流转税是商品生产和商品交换的产物，各种流转税是政府财政收入的重要来源。

【提示】我国现行税制中属于流转税类的税种主要包括增值税、消费税、关税。其中，增值税是我国现行税制体系中的主体税种。

（2）所得税类。所得税类是指以纳税人的各种所得额为课税对象的一类税收。这类税收属于直接税，税负不能转嫁，体现了税收量能负担原则，即所得多的多征，所得少的少征，无所得的不征。它便于调节国家与纳税人之间的利益分配关系，使国家、企业、个人三者之间的利益分配关系能够较好地结合起来。

所得税类的征收对象不是一般收入，而是总收入减去各种成本、费用以及其他允许扣除项目以后的应纳税所得额。

【提示】税收量能负担原则是指根据负担能力的大小来确定税收负担水平的原则。负担能力的大小有很多测量指标，主要测量指标有所得和财产。凡所得多的，说明负担能力强，应规定较重的税收负担；凡所得少的，说明负担能力弱，应规定较轻的税收负担或者不纳税。我国现行税制中属于所得税类的税种主要包括企业所得税和个人所得税。

（3）财产和行为税类。财产和行为税类是指以纳税人拥有的财产或纳税人的某些特定行为为征税对象的一类税收，它主要是对某些财产和行为发挥调节作用。

【提示】我国现行税制中属于财产和行为税类的税种主要包括房产税、契税、印花税、车船税。

（4）资源税类。资源税类是指以自然资源和某些社会资源为征税对象的一类税收。它主要是对因开发和利用的自然资源存在差异而形成的级差收入发挥调节作用。其税负的高低与资源的级差收入关系密切，征税范围的选择也比较灵活。

【提示】我国现行税制中属于资源税类的税种主要包括资源税、土地增值税和城镇土地使用税。

（5）特定目的税类。特定目的税类是指国家为了实现特定目的，以纳税人的某些特定行为为征税对象的一类税收，它主要是对特定对象和特定行为发挥调节作用。

【提示】我国现行税制中属于特定目的税类的税种主要包括城市维护建设税、车辆购置税、耕地占用税、船舶吨税和烟叶税。

2.按照征收管理的分工体系分类

按照征收管理分工体系的不同，税收可以分为工商税类和关税类。

（1）工商税类。工商税类税收由税务机关负责征收管理，主要包括增值税、消费税、资源税、企业所得税、个人所得税、城市维护建设税、房产税、车船税、土地增值税、城镇土地使用税、印花税、车辆购置税等。

（2）关税类。关税类税收由海关负责征收管理，主要包括关税、船舶吨税，以及由海关代征的进口环节的增值税和消费税。

3. 按照计税标准分类

按照计税标准的不同，税收可以分为从价税、从量税和复合税。

（1）从价税。从价税是指以征税对象的价格为计税依据征收的一种税，一般采用比例税率和累进税率，应纳税额随商品价格的变化而变化，税收负担比较合理。例如，增值税、企业所得税、个人所得税等都实行从价税。

（2）从量税。从量税是指以征税对象的实物数量为计税依据征收的一种税，一般采用定额税率，应纳税额不受征税对象价格变化的影响。例如，车船税、对啤酒和黄酒征收的消费税等都实行从量税等。

（3）复合税。复合税是指对征税对象采用从价和从量相结合的复合计税方法征收的一种税。例如，对卷烟、白酒征收的消费税就实行复合税。

二、税法概述

（一）税法的概念

税法是国家制定的用以调整国家与纳税人之间在征纳税方面的权利及义务关系的法律规范的总称。税法是国家法律的重要组成部分，是国家及纳税人依法征税、依法纳税的行为准则，其目的是保障国家利益和纳税人的合法权益，维护正常的税收秩序，保证国家的财政收入。

【请注意】税法与税收存在着密切的关系，即税法是税收的法律表现形式，税收是税法确定的具体内容，两者密不可分。税收活动必须严格依照税法的规定进行，税法是税收的法律依据和保障。

（二）税法的分类

税法可以按照不同的标准进行分类，主要包括：

1. 按照税法的职能作用分类

按照职能作用的不同，税法可以分为税收实体法和税收程序法。

（1）税收实体法。税收实体法是指规定税收法律关系主体的实体权利、义务的法律规范的总称，其主要内容是确定税种立法，具体规定各税种的征收对象、征收范围、税目、税率和纳税地点等。《中华人民共和国企业所得税法》（以下简称《企业所得税法》）、《中华人民共和国个人所得税法》（以下简称《个人所得税法》）等都属于税收实体法。

（2）税收程序法。税收程序法是指规定税务机关和税务行政相对人在行政程序中的权利、义务的法律规范的总称，它是税收管理方面的法律，具体规定税收确定程序、税收征收程序、税收检查程序和税务争议的解决程序等。《中华人民共和国税收征收管理法》（以下简称《税收征收管理法》）、《中华人民共和国海关法》和《中华人民共和国进出口关税条例》等均属于税收程序法。

【提示】在税收征管关系中，税务机关是行政主体，纳税人是税务行政相对人。

2. 按照主权国家行使税收管辖权分类

按照主权国家行使税收管辖权的不同，税法可以分为国内税法、国际税法、外国税法。

（1）国内税法。国内税法是指一国在其税收管辖权范围内，调整国家与纳税人之间权利义务关系的法律规范的总称，即按照属人或属地原则规定的一个国家的内部税收制度。

（2）国际税法。国际税法是指国家间形成的税收制度，主要包括双边或多边国家间的税收协定、条约和国际惯例等。

（3）外国税法。外国税法是指外国各个国家制定的税收制度。

3. 按照税收法律级次分类

按照税收法律级次的不同，税法可以分为税收法律、税收行政法规、税收规章和税收规范性文件。

（1）税收法律（狭义的税法）。税收法律是指由全国人民代表大会及其常务委员会制定的法律和有关规范性文件，如《企业所得税法》《个人所得税法》《税收征收管理法》等。

（2）税收行政法规。税收行政法规是指由国务院制定的行政法规和规范性文件，主要形式有“条例”“暂行条例”，如《中华人民共和国增值税暂行条例》（以下简称《增值税暂行条例》）、《中华人民共和国个人所得税法实施条例》等。

（3）税收规章和税收规范性文件。税收规章和税收规范性文件是指由国务院财税主管部门（主要是财政部、国家税务总局、海关总署和国务院关税税则委员会）根据法律和行政法规的规定，在本部门权限范围内发布的有关税收事项的规章和规范性文件，包括命令、通知、公告、通告、批复、意见、函等文件形式。例如，《中华人民共和国增值税暂行条例实施细则》（以下简称《增值税暂行条例实施细则》，2008年12月15日以财政部、国家税务总局令第50号公布，2011年10月28日根据财政部、国家税务总局令第65号修订）为税收规章；《增值税专用发票使用规定》（2006年10月17日国税发〔2006〕156号）为税收规范性文件。

（三）税法的构成要素

税法的构成要素是指各种单行税法应当具有的基本要素的总称。税法的构成要素一般包括总则、纳税义务人、征税对象、税目、税率、计税依据、纳税环节、纳税期限、纳税地点、减税免税、罚则、附则等。

其中，纳税义务人、征税对象和税率是构成税法的三个最基本的要素。

【提示】税收单行法是指就某一类纳税人、某一类征税对象或某一类税收问题单独设立的税收法律、法规或规章。税收单行法受税收通则法的约束和指导。税收单行法是相对于税收通则法而言的，即税收通则法以外的税法都属于税收单行法。

1. 总则

总则主要包括立法依据、立法目的、适用原则等。

2. 纳税义务人

纳税义务人也称纳税人，是指税法规定的直接负有纳税义务的单位和个人。纳税义务人可以是自然人，也可以是法人。例如，个人所得税的纳税人是指在中国境内有住所，或者无住所而一个纳税年度内在中国境内居住累计满183天的个人，以及在中国境内无住所又不居住，或者无住所而一个纳税年度内在中国境内居住累计不满183天的个人；房产税的纳税人是指在征税范围内的房屋产权所有人。

【请注意】对于同一种税，其纳税人可以是企业、单位，也可以是个人。以增值税为例，企业或单位销售产品，纳税人是企业或单位；个人销售产品，纳税人就是个人。

3. 征税对象

征税对象又称课税对象，是指税法规定对什么征税，它是征纳税双方权利与义务共同指向的客体或标的物。征税对象包括物或行为，它是区别不同税种的主要标志。例如，房产税的征税对象为房屋。

【提示】征税对象按其性质的不同，可以分为流转额、所得额、财产、资源、特定行为五大类。

4. 税目

税目是指税法中规定的应当征税的具体物品、行业或项目，它反映了具体的征税范围，体现了征税的广度。设置税目的目的，首先是明确具体的征税范围，规定征税的广度。凡列入税目的即为应税项目，没有列入税目的则不属于应税项目。其次，划分税目也是贯彻国家税收调节政策的需要，国家可以不同项目的利润水平及国家经济政策等为依据制定高低不同的税率，以体现不同的税收政策。例如，我国现行消费税共设置了15个税目。

【请注意】不是所有的税种都规定税目，有些税种的征税对象简单、明确，不需要另行规定税目，如房产税。

5. 税率

税率是指对征税对象的征收比例或征收额度。税率是税法的核心要素，是计算税额的尺度，体现了税收负担的深度，是税制建设的中心环节。在征税对象和计税依据既定的条件下，税率的高低直接关系到国家财政收入的多少和纳税人负担的轻重，是国家经济政策和税收政策的体现。我国现行的税率主要有三种：定额税率、比例税率和累进税率。

（1）定额税率。定额税率是指根据征税对象确定的计量单位，直接规定一个固定的税额。它适用于从量征收的税种，如车船税等。

【提示】根据征税对象确定的计量单位可以是重量、数量、面积、体积等自然单位，也可以是专门规定的复合单位。

（2）比例税率。比例税率是指对同一征税对象，不分数额大小，都规定相同的征收比例。比例税率又可分为单一比例税率、差别比例税率和幅度比例税率。单一比例税率是指对同一征税对象的所有纳税人都适用同一比例税率；差别比例税率是指对同一征税对象的不同纳税人适用不同的比例税率；幅度比例税率是指对同一征税对象，税法只规定最低税率和最高税率，各地区在该幅度内确定具体的适用税率。

（3）累进税率。累进税率是指按征税对象数额的大小划分为若干等级，不同等级的征税数额分别适用不同的税率，征税数额越大，适用税率越高。累进税率一般适用于向收益、财产征税。累进税率又可分为全额累进税率、超额累进税率和超率累进税率。

①全额累进税率是把征税对象的数额划分为若干等级，对每个等级分别规定相应的税率，当税基超过某个级距时，征税对象的全部数额都按提高级距后的相应税率征税。

【做中学3-1】某纳税人本月应纳税所得额为5 000元，其适用表3-1中所列的全额累进税率。

表3-1　某三级全额累进税率表

级数	全月应纳税所得额（元）	税率（%）
1	5 000（含）以下	5
2	5 000～20 000（含）	10
3	20 000以上	15

该纳税人本月应纳税额＝5 000×5%＝250（元）

若该纳税人本月应纳税所得额为5 001元，则：

该纳税人本月应纳税额＝5 001×10%＝500.1（元）

【动脑筋】在【做中学3-1】中，采用全额累进税率有什么不合理之处？

②超额累进税率是指把征税对象按数额的大小分成若干等级，每一等级规定一个税率，税率依次提高，但每个纳税人的征税对象依所属等级同时适用几个税率，将按照不同税率计算的结果相加后得出应纳税额。

【做中学3-2】某纳税人本月应纳税所得额为5 000元，其适用表3-2中所列的超额累进税率。

表3-2　某三级超额累进税率表

级数	全月应纳税所得额（元）	税率（%）
1	5 000（含）以下	5
2	5 000～20 000（含）	10
3	20 000以上	20

该纳税人本月应纳税额＝5 000×5%＝250（元）

若该纳税人本月应纳税所得额为5 001元，则：

该纳税人本月应纳税额＝5 000×5%＋1×10%＝250.1（元）

目前，我国采用这种税率的税种是个人所得税。

③超率累进税率，其与超额累进税率的原理相同，只是税率累进的依据不是征税对象的数额，而是征税对象数额的相对率。目前，我国采用这种税率的税种是土地增值税。

6. 计税依据

计税依据是指计算征税对象应纳税额的直接数量依据。计税依据的数额同应纳税额成正比例关系，计税依据的数额越多，应纳税额也越多。征税对象同计税依据有着密切的关系。前者是从质的方面对征税进行规定，即对什么征税；后者则是从量的方面对征税进行规定，即如何计量。有些税种的征税对象和计税依据是一致的，如所得税中的应纳税所得额既是征税对象，又是计税依据；有些税种的征税对象和计税依据是不一致的，如房产税的征税对象是房屋，计税依据是房产的价值或租金。计税依据可以分为从价计征、从量计征和复合计征三种类型。

（1）从价计征。从价计征即以征税对象的自然数量与单位价格的乘积为计税依据。其应纳税额的计算公式为：

应纳税额 = 计税金额 × 适用税率

（2）从量计征。从量计征即以征税对象的重量、件数、容量、面积等为计税依据。其应纳税额的计算公式为：

应纳税额 = 计税数量 × 单位适用税额

（3）复合计征。复合计征即征税对象的价格和数量均为计税依据。其应纳税额的计算公式为：

应纳税额 = 计税数量 × 单位适用税额 + 计税金额 × 适用税率

7. 纳税环节

纳税环节主要是指税法规定的征税对象在从生产到消费的流转过程中应当缴纳税款的环节。例如，流转税在生产和流通环节纳税、所得税在分配环节纳税等。

8. 纳税期限

纳税期限是指纳税人按照税法规定缴纳税款的期限。例如，增值税的纳税期限分别为1日、3日、5日、10日、15日、1个月或者1个季度。

【提示】纳税人的具体纳税期限，由主管税务机关根据纳税人应纳税额的大小分别核定；不能按照固定期限纳税的，可以按次纳税。

9. 纳税地点

纳税地点是指纳税人（包括代征、代扣、代缴义务人）申报缴纳税款的地点。它说明了纳税人应该向哪里的征税机关申报纳税，以及哪里的征税机关有权进行税收管辖的问题。规定纳税地点，既有利于税务机关对税款的源泉控制，防止税收流失，又方便纳税人缴纳税款。

10. 减税免税

减税免税是指国家对某些纳税人和征税对象采取减少征税或者免予征税的特殊规定。减税是减征部分应纳税款；免税是免征全部应纳税款。减税和免税具体又分为两种情况：一种是税法直接规定的减免税优惠；另一种是依法给予的一定期限内的减免税优惠，期满后仍按规定纳税。减税免税规定是为了解决按税制规定的税率征税时所不能解决的具体问题而采取的一种措施，是在一定时期内给予纳税人的一种税收优惠，体现了税法的统一性和灵活性的有机结合。

减税免税主要包括起征点和免征额两个方面：

（1）起征点是指税法规定对征税对象开始征税的起点数额。征税对象的数额没有达到规定数额的，不征税；征税对象的数额达到规定数额的，就其全部数额征税。

（2）免征额是指税法规定的在征税对象的全部数额中免予征税的数额。

【请注意】免征额与起征点不同。起征点是对征税对象未达到起征点数额的部分不征税，达到和超过起征点数额的部分按全额征税；免征额是对征税对象数额未超过免征额的部分不征税，超过免征额的部分只就其超过部分征税。

11.罚则

罚则主要是指对纳税人违反税法的行为采取的处罚措施。纳税人和税务人员违反税法规定，都将依法承担法律责任。

12.附则

附则一般规定与该法紧密相关的内容，如该法的解释权、生效时间等。

任务二　遵循税制规定，划分主要税种

根据我国税收法律制度的规定，我国现行的税种主要有增值税、消费税、企业所得税、个人所得税、关税、资源税、城镇土地使用税、房产税、城市维护建设税、耕地占用税、土地增值税、车辆购置税、车船税、船舶吨税、印花税、契税等。

一、增值税

（一）增值税的概念

动画

税收那点事

增值税是指对在我国境内销售货物，提供加工、修理修配劳务，销售服务、无形资产或者不动产，以及进口货物的单位和个人，以其取得的销售额为计税依据而征收的一种流转税。

（二）增值税的征税范围

1.征税范围的一般规定

我国增值税的征税范围包括在中华人民共和国境内销售货物，提供加工、修理修配劳务，销售服务、无形资产或者不动产，以及进口货物。

（1）在境内销售货物。销售货物是指有偿转让货物的所有权。其中，货物是指有形动产，包括电力、热力、气体在内，不包括无形资产和不动产。有偿是指从购买方取得货币、货物或其他经济利益。

【请注意】在境内销售货物是指销售货物的起运地或者所在地在境内。

（2）在境内提供加工、修理修配劳务（简称提供应税劳务）。加工是指受托加工货物，即委托方提供原料及主要材料，受托方按照委托方的要求制造货物并收取加工费的业务。修理修配是指受托对损伤和丧失功能的货物进行修复，使其恢复原状和功能的业务。提供加工、修理修配劳务是有偿提供，但单位或个体工商户聘用的员工为本单位或雇主提供加工、修理修配劳务的，不包括在内。

（3）在境内销售服务、无形资产或者不动产。销售服务、无形资产或者不动产（简称发生应税行为），是指有偿提供服务、有偿转让无形资产或者不动产，但属于下列非经营活动的情形除外：第一，行政单位收取的同时满足相关条件的政府性基金或者行政事业性收费；第二，单位或者个体工商户聘用的员工为本单位或者雇主提供取得工资的服务；第三，单位或者个体工商户为聘用的员工提供服务；第四，财政部和国家税务总局规定的其他情形。

①销售服务。销售服务是指在我国境内有偿提供交通运输服务、邮政服务、电信服务、建筑服务、金融服务、现代服务、生活服务。

a.交通运输服务。交通运输服务是指利用运输工具将货物或者旅客送达目的地，使其空间位置得到转移的业务活动，包括陆路运输服务、水路运输服务、航空运输服务和管道运输服务。

无运输工具承运业务，按照交通运输服务缴纳增值税。无运输工具承运业务是指经营者先以承运人身份与托运人签订运输服务合同，收取运费并承担承运人责任，再委托实际承运人完成运输服务的经营活动。

自2018年1月1日起，纳税人已售票但客户逾期未消费取得运输逾期票证收入，按照交通运输服务缴纳增值税。

b.邮政服务。邮政服务是指中国邮政集团公司及其所属邮政企业提供邮件寄递、邮政汇兑和机要通信等邮政基本服务的业务活动，包括邮政普遍服务、邮政特殊服务和其他邮政服务。

c.电信服务。电信服务是指利用有线、无线的电磁系统或者光电系统等各种通信网络资源，提供语音通话服务，传送、发射、接收或者应用图像、短信等电子数据和信息的业务活动，包括基础电信服务和增值电信服务。

基础电信服务是指利用固网、移动网、卫星、互联网，提供语音通话服务的业务活动，以及出租或者出售带宽、波长等网络元素的业务活动。

增值电信服务是指利用固网、移动网、卫星、互联网、有线电视网络，提供短信和彩信服务、电子数据和信息的传输及应用服务、互联网接入服务等业务活动。

卫星电视信号落地转接服务，按照增值电信服务缴纳增值税。

d.建筑服务。建筑服务是指各类建筑物、构筑物及其附属设施的建造、修缮、装饰，线路、管道、设备、设施等的安装以及其他工程作业的业务活动，包括工程服务、安装服务、修缮服务、装饰服务和其他建筑服务。

工程服务是指新建、改建各种建筑物、构筑物的工程作业，包括与建筑物相连的各种设备或者支柱、操作平台的安装或者装设工程作业，以及各种窑炉和金属结构工程作业。

安装服务是指生产设备、动力设备、起重设备、运输设备、传动设备、医疗实验设备以及其他各种设备、设施的装配、安置工程作业，包括与被安装设备相连的工作台、梯子、栏杆的装设工程作业，以及被安装设备的绝缘、防腐、保温、油漆等工程作业。

修缮服务是指对建筑物、构筑物进行修补、加固、养护、改善，使之恢复原来的使用价值或者延长其使用期限的工程作业。

装饰服务是指对建筑物、构筑物进行修饰装修，使之美观或者具有特定用途的工程作业。

其他建筑服务是指上列工程作业之外的各种工程作业服务。

e.金融服务。金融服务是指经营金融保险的业务活动，包括贷款服务、直接收费金融服务、保险服务和金融商品转让。

f. 现代服务。现代服务是指围绕制造业、文化产业、现代物流产业等提供技术性、知识性服务的业务活动，包括研发和技术服务、信息技术服务、文化创意服务、物流辅助服务、租赁服务、鉴证咨询服务、广播影视服务、商务辅助服务和其他现代服务。

研发和技术服务包括研发服务、合同能源管理服务、工程勘察勘探服务、专业技术服务。

信息技术服务是指利用计算机、通信网络等技术对信息进行生产、收集、处理、加工、存储、运输、检索和利用，并提供信息服务的业务活动，包括软件服务、电路设计及测试服务、信息系统服务、业务流程管理服务和信息系统增值服务。

文化创意服务包括设计服务、知识产权服务、广告服务和会议展览服务。

物流辅助服务包括航空服务、港口码头服务、货运客运场站服务、打捞救助服务、仓储服务、装卸搬运服务和收派服务。

租赁服务包括融资租赁服务和经营租赁服务。

鉴证咨询服务包括认证服务、鉴证服务和咨询服务，翻译服务和市场调查服务按照咨询服务缴纳增值税。

广播影视服务包括广播影视节目（作品）的制作服务、发行服务和播映（含放映）服务。

商务辅助服务包括企业管理服务、经纪代理服务、人力资源服务、安全保护服务。

其他现代服务是指除研发和技术服务、信息技术服务、文化创意服务、物流辅助服务、租赁服务、鉴证咨询服务、广播影视服务和商务辅助服务以外的现代服务。

g. 生活服务。生活服务是指为满足城乡居民日常生活需求提供的各类服务活动，包括文化体育服务、教育医疗服务、旅游娱乐服务、餐饮住宿服务、居民日常服务和其他生活服务。

文化体育服务包括文化服务和体育服务。文化服务是指为满足社会公众文化生活需求提供的各种服务。体育服务是指组织举办体育比赛、体育表演、体育活动，以及提供体育训练、体育指导、体育管理的业务活动。

教育医疗服务包括教育服务和医疗服务。教育服务是指提供学历教育服务、非学历教育服务、教育辅助服务的业务活动。医疗服务是指提供医学检查、诊断、治疗、康复、预防、保健、接生、计划生育、防疫等方面的服务，以及与这些服务有关的提供药品、医用材料器具、救护车、病房住宿和伙食的业务。

旅游娱乐服务包括旅游服务和娱乐服务。旅游服务是指根据旅游者的要求，组织安排交通、游览、住宿、餐饮、购物、文娱、商务等服务的业务活动。娱乐服务是指为娱乐活动同时提供场所和服务的业务。

餐饮住宿服务包括餐饮服务和住宿服务。餐饮服务是指通过同时提供饮食和饮食场所的方式为消费者提供饮食消费服务的业务活动。住宿服务是指提供住宿场所及配套服务等的活动。

居民日常服务是指主要为满足居民个人及其家庭日常生活需求提供的服务，包括市容市政管理、家政、婚庆、养老、殡葬、照料和护理、救助救济、美容美发、按摩、桑拿、氧吧、足疗、沐浴、洗染、摄影扩印等服务。

其他生活服务是指除文化体育服务、教育医疗服务、旅游娱乐服务、餐饮住宿服务和居民日常服务之外的生活服务。

②销售无形资产。销售无形资产是指转让无形资产所有权或者使用权的业务活动。无形资产包括技术、商标、著作权、商誉、自然资源使用权和其他权益性无形资产。

③销售不动产。销售不动产是指转让不动产所有权的业务活动。不动产是指不能移动或者移动后会引起性质、形状改变的财产，包括建筑物、构筑物等。

(4) 进口货物。进口货物是指将货物从我国境外移送至我国境内的行为。

【请注意】税法规定，凡报关进口的应税货物，无论进口后是自用还是销售，均应在进口环节征收增值税（享受免税政策的货物除外）。

2. 增值税征税范围的特殊规定

(1) 视同销售货物行为。单位或者个体工商户的下列行为，视同销售货物，征收增值税：

① 将货物交付其他单位或者个人代销。

② 销售代销货物。

③ 设有两个以上机构并实行统一核算的纳税人，将货物从一个机构移送至其他机构用于销售，但相关机构设在同一县（市）的除外。

④ 将自产、委托加工的货物用于集体福利或者个人消费。

⑤ 将自产、委托加工或者购进的货物作为投资，提供给其他单位或者个体工商户。

⑥ 将自产、委托加工或者购进的货物分配给股东或者投资者。

⑦ 将自产、委托加工或者购进的货物无偿赠送其他单位或者个人。

(2) 视同销售服务、无形资产或者不动产。《营业税改征增值税试点实施办法》第十四条规定，下列情形视同销售服务、无形资产或者不动产：

① 单位或者个体工商户向其他单位或者个人无偿提供服务，但用于公益事业或者以社会公众为对象的除外。

② 单位或者个人向其他单位或者个人无偿转让无形资产或者不动产，但用于公益事业或者以社会公众为对象的除外。

③ 财政部和国家税务总局规定的其他情形。

(3) 混合销售行为。一项销售行为如果既涉及货物又涉及服务，则为混合销售。从事货物的生产、批发或者零售的单位和个体工商户的混合销售行为，按照销售货物缴纳增值税；其他单位和个体工商户的混合销售行为，按照销售服务缴纳增值税。

上述从事货物的生产、批发或者零售的单位和个体工商户，包括以从事货物的生产、批发或者零售为主，并兼营销售服务的单位和个体工商户在内。

(4) 兼营行为。纳税人销售货物、加工修理修配劳务，以及销售服务、无形资产或者不动产，适用不同税率或者征收率的，应当分别核算适用不同税率或者征收率的销售额，未分别核算销售额的，按照以下方法适用税率或者征收率：

① 兼有不同税率的销售货物、加工修理修配劳务，以及销售服务、无形资产或者不动产，从高适用税率。

② 兼有不同征收率的销售货物、加工修理修配劳务，以及销售服务、无形资产或者不动产，从高适用征收率。

③ 兼有不同税率和征收率的销售货物、加工修理修配劳务，以及销售服务、无形资产或者不动产，从高适用税率。

【请注意】纳税人兼营免税、减税项目的，应当分别核算免税、减税项目的销售额；未分别核算的，不得免税、减税。

（三）增值税的纳税人

增值税的纳税人是指税法规定负有缴纳增值税义务的单位和个人。

增值税的纳税人按其经营规模大小以及会计核算是否健全，可以分为一般纳税人和小规模纳税人。具体划分标准为：

1. 增值税一般纳税人

增值税一般纳税人是指年应征增值税销售额（以下简称年应税销售额）超过财政部和国家税务总局规定的小规模纳税人标准的纳税人。

2. 增值税小规模纳税人

增值税小规模纳税人的具体认定标准为年应征增值税销售额500万元及以下。年应税销售额是指纳税人在连续不超过12个月或四个季度的经营期内累计应征增值税销售额，包括纳税申报销售额、稽查查补销售额、纳税评估调整销售额。

【请注意】小规模纳税人会计核算健全，能够提供准确税务资料的，可以向税务机关申请登记为一般纳税人，不再作为小规模纳税人。

（四）增值税的扣缴义务人

中华人民共和国境外的单位或者个人在境内发生应税行为，在境内未设有经营机构的，以购买方为增值税扣缴义务人。财政部和国家税务总局另有规定的除外。

境外单位或者个人在境内发生应税行为，在境内未设有经营机构的，扣缴义务人按照下列公式计算应扣缴税额：

应扣缴税额 = 购买方支付的价款 ÷（1 + 税率）× 税率

（五）增值税的税率和征收率

1. 税率

增值税税率有13%、9%和6%三档。增值税一般纳税人销售或者进口货物，提供加工、修理修配劳务及发生应税行为，除适用低税率外，税率均为13%。

增值税税率见表3-3。

表3-3　增值税税率表

类　别		税率
销售或者进口货物	销售或者进口货物（另有列举的货物除外）	13%
	农产品（含粮食）、自来水、暖气、石油液化气、天然气、食用植物油、冷气、热水、煤气、居民用煤炭制品、食用盐、农机、饲料、农药、农膜、化肥、沼气、二甲醚、图书、报纸、杂志、音像制品、电子出版物	9%

续表

类别				税率
提供加工、修理修配劳务				13%
销售服务	交通运输服务	陆路运输服务		9%
		水路运输服务		
		航空运输服务		
		管道运输服务		
	邮政服务	邮政普遍服务		9%
		邮政特殊服务		
		其他邮政服务		
	电信服务	基础电信服务		9%
		增值电信服务		6%
	建筑服务	工程服务		9%
		安装服务		
		修缮服务		
		装饰服务		
		其他建筑服务		
	金融服务	贷款服务		6%
		直接收费金融服务		
		保险服务		
		金融商品转让		
	现代服务	研发和技术服务	研发服务	6%
			合同能源管理服务	
			工程勘察勘探服务	
			专业技术服务	
		信息技术服务	软件服务	6%
			电路设计及测试服务	
			信息系统服务	
			业务流程管理服务	
			信息系统增值服务	

续表

<table>
<tr><th colspan="4">类　别</th><th>税率</th></tr>
<tr><td rowspan="27">销售服务</td><td rowspan="27">现代服务</td><td rowspan="4">文化创意服务</td><td>设计服务</td><td rowspan="4">6%</td></tr>
<tr><td>知识产权服务</td></tr>
<tr><td>广告服务</td></tr>
<tr><td>会议展览服务</td></tr>
<tr><td rowspan="7">物流辅助服务</td><td>航空服务</td><td rowspan="7">6%</td></tr>
<tr><td>港口码头服务</td></tr>
<tr><td>货运客运场站服务</td></tr>
<tr><td>打捞救助服务</td></tr>
<tr><td>装卸搬运服务</td></tr>
<tr><td>仓储服务</td></tr>
<tr><td>收派服务</td></tr>
<tr><td rowspan="4">租赁服务</td><td>有形动产融资租赁服务</td><td>13%</td></tr>
<tr><td>不动产融资租赁服务</td><td>9%</td></tr>
<tr><td>有形动产经营租赁服务</td><td>13%</td></tr>
<tr><td>不动产经营租赁服务</td><td>9%</td></tr>
<tr><td rowspan="3">鉴证咨询服务</td><td>认证服务</td><td rowspan="3">6%</td></tr>
<tr><td>鉴证服务</td></tr>
<tr><td>咨询服务</td></tr>
<tr><td rowspan="3">广播影视服务</td><td>广播影视节目（作品）的制作服务</td><td rowspan="3">6%</td></tr>
<tr><td>广播影视节目（作品）的发行服务</td></tr>
<tr><td>广播影视节目（作品）的播映服务</td></tr>
<tr><td rowspan="4">商务辅助服务</td><td>企业管理服务</td><td rowspan="4">6%</td></tr>
<tr><td>经纪代理服务</td></tr>
<tr><td>人力资源服务</td></tr>
<tr><td>安全保护服务</td></tr>
<tr><td colspan="2">其他现代服务</td><td>6%</td></tr>
</table>

续表

类别				税率
销售服务	生活服务	文化体育服务	文化服务	6%
			体育服务	
		教育医疗服务	教育服务	
			医疗服务	
		旅游娱乐服务	旅游服务	
			娱乐服务	
		餐饮住宿服务	餐饮服务	
			住宿服务	
		居民日常服务		
		其他生活服务		
销售无形资产	技术	专利技术		6%
		非专利技术		
	商标			
	著作权			
	商誉			
	其他权益性无形资产	基础设施资产经营权		
		公共事业特许权		
		配额		
		经营权（包括特许经营权、连锁经营权、其他经营权）		
		经销权		
		代理权		
		会员权		
		席位权		
		网络游戏虚拟道具		
		域名		
		名称权		
		肖像权		
		冠名权		
		转会费		

续表

<table>
<tr><th colspan="3">类　别</th><th>税率</th></tr>
<tr><td rowspan="6">销售无形资产</td><td rowspan="6">自然资源使用权</td><td>海域使用权</td><td rowspan="5">6%</td></tr>
<tr><td>探矿权</td></tr>
<tr><td>采矿权</td></tr>
<tr><td>取水权</td></tr>
<tr><td>其他自然资源使用权</td></tr>
<tr><td>土地使用权</td><td>9%</td></tr>
<tr><td rowspan="2">销售不动产</td><td colspan="2">建筑物</td><td rowspan="2">9%</td></tr>
<tr><td colspan="2">构筑物</td></tr>
</table>

【请注意】根据《财政部 税务总局 海关总署关于深化增值税改革有关政策的公告》（财政部 税务总局 海关总署公告2019年第39号），自2019年4月1日起，增值税一般纳税人发生增值税应税销售行为或者进口货物，原适用16%税率的，税率调整为13%；原适用10%税率的，税率调整为9%。

2.征收率

（1）征收率的一般规定。小规模纳税人以及一般纳税人选择简易办法计税的，征收率为3%。另有规定除外。具体规定如下：

①一般纳税人销售自己使用过的属于《中华人民共和国增值税暂行条例》第十条规定，不得抵扣且未抵扣进项税额的固定资产，按简易办法依照3%征收率减按2%征收增值税，可以放弃减免，按照简易办法依照3%征收率缴纳增值税，并可以开具增值税专用发票。

②一般纳税人销售自己使用过的其他固定资产应区分不同情形征收增值税：

a.销售自己使用过的2009年1月1日以后购进或者自制的固定资产，按照适用税率征收增值税。

b.2008年12月31日以前未纳入扩大增值税抵扣范围试点的纳税人，销售自己使用过的2008年12月31日以前购进或者自制的固定资产，按照简易办法依照3%征收率减按2%征收增值税。

c.2008年12月31日以前已纳入扩大增值税抵扣范围试点的纳税人，销售自己使用过的在本地区扩大增值税抵扣范围试点以前购进或者自制的固定资产，按照简易办法依照3%征收率减按2%征收增值税；销售自己使用过的在本地区扩大增值税抵扣范围试点以后购进或者自制的固定资产，按照适用税率征收增值税。

③一般纳税人销售自己使用过的除固定资产以外的物品，应当按照适用税率征收增值税。

④小规模纳税人（除其他个人外，下同）销售自己使用过的固定资产，减按2%征收率征收增值税，可以放弃减免，依照3%征收率缴纳增值税，并可以开具增值税专用

发票。小规模纳税人销售自己使用过的除固定资产以外的物品，应按3%的征收率征收增值税。

⑤纳税人销售旧货，按照简易办法依照3%征收率减按2%征收增值税。旧货，是指进入二次流通的具有部分使用价值的货物（含旧汽车、旧摩托车和旧游艇），但不包括自己使用过的物品。自2020年5月1日至2023年12月31日，从事二手车经销业务的纳税人销售其收购的二手车，由原按照简易办法依3%征收率减按2%征收增值税，改为减按0.5%征收增值税，并按下列公式计算销售额：

$$销售额 = 含税销售额 \div (1 + 0.5\%)$$

⑥一般纳税人销售自产的下列货物，可选择按照简易办法依照3%征收率计算缴纳增值税，选择简易办法计算缴纳增值税后，36个月内不得变更，具体适用范围如下：

a.县级及县级以下小型水力发电单位生产的电力。小型水力发电单位，是指各类投资主体建设的装机容量为5万千瓦以下（含5万千瓦）的小型水力发电单位。

b.建筑用和生产建筑材料所用的砂、土、石料。

c.以自己采掘的砂、土、石料或其他矿物连续生产的砖、瓦、石灰（不含黏土实心砖、瓦）。

d.用微生物、微生物代谢产物、动物毒素、人或动物的血液或组织制成的生物制品。

e.自来水（对属于一般纳税人的自来水公司销售自来水按简易办法依照3%的征收率征收增值税，不得抵扣其购进自来水取得增值税扣税凭证上注明的增值税税款）。

f.商品混凝土（仅限于以水泥为原料生产的水泥混凝土）。

⑦一般纳税人销售货物属于下列情形之一的，暂按简易办法依照3%的征收率计算缴纳增值税：寄售商店代销寄售物品（包括居民个人寄售的物品在内）；典当业销售死当物品。

⑧建筑企业一般纳税人提供建筑服务属于老项目的，可以选择简易办法依照3%的征收率征收增值税。

⑨自2021年4月1日至2021年12月31日，增值税小规模纳税人适用3%征收率的应税销售收入，减按1%征收率征收增值税；适用3%预征率的预缴增值税项目，减按1%预征率预缴增值税。

（2）征收率的特殊规定。

① 小规模纳税人转让其取得的不动产，按照5%的征收率征收增值税。

② 一般纳税人转让其2016年4月30日前取得的不动产，选择简易计税方法计税的，按照5%的征收率征收增值税。

③ 小规模纳税人出租其取得的不动产（不含个人出租住房），按照5%的征收率征收增值税。

④ 一般纳税人出租其2016年4月30日前取得的不动产，选择简易计税方法计税的，按照5%的征收率征收增值税。

⑤ 房地产开发企业（一般纳税人）销售自行开发的房地产老项目，选择简易计税方法计税的，按照5%的征收率征收增值税。

⑥房地产开发企业（小规模纳税人）销售自行开发的房地产项目，按照5%的征收率征收增值税。

⑦一般纳税人提供劳务派遣服务，可以按照《财政部 国家税务总局关于全面推开营业税改征增值税试点的通知》（财税〔2016〕36号）的有关规定，以取得的全部价款和价外费用为销售额，按照一般计税方法计算缴纳增值税；也可以选择差额纳税，以取得的全部价款和价外费用，扣除代用工单位支付给劳务派遣员工的工资、福利和为其办理社会保险及住房公积金后的余额为销售额，按照简易计税方法依5%的征收率计算缴纳增值税。

⑧自2021年10月1日起，住房租赁企业中的增值税一般纳税人向个人出租住房取得的全部出租收入，可以选择适用简易计税方法，按照5%的征收率减按1.5%计算缴纳增值税，或适用一般计税方法计算缴纳增值税。住房租赁企业中的增值税小规模纳税人向个人出租住房，按照5%的征收率减按1.5%计算缴纳增值税。

（六）增值税应纳税额的计算

1.一般纳税人应纳税额的计算

我国的增值税实行扣税法。一般纳税人凭增值税专用发票及其他合法凭证注明税款进行抵扣。增值税一般纳税人的应纳税额，为当期销项税额抵扣当期进项税额后的余额。其计算公式为：

应纳税额 = 当期销项税额 − 当期进项税额

【提示】当期销项税额小于当期进项税额不足抵扣时，其不足部分可以结转至下期继续抵扣。

（1）销项税额是指纳税人发生应税行为按照销售额（不含税）和增值税税率计算并收取的增值税税额。其计算公式为：

销项税额 = 销售额（不含税）× 适用税率

（2）销售额是指纳税人发生应税行为取得的全部价款和价外费用，财政部和国家税务总局另有规定的除外。价外费用是指价外收取的各种性质的收费。

【提示】价外费用包括价外向购买方收取的手续费、补贴、基金、集资费、返还利润、奖励费、违约金、滞纳金、延期付款利息、赔偿金、代收款项、代垫款项、包装费、包装物租金、储备费、优质费、运输装卸费以及其他各种性质的价外收费，但下列项目不包括在内：（1）受托加工应征消费税的消费品所代收代缴的消费税。（2）同时符合以下条件的代垫运输费用：①承运部门的运输费用发票开具给购买方的；②纳税人将该项发票转交给购买方的。（3）同时符合以下条件代为收取的政府性基金或者行政事业性收费：①由国务院或者财政部批准设立的政府性基金，由国务院或者省级人民政府及其财政、价格主管部门批准设立的行政事业性收费；②收取时开具省级以上财政部门印制的财政票据；③所收款项全额上缴财政。（4）销售货物的同时代办保险等而向购买方收取的保险费，以及向购买方收取的代购买方缴纳的车辆购置税、车辆牌照费。

如果销售的货物是消费税应税产品或者进口产品，则全部价款中还包括消费税或关税。在计算销项税额时，必须将含税销售额换算为不含税销售额。其换算公式为：

不含税销售额 = 含税销售额 ÷（1 + 增值税税率）

（3）特殊销售方式下的销售额。

①以折扣方式销售。

a.折扣销售（会计称之为商业折扣）：如果销售额和折扣额在同一张发票上的“金额”栏分别注明，则可以将折扣后的余额作为销售额计算增值税；如果将折扣额另开发票，不论其在财务上如何处理，均不得从销售额中减除折扣额。

b.销售折扣（会计称之为现金折扣）：销售折扣不能从销售额中扣除。

c.销售折让：销售折让可以从销售额中扣除。

②采取以旧换新方式销售。以旧换新方式销售是指纳税人在销售货物时，折价收回同类旧货物，并以折价款部分冲减货物价款的行为。税法规定，纳税人采取以旧换新方式销售货物的（金银首饰除外），应按新货物的同期销售价格确定销售额。

③还本销售。还本销售是指纳税人在销售货物后，到一定期限由销售方一次或分次退还给购货方全部或部分价款。税法规定，采取还本销售方式销售货物，其销售额就是货物的销售价格，不得从销售额中减除还本支出。

④以物易物。税法规定，以物易物双方都应作购销处理，即以各自发出的货物核算销售额并计算销项税额，如果取得增值税专用发票，则可以抵扣进项税额。

⑤包装物押金。

a.纳税人为销售货物而出租或出借包装物收取的押金，单独记账核算的，时间在1年内又未逾期的，不并入销售额征税。

b.对于因逾期未收回包装物不再退还的押金，应将其并入销售额征税。

应纳税额 = 逾期押金 ÷（1 + 税率）× 税率（税率为所包装货物的适用税率）

【请注意】押金视为含增值税收入，并入销售额征税时要换算为不含税销售额。

c.酒类产品包装物押金。对销售除啤酒、黄酒外的其他酒类产品收取的包装物押金，无论是否返还以及会计上如何核算，均应并入当期销售额征收增值税。对销售啤酒、黄酒所收取的押金，按上述一般押金的规定处理。

⑥直销方式销售。直销企业先将货物销售给直销员，直销员再将货物销售给消费者的，直销企业的销售额为其向直销员收取的全部价款和价外费用。直销员将货物销售给消费者时，应按照现行规定缴纳增值税。直销企业通过直销员向消费者销售货物，直接向消费者收取货款，直销企业的销售额为其向消费者收取的全部价款和价外费用。

⑦视同销售货物行为销售额的确定。由于视同销售货物行为一般不以资金的形式反映出来，因此会出现视同销售而无销售额的情况，此时主管税务机关可以按照下列顺序核定计税销售额：

a.按纳税人最近时期同类货物的平均销售价格确定。

b.按其他纳税人最近时期同类货物的平均销售价格确定。

c.按组成计税价格确定。其计算公式为：

组成计税价格 = 成本 ×（1 + 成本利润率）

征收增值税的货物，同时又征收消费税的，其组成计税价格中还应加上消费税税额。组成计税价格的计算公式为：

组成计税价格＝成本×（1＋成本利润率）＋消费税税额

或：　　组成计税价格＝成本×（1＋成本利润率）÷（1－消费税税率）

对于不涉及从价计征消费税的货物，成本利润率一律为10%。

从价计征的进口产品的价款中包含关税或消费税的，其应纳增值税税额的计算公式为：

进口货物的应纳税额＝（关税完税价格＋关税＋消费税）×适用税率

【做中学3-3】海澜服装厂为增值税一般纳税人，该厂销售服装一批，不含增值税的价格为100 000元，适用的增值税税率为13%，则其增值税销项税额为：

增值税销项税额＝100 000×13%＝13 000（元）

【做中学3-4】东风服装厂为增值税一般纳税人，该厂销售服装一批，含增值税的价格为113 000元，适用的增值税税率为13%，则其增值税销项税额为：

不含税销售额＝113 000÷（1＋13%）＝100 000（元）

增值税销项税额＝100 000×13%＝13 000（元）

（4）进项税额是指纳税人购进货物、加工修理修配劳务、服务、无形资产或者不动产，支付或者负担的增值税税额。

①允许从销项税额中抵扣的进项税额主要有：

a.从销售方取得的增值税专用发票（含税控机动车销售统一发票，下同）上注明的增值税税额。

【请注意】根据《财政部 税务总局 海关部署关于深化增值税改革有关政策的公告》（财政部 税务总局 海关总署公告2019年第39号），自2019年4月1日起，《营业税改征增值税试点有关事项的规定》（财税〔2016〕36号附件2）第一条第（四）项第1点、第二条第（一）项第1点停止执行，纳税人取得不动产或者不动产在建工程的进项税额不再分2年抵扣。此前按照上述规定尚未抵扣完毕的待抵扣进项税额，可自2019年4月税款所属期起从销项税额中抵扣。

b.从海关取得的海关进口增值税专用缴款书上注明的增值税税额。

c.购进农产品，除取得增值税专用发票或者海关进口增值税专用缴款书外，按照农产品收购发票或销售发票上注明的农产品买价和9%扣除率计算的进项税额。纳税人购进用于生产销售或者委托加工13%税率货物的农产品，按照10%的扣除率计算进项税额。其计算公式为：

进项税额＝买价×扣除率

【提示】买价是指纳税人购进农产品时，在农产品收购发票或销售发票上注明的价款和按照规定缴纳的烟叶税。

d.从境外单位或者个人购进服务、无形资产或者不动产，自税务机关或者扣缴义务人取得的解缴税款的完税凭证上注明的增值税税额。

e.增值税一般纳税人在资产重组过程中，将全部资产、负债和劳动力一并转让给其他增值税一般纳税人，并按程序办理注销税务登记的，其在办理注销登记前尚未抵扣的进项税额可结转至新纳税人处继续抵扣。

f.自2018年1月1日起，纳税人支付的道路、桥、闸通行费，可按规定抵扣进项税额；纳税人租入固定资产、不动产，既用于一般计税方法计税项目，又用于简易计税方法计税项目、免征增值税项目、集体福利或者个人消费的，其进项税额准予从销项税额中全额抵扣。

g.自2019年4月1日起，纳税人购进国内旅客运输服务，其进项税额允许从销项税额中抵扣。

【提示】纳税人购进国内旅客运输服务，未取得增值税专用发票的，暂按以下规定确定进项税额：取得增值税电子普通发票的，为发票上注明的税额；取得注明旅客身份信息的航空运输电子客票行程单的，按照下列公式计算进项税额：

航空旅客运输进项税额 =（票价 + 燃油附加费）÷（1 + 9%）× 9%

取得注明旅客身份信息的铁路车票的，按照下列公式计算进项税额：

铁路旅客运输进项税额 = 票面金额 ÷（1 + 9%）× 9%

取得注明旅客身份信息的公路、水路等其他客票的，按照下列公式计算进项税额：

公路、水路等其他旅客运输进项税额 = 票面金额 ÷（1 + 3%）× 3%

②下列项目的进项税额不得从销项税额中抵扣：

a.用于简易计税方法计税项目、免征增值税项目、集体福利或者个人消费的购进货物、加工修理修配劳务、服务、无形资产和不动产。其中涉及的固定资产、无形资产、不动产，仅指专用于上述项目的固定资产、无形资产（不包括其他权益性无形资产）、不动产。但发生兼用于上述不允许抵扣项目情况的，该进项税额准予全部抵扣。

b.非正常损失的购进货物，以及相关的加工修理修配劳务和交通运输服务。

c.非正常损失的在产品、产成品所耗用的购进货物（不包括固定资产）、加工修理修配劳务和交通运输服务。

d.非正常损失的不动产，以及该不动产所耗用的购进货物、设计服务和建筑服务。

e.非正常损失的不动产在建工程所耗用的购进货物、设计服务和建筑服务。

f.购进的贷款服务、餐饮服务、居民日常服务和娱乐服务。

g.财政部和国家税务总局规定的其他情形。

【提示】非正常损失是指因管理不善造成货物被盗、丢失、霉烂变质，以及因违反法律法规造成货物或者不动产被依法没收、销毁、拆除的情形。

2.小规模纳税人应纳税额的计算

对于小规模纳税人，由于其经营规模小，会计核算不健全，难以按增值税税率计税并使用增值税专用发票抵扣进项税额，因此实行按销售额与征收率计算应纳税额的简易计税方法，并且不得抵扣进项税额。其计算公式为：

应纳税额 = 销售额（不含税）× 征收率

= 含税销售额 ÷（1 + 征收率）× 征收率

【做中学3-5】星海饰品厂为增值税小规模纳税人，本月不含税销售额为300 000元，适用的增值税征收率为3%，则其本月应缴纳的增值税税额为：

本月应缴纳的增值税税额 = 300 000 × 3% = 9 000（元）

（七）增值税的征收管理

1.纳税义务发生时间

纳税义务发生时间是指纳税人实际发生应税行为应当承担纳税义务的起始时间。具体确定为：

（1）采取直接收款方式销售货物的，不论货物是否发出，均为收到销售款或者取得索取销售款项凭据的当天。

（2）采取托收承付和委托银行收款方式销售货物的，为发出货物并办妥托收手续的当天。

（3）采取赊销和分期收款方式销售货物的，为书面合同约定的收款日期的当天，无书面合同的或者书面合同没有约定收款日期的，为货物发出的当天。

（4）采取预收货款方式销售货物的，为货物发出的当天，但生产销售生产工期超过12个月的大型机械设备、船舶、飞机等货物，为收到预收款或者书面合同约定的收款日期的当天。

【提示】纳税人提供租赁服务采取预收款方式的，其纳税义务发生时间为收到预收款的当天。

（5）委托其他纳税人代销货物的，为收到代销单位的代销清单或者收到全部或部分货款的当天。未收到代销清单及货款的，为发出代销货物满180天的当天。

【提示】收讫销售款项，是指纳税人销售服务、无形资产、不动产过程中或者完成后收到款项。取得索取销售款项凭据的当天，是指书面合同确定的付款日期；未签订书面合同或者书面合同未确定付款日期的，为服务、无形资产转让完成的当天或者不动产权属变更的当天。

（6）纳税人进口货物的，为报关进口的当天。

（7）纳税人发生视同销售货物行为的，为货物移送的当天。

（8）纳税人从事金融商品转让的，为金融商品所有权转移的当天。

（9）纳税人发生视同销售劳务、服务、无形资产、不动产情形的，其纳税义务发生时间为劳务、服务、无形资产转让完成的当天，或者不动产权属变更的当天。

（10）增值税扣缴义务发生时间为纳税人增值税纳税义务发生的当天。

【请注意】纳税人提供租赁服务采取预收款方式的，其纳税义务发生时间为收到预收款的当天。

2. 纳税期限

增值税的纳税期限分别为1日、3日、5日、10日、15日、1个月或者1个季度。

【提示】纳税人的具体纳税期限，由主管税务机关根据纳税人应纳税额的大小分别核定；不能按照固定期限纳税的，可以按次纳税。纳税人以1个月或者1个季度为1个纳税期的，自期满之日起15日内申报纳税；以1日、3日、5日、10日或者15日为1个纳税期的，自期满之日起5日内预缴税款，于次月1日起15日内申报纳税并结清上月应纳税款。扣缴义务人解缴税款的期限，按照前两款规定执行。纳税人进口货物，应当自海关填发海关进口增值税专用缴款书之日起15日内缴纳税款。以1个季度为纳税期限的规定适用于小规模纳税人、银行、财务公司、信托投资公司、信用社，以及财政部和国家税务总局规定的其他纳税人。

3. 纳税地点

（1）固定业户应当向其机构所在地的主管税务机关申报纳税。总机构和分支机构不在同一县（市）的，应当分别向各自所在地的主管税务机关申报纳税；经财政部和国家税务总局或者其授权的财政和税务机关批准，可以由总机构汇总向总机构所在地的主管税务机关申报纳税。

（2）固定业户到外县（市）销售货物或者提供应税劳务的，应当向其机构所在地的主管税务机关申请开具《外出经营活动税收管理证明》，并向其机构所在地的主管税务机关申报纳税；未开具证明的，应当向销售地或者劳务发生地的主管税务机关申报纳税；未向销售地或者劳务发生地的主管税务机关申报纳税的，由其机构所在地的主管税务机关补征税款。

（3）非固定业户应当向应税行为发生地主管税务机关申报纳税；未申报纳税的，由其机构所在地或者居住地主管税务机关补征税款。

（4）进口货物，应当由进口人或其代理人向报关地海关申报纳税。

（5）其他个人提供建筑服务、销售或租赁不动产，转让自然资源使用权，应向建筑服务发生地、不动产所在地、自然资源所在地税务机关申报纳税。

（6）扣缴义务人应当向其机构所在地或者居住地的主管税务机关申报缴纳扣缴的税款。

二、消费税

（一）消费税的概念

消费税是指对消费品或消费行为按消费流转额征收的一种流转税。消费税可以分为一般消费税和特别消费税两种。前者是指对所有消费品征税，后者是指对特定消费品或特定消费行为征税。

根据《中华人民共和国消费税暂行条例》（以下简称《消费税暂行条例》）的规定，我国现行消费税是对在我国境内从事生产、委托加工和进口应税消费品的单位和个人，就其应税消费品的销售额或销售数量征收的一种税，属于特别消费税。

（二）消费税的纳税人

《消费税暂行条例》规定，在中华人民共和国境内生产、委托加工和进口本条例规定的消费品的单位和个人，以及国务院确定的销售本条例规定的消费品的其他单位和个人，为消费税的纳税人。

（三）消费税的征税范围

1. 生产应税消费品

纳税人生产的应税消费品，于纳税人销售时纳税。纳税人自产自用的应税消费品用于连续生产应税消费品的，不纳税；用于其他方面的，于移送使用时纳税。

【提示】工业企业以外的单位和个人的下列行为视为应税消费品的生产行为，按规定征收消费税：（1）将外购的消费税非应税产品以消费品应税产品对外销售的；（2）将外购的消费税低税率应税产品以高税率应税产品对外销售的。

2. 委托加工应税消费品

委托加工应税消费品是指由委托方提供原料和主要材料，受托方只收取加工费和代垫部分辅助材料加工的应税消费品。

以下情况不属于委托加工应税消费品：

① 由受托方提供原材料生产的应税消费品；

② 受托方先将原材料卖给委托方，再接受加工的应税消费品；

③ 由受托方以委托方名义购进原材料生产的应税消费品。

委托加工的应税消费品，除受托方为个人外，由受托方在向委托方交货时代收代缴消费税。委托个人加工的应税消费品，由受托方收回后缴纳消费税。

【提示】委托加工的应税消费品，委托方用于连续生产应税消费品的，所纳税款准予按规定抵扣；直接出售的，不再缴纳消费税。委托方将收回的应税消费品，以不高于受托方的计税价格出售的，为直接出售，不再缴纳消费税；委托方以高于受托方的计税价格出售的，不属于直接出售，需要按照规定申报缴纳消费税，在计税时准予扣除受托方已代收代缴的消费税。

3.进口应税消费品

单位和个人进口的应税消费品，于报关进口时由海关代征消费税。

4.批发、零售应税消费品

（1）批发销售卷烟。卷烟除了在生产、委托加工、进口环节征收消费税外，还在批发环节征收消费税。自2015年5月10日起，卷烟批发环节消费税的从价税率由5%提高到11%，并按0.005元/支加征从量税。

【提示】烟草批发企业将卷烟销售给其他烟草批发企业的，不缴纳消费税。纳税人兼营卷烟批发和零售业务的，应当分别核算批发和零售环节的销售额和销售数量；未分别核算的，按照全部销售额和销售数量计征批发环节消费税。

（2）零售金银首饰、铂金首饰、钻石及钻石饰品。在零售环节征收消费税的金银首饰仅限于金、银和金基、银基合金首饰，以及金、银和金基、银基合金的镶嵌首饰。

（3）零售超豪华小汽车。超豪华小汽车即每辆零售价格在130万元（不含增值税）及以上的乘用车和中轻型商用客车。自2016年12月1日起，对超豪华小汽车，在生产（进口）环节按现行税率征收消费税的基础上，在零售环节加征消费税，税率为10%。

（四）消费税的税目与税率

1.税目

根据《消费税暂行条例》的规定和有关通知，我国消费税税目共有15个，即烟，酒，高档化妆品，贵重首饰及珠宝玉石，鞭炮、焰火，成品油，摩托车，小汽车，高尔夫球及球具，高档手表，游艇，木制一次性筷子，实木地板，电池，涂料。

2.税率

消费税采用比例税率、定额税率和复合税率三种形式，不同应税消费品的税率不同。

消费税税目、税率及征收环节见表3-4。

表3-4 消费税税目、税率及征收环节表

税目	税率	征收环节
一、烟		
1.卷烟		
（1）甲类卷烟	批发环节：11%加0.005元/支 生产环节：56%加0.003元/支	生产、委托加工、进口和批发环节
（2）乙类卷烟	批发环节：11%加0.005元/支 生产环节：36%加0.003元/支	生产、委托加工、进口和批发环节
2.雪茄烟	36%	生产、委托加工和进口环节
3.烟丝	30%	生产、委托加工和进口环节
二、酒		
1.白酒	20%加0.5元/500克（或者500毫升）	生产、委托加工和进口环节
2.黄酒	240元/吨	
3.啤酒		
（1）甲类啤酒	250元/吨	
（2）乙类啤酒	220元/吨	
4.其他酒	10%	
三、高档化妆品	15%	生产、委托加工和进口环节
四、贵重首饰及珠宝玉石		
1.金银首饰、铂金首饰、钻石及钻石饰品	5%	零售环节
2.其他贵重首饰和珠宝玉石	10%	生产、委托加工和进口环节
五、鞭炮、焰火	15%	生产、委托加工和进口环节
六、成品油		
1.汽油	1.52元/升	生产、委托加工和进口环节
2.柴油	1.20元/升	
3.航空煤油	1.20元/升	
4.石脑油	1.52元/升	
5.溶剂油	1.52元/升	
6.润滑油	1.52元/升	
7.燃料油	1.20元/升	
七、摩托车		
1.气缸容量（排气量，下同）在250毫升的	3%	生产、委托加工和进口环节
2.气缸容量在250毫升以上的	10%	

续表

税目	税率	征收环节
八、小汽车		
1.乘用车（每辆零售价格在130万元（不含增值税）以下）		生产、进口环节
（1）气缸容量（排气量，下同）在1.0升（含1.0升）以下的	1%	
（2）气缸容量在1.0升以上至1.5升（含1.5升）的	3%	
（3）气缸容量在1.5升以上至2.0升（含2.0升）的	5%	
（4）气缸容量在2.0升以上至2.5升（含2.5升）的	9%	
（5）气缸容量在2.5升以上至3.0升（含3.0升）的	12%	
（6）气缸容量在3.0升以上至4.0升（含4.0升）的	25%	
（7）气缸容量在4.0升以上的	40%	
2.中轻型商用客车（每辆零售价格在130万元（不含增值税）以下）	5%	
3.超豪华小汽车（每辆零售价格在130万元（不含增值税）及以上）	10%	零售环节（加征）
九、高尔夫球及球具	10%	生产、委托加工和进口环节
十、高档手表	20%	生产、委托加工和进口环节
十一、游艇	10%	生产、委托加工和进口环节
十二、木制一次性筷子	5%	生产、委托加工和进口环节
十三、实木地板	5%	生产、委托加工和进口环节
十四、电池	4%	生产、委托加工和进口环节
十五、涂料	4%	生产、委托加工和进口环节

（五）消费税的应纳税额

1.直接对外销售应税消费品应纳消费税的计算

消费税应纳税额的计算方法包括从价定率计税、从量定额计税，以及从价定率和从量定额相结合的复合计税（以下简称复合计税）三种。

直接对外销售应税消费品应纳消费税的计算见表3-5。

表3-5 直接对外销售应税消费品应纳消费税的计算

计税方法	计税依据	适用范围	计税公式
1.从价定率计税	销售额	除列举项目之外的应税消费品	应纳税额=销售额×比例税率
2.从量定额计税	销售数量	列举3种：啤酒、黄酒、成品油	应纳税额=销售数量×单位税额
3.复合计税	销售额和销售数量	列举2种：白酒、卷烟	应纳税额=销售额×比例税率+销售数量×单位税额

【做中学3-6】红旗化妆品厂销售高档化妆品一批，取得不含增值税销售额10 000元，增值税专用发票上注明的增值税税额为1 300元，其适用的消费税税率为15%，则其应缴纳的消费税税额为：

应缴纳的消费税税额 = 10 000 × 15% = 1 500（元）

2. 自产自用应税消费品应纳消费税的计算

（1）用于本企业连续生产应税消费品的，不缴纳消费税。

（2）用于其他方面的，于移送使用时缴纳消费税。

这里的“用于其他方面”，包括：

① 用于生产非应税消费品；

② 用于在建工程、管理部门、非生产机构、提供劳务；

③ 用于馈赠、赞助、集资、广告、样品、职工福利、奖励等方面。

（3）组成计税价格及应纳税额的计算。

纳税人自产自用的应税消费品，凡用于其他方面，应当纳税的，按纳税人生产的同类消费品的销售价格计算应纳税额；无同类消费品销售价格的，按组成计税价格计算应纳税额。

实行从价定率办法计算纳税的组成计税价格及应纳税额的计算公式为：

组成计税价格 = （成本 + 利润）÷（1 − 比例税率）

应纳税额 = 组成计税价格 × 比例税率

实行复合计税办法计算纳税的组成计税价格及应纳税额的计算公式为：

组成计税价格 = （成本 + 利润 + 自产自用数量 × 定额税率）÷（1 − 比例税率）

应纳税额 = 组成计税价格 × 比例税率 + 自产自用数量 × 定额税率

3. 委托加工应税消费品应纳消费税的计算

受托方代收代缴消费税时，应按受托方同类应税消费品的售价计算纳税；没有同类价格的，按照组成计税价格计算纳税。

受托方加工完毕向委托方交货时，由受托方代收代缴消费税。如果受托方是个人（含个体工商户），委托方须在收回加工应税消费品后向所在地主管税务机关缴纳消费税。如果受托方对委托加工的应税消费品没有代收代缴消费税，委托方应补缴税款，补税的计税依据为：已直接销售的，按销售额计税；未销售或不能直接销售的，按组成计税价格计算纳税。

4. 进口应税消费品应纳税额的计算

（1）从价定率办法计税。

在从价定率办法下，其应纳税额的计算公式为：

组成计税价格 = （关税完税价格 + 关税）÷（1 − 消费税比例税率）

应纳税额 = 组成计税价格 × 消费税比例税率

（2）从量定额办法计税。

在从量定额办法下，其应纳税额的计算公式为：

应纳税额 = 进口应税消费品数量 × 消费税定额税率

（3）复合办法计税。

在复合计税办法下，其应纳税额的计算公式为：

$$组成计税价格=\left(\frac{关税}{完税价格}+关税+\frac{进口应税}{消费品数量}\times\frac{消费税}{定额税率}\right)\div\left(1-\frac{消费税}{比例税率}\right)$$

$$\frac{应纳}{税额}=\frac{组成}{计税价格}\times\frac{消费税}{比例税率}+\frac{进口应税}{消费品数量}\times\frac{消费税}{定额税率}$$

5. 已纳消费税扣除的计算

税法规定，将外购已税消费品连续生产应税消费品销售时，可按当期生产领用数量计算准予扣除外购应税消费品已纳的消费税税款。

（1）扣除范围。

① 以外购已税烟丝为原料生产的卷烟；

② 以外购已税高档化妆品为原料生产的高档化妆品；

③ 以外购已税珠宝、玉石为原料生产的贵重首饰及珠宝、玉石；

④ 以外购已税鞭炮、焰火为原料生产的鞭炮、焰火；

⑤ 以外购已税杆头、杆身和握把为原料生产的高尔夫球杆；

⑥ 以外购已税木制一次性筷子为原料生产的木制一次性筷子；

⑦ 以外购已税实木地板为原料生产的实木地板；

⑧ 外购已税石脑油、润滑油、燃料油为原料生产的成品油；

⑨ 外购已税汽油、柴油为原料生产的汽油、柴油。

（2）扣税计算。上述当期准予扣除的外购应税消费品已纳消费税税款的计算公式为：

$$\frac{当期准予扣除的外购应税}{消费品已纳税款}=\frac{当期准予扣除的外购}{应税消费品买价}\times\frac{外购应税消费品}{适用税率}$$

$$\frac{当期准予扣除的外购}{应税消费品买价}=\frac{期初库存的外购}{应税消费品的买价}+\frac{当期购进的应税}{消费品的买价}-\frac{期末库存的外购}{应税消费品的买价}$$

（3）纳税人用外购已税珠宝、玉石为原料生产的改在零售环节征收消费税的金银首饰（镶嵌首饰），在计税时一律不得扣除外购珠宝、玉石的已纳税款。

此外，税法规定，对委托加工收回消费品已缴纳的消费税，可按当期生产领用数量从当期应纳消费税税额中扣除，扣除范围、扣除方法与外购已税消费品连续生产应税消费品相同。

（六）消费税的征收管理

1. 纳税义务发生时间（货款结算方式或行为发生时间）

（1）纳税人销售应税消费品的，其纳税义务发生时间分别为：

① 采取赊销和分期收款结算方式的，为销售合同约定的收款日期的当天；销售合同没有约定收款日期或者无书面合同的，为发出应税消费品的当天。

② 采取预收货款结算方式的，为发出应税消费品的当天。

③ 采取托收承付和委托银行收款方式销售应税消费品的，为发出应税消费品并办妥托收手续的当天。

④ 采取其他结算方式的，为收讫销售款或者取得索取销售款凭据的当天。

（2）纳税人自产自用应税消费品的，为移送使用的当天。

（3）纳税人委托加工应税消费品的，为纳税人提货的当天。

（4）纳税人进口应税消费品的，为报关进口的当天。

2. 纳税期限

消费税的纳税期限分别为1日、3日、5日、10日、15日、1个月或者1个季度。

【请注意】纳税人的具体纳税期限，由主管税务机关根据纳税人应纳税额的大小分别核定；不能按照固定期限纳税的，可以按次纳税。

纳税人以1个月或者1个季度为1个纳税期的，自期满之日起15日内申报纳税；以1日、3日、5日、10日或者15日为1个纳税期的，自期满之日起5日内预缴税款，于次月1日起15日内申报纳税并结清上月应纳税款。

纳税人进口应税消费品，应当自海关填发海关进口消费税专用缴款书之日起15日内缴纳税款。

3. 消费税的纳税地点

（1）纳税人销售的应税消费品，以及自产自用的应税消费品，除国务院财政、税务主管部门另有规定外，应当向纳税人机构所在地或者居住地的主管税务机关申报纳税。

（2）委托加工的应税消费品，除受托方为个人外，由受托方向机构所在地或居住地的主管税务机关解缴消费税税款；其他由受托方向其机构所在地或者居住地主管税务机关申报纳税。

（3）进口的应税消费品，由进口人或者其代理人向报关地海关申报纳税。

（4）纳税人到外县（市）销售或者委托外县（市）代销自产应税消费品的，于应税消费品销售后，向机构所在地或居住地主管税务机关申报纳税。

（5）纳税人销售的应税消费品，如因质量等原因由购买者退回，经所在地主管税务机关审核批准后，可退还已征收的消费税税款，但不能自行直接抵减应纳税款。

（6）纳税人总机构与分支机构不在同一县（市）的，应在生产应税消费品的分支机构所在地缴纳消费税。经省（自治区、直辖市）财政厅（局）国家税务总局审批同意，可由总机构汇总向总机构所在地主管税务机关缴纳。

（7）出口的应税消费品办理退税后发生退关，或者国外退货进口时予以免税的，报关出口者必须及时向其机构所在地或者居住地税务机关申报补缴已退还的消费税税款。纳税人直接出口的应税消费品办理退税后，发生退关或者国外退货，进口时已予以免税的，经机构所在地或者居住地税务机关批准，可暂不办理补税，待其转为国内销售时，再申请补缴消费税。

（8）个人携带或者邮寄进境的应税消费品的消费税，连同关税一并计征，具体办法由国务院关税税则委员会会同有关部门制定。

三、企业所得税

（一）企业所得税的概念

企业所得税是指对我国境内企业和其他组织的生产经营所得和其他所得征收的一种税。

根据《企业所得税法》的规定，企业分为居民企业和非居民企业。居民企业是指依法在中国境内成立，或者依照外国（地区）法律成立但实际管理机构在中国境内的企业。非居民企业是指依照外国（地区）法律成立且实际管理机构不在中国境内，但在中国境内设立机构、场所的，或者在中国境内未设立机构、场所，但有来源于中国境内所得的企业。

（二）企业所得税的征税对象

企业所得税的征税对象是企业的生产经营所得、其他所得和清算所得。

1. 居民企业的征税对象

居民企业应当就其来源于中国境内、境外的所得缴纳企业所得税。

这里所说的所得，包括销售货物收入、提供劳务收入、转让财产收入、股息和红利等权益性投资收益、利息收入、租金收入、特许权使用费收入、接受捐赠收入、其他收入。

2. 非居民企业的征税对象

（1）非居民企业在中国境内设立机构、场所的，应当就其所设机构、场所取得的来源于中国境内的所得，以及发生在中国境外但与其所设机构、场所有实际联系的所得，缴纳企业所得税。

（2）非居民企业在中国境内未设立机构、场所的，或者虽设立机构、场所但取得的所得与其所设机构、场所没有实际联系的，应当就其来源于中国境内的所得缴纳企业所得税。

【提示】实际联系，是指非居民企业在中国境内设立的机构、场所拥有据以取得所得的股权、债权，以及拥有、管理、控制据以取得所得的财产等。

（三）企业所得税的纳税人

在中华人民共和国境内的企业和其他取得收入的组织（以下统称企业），为企业所得税的纳税人。

（四）企业所得税的税率

企业所得税税率见表3-6。

表3-6　企业所得税税率表

税率	适用范围
25%	居民企业
	在中国境内设立机构、场所且所得与机构、场所有实际联系的非居民企业
20%（实际征税时适用10%）	在中国境内未设立机构、场所，或者虽设立机构、场所但取得的所得与其所设机构、场所没有实际联系的非居民企业
减按20%	符合条件的小型微利企业
减按15%	国家重点扶持的高新技术企业

（五）企业所得税的应纳税所得额

应纳税所得额是企业所得税的计税依据。根据《企业所得税法》的规定，企业每一个纳税年度的收入总额，减除不征税收入、免税收入、各项扣除以及允许弥补的以前年度亏损后的余额，为应纳税所得额。应纳税所得额的计算有直接计算法和间接计算法两种。

直接计算法下的计算公式为：

$$\text{应纳税所得额}=\text{收入总额}-\text{不征税收入}-\text{免税收入}-\text{各项扣除}-\text{允许弥补的以前年度亏损}$$

间接计算法下的计算公式为：

应纳税所得额 = 利润总额 ± 纳税调整项目金额

企业应纳税所得额的计算，应当以权责发生制为原则。凡本期已经实现的收入和已经发生或应当负担的费用，不论其款项是否已经收付，都应作为当期的收入和费用处理；凡不属于当期的收入和费用，即使款项已经在当期收付，都不应作为当期的收入和费用处理。

1. 收入总额

收入总额是指企业以货币形式和非货币形式从各种来源取得的收入。具体包括：销售货物收入、提供劳务收入、转让财产收入、股息和红利等权益性投资收益、利息收入、租金收入、特许权使用费收入、接受捐赠收入以及其他收入。

【提示】企业取得的非货币形式，包括固定资产、生物资产、无形资产、股权投资、存货、不准备持有至到期的债券投资、劳务，以及有关权益等。非货币形式收入应当按照公允价值确定收入额。

2. 不征税收入

不征税收入是指从性质上和根源上不属于企业营利性活动带来的经济利益，不负有纳税义务并且不作为应纳税所得额组成部分的收入。收入总额中的不征税收入包括：财政拨款；依法收取并纳入财政管理的行政事业性收费、政府性基金；国务院规定的其他不征税收入。

3. 免税收入

免税收入是指属于企业的应税所得但按照税法规定免予征收企业所得税的收入。企业的免税收入包括：

（1）国债利息收入。企业因购买国债所得的利息收入，免征企业所得税。

①企业从发行者直接投资购买的国债持有至到期，其从发行者取得的国债利息收入，全额免征企业所得税。

②企业到期前转让国债或者从非发行者投资购买的国债，其持有期间尚未兑付的国债利息收入，免征企业所得税。

尚未兑付的国债利息收入 = 国债金额 × 适用年利率 ÷ 365 × 持有天数

③企业转让或到期兑付国债取得的价款，减除其购买国债的成本，并扣除其持有期间尚未兑付的国债利息收入、交易过程中相关税费后的余额，为企业转让国债收益（损失），应按规定纳税。

（2）符合条件的居民企业之间的股息、红利等权益性投资收益。这是指居民企业直接投资于其他居民企业取得的投资收益。

（3）在中国境内设立机构、场所的非居民企业从居民企业取得与该机构、场所有实际联系的股息、红利等权益性投资收益。

上述股息、红利等权益性投资收益都不包括连续持有居民企业公开发行并上市流通的股票不足12个月取得的投资收益。

（4）符合条件的非营利组织的收入。非营利组织的收入不包括非营利组织从事营利性活动取得的收入，但国务院财政、税务主管部门另有规定的除外。

非营利组织的下列收入为免税收入：

① 接受其他单位或者个人捐赠的收入。

② 除《企业所得税法》第七条规定的财政拨款以外的其他政府补助收入，但不包括因政府购买服务取得的收入。

③ 按照省级以上民政、财政部门规定收取的会费。

④ 不征税收入和免税收入孳生的银行存款利息收入。

⑤ 财政部、国家税务总局规定的其他收入。

4. 准予扣除项目

企业实际发生的与取得收入有关的、合理的支出，包括成本、费用、税金、损失和其他支出，准予在计算应纳税所得额时扣除。准予扣除项目及扣除标准（部分）见表3-7。

表3-7　准予扣除项目及扣除标准（部分）

项目	扣除标准
（1）工资、薪金支出	企业发生的合理的工资、薪金支出，准予扣除
（2）职工福利费	企业发生的职工福利费支出，不超过工资、薪金总额14%的部分，准予扣除；超过部分，不得扣除
（3）工会经费	企业拨缴的工会经费，不超过工资、薪金总额2%的部分，准予扣除；超过部分，不得扣除
（4）职工教育经费	企业发生的职工教育经费支出，不超过工资、薪金总额8%的部分准予扣除；超过部分，准予在以后纳税年度结转扣除，国务院财政、税务主管部门另有规定的除外
（5）利息费用	①非金融企业向金融企业借款的利息支出、金融企业的各项存款利息支出和同业拆借利息支出、企业经批准发行债券的利息支出可据实扣除 ②非金融企业向非金融企业借款的利息支出，不超过按照金融企业同期同类贷款利率计算的数额的部分可据实扣除，超过部分不许扣除 ③凡企业投资者在规定期限内未缴足其应缴资本额的，该企业对外借款所付利息，相当于投资者实缴资本额与在规定期限内应缴资本额的差额应计的利息，其不属于企业合理的支出，应由企业投资者负担，不得在计算企业应纳税所得额时扣除 ④企业向股东或其他与企业有关联关系的自然人借款的利息支出，应根据《企业所得税法》及《财政部 国家税务总局关于企业关联方利息支出税前扣除标准有关税收政策问题的通知》（财税〔2008〕121号）规定的条件，计算企业所得税扣除额 ⑤企业向除股东或其他与企业有关联关系的自然人以外的内部职工或其他人员借款，其借款情况同时符合以下条件的，其利息支出在不超过按照金融企业同期同类贷款利率计算的数额的部分，准予扣除： a. 企业与个人之间的借贷是真实、合法、有效的，并且不具有非法集资目的或其他违反法律、法规的行为 b. 企业与个人之间签订了借款合同

续表

项目	扣除标准
（6）业务招待费	①企业发生的与生产经营活动有关的业务招待费支出，按照实际发生额的60%扣除，但最高不得超过当年销售收入的5‰ ②企业在筹建期间发生的与筹办活动有关的业务招待费支出，按照实际发生额的60%计入企业筹办费，并按有关规定在税前扣除
（7）广告费和业务宣传费	①企业发生的符合条件的广告费和业务宣传费支出，除国务院财政、税务主管部门另有规定外，不超过当年销售收入15%的部分，准予扣除；超过部分，准予在以后纳税年度结转扣除 ②企业在筹建期间发生的广告费和业务宣传费，可按实际发生额计入企业筹办费，并按有关规定在税前扣除
（8）公益性捐赠支出	企业依照国家会计制度规定计算的年度会计利润总额12%以内部分（包括12%）的公益性捐赠支出，准予在计算应纳税所得额时扣除；超过年度会计利润总额12%的部分，准予以后3年内在计算应纳税所得额时结转扣除
（9）保险费	①企业参加财产保险，按照规定缴纳的保险费，准予扣除 ②除企业依照国家有关规定为特殊工种职工支付的人身安全保险费和国务院财政、税务主管部门规定可以扣除的其他商业保险费外，企业为投资者或职工支付的商业保险费，不得扣除 ③企业参加雇主责任险、公众责任险等责任保险，按照规定缴纳的保险费，准予在企业所得税税前扣除 ④企业职工因公出差乘坐交通工具发生的人身意外保险费支出，准予企业在计算应纳税所得额时扣除

5. 不得扣除项目

不得扣除项目包括：

（1）向投资者支付的股息、红利等权益性投资收益款项；

（2）企业所得税税款；

（3）税收滞纳金；

（4）罚金、罚款和被没收财物的损失；

（5）企业发生的公益性捐赠支出，超过年度利润总额12%的部分；

（6）赞助支出；

（7）未经核定的准备金支出；

（8）企业之间支付的管理费、企业内营业机构之间支付的租金和特许权使用费，以及非银行企业内营业机构之间支付的利息；

（9）与取得收入无关的其他支出。

6. 亏损弥补

（1）税法规定，企业某一纳税年度发生的亏损可以用下一年度的所得弥补，下一年度的所得不足以弥补的，可逐年延续弥补，但延续弥补期限最长不得超过5年。企业在汇总计算缴纳企业所得税时，其境外营业机构的亏损不得抵减境内营业机构的盈利。

【请注意】《财政部 税务总局关于延长高新技术企业和科技型中小企业亏损结转年限的通知》（财税〔2018〕76号）规定，自2018年1月1日起，当年具备高新技术企业或科技型中小企业资格的企业，其具备资格年度之前5个年度发生的尚未弥补完的亏损，准予结转以后年度弥补，最长结转年限由5年延长至10年。

（2）企业筹办期间不计算为亏损年度。企业自开始生产经营的年度，为开始计算企业损益的年度。

（3）税务机关对企业以前年度纳税情况进行检查时调增的应纳税所得额，凡企业以前年度发生亏损且该亏损属于税法规定允许弥补的，应允许调增的应纳税所得额弥补该亏损。弥补该亏损后仍有余额的，按规定计算缴纳企业所得税。

【动脑筋】某企业2016年发生亏损30万元，2017年盈利20万元，2018年亏损5万元，2019年盈利8万元，2020年亏损1万元，2021年盈利2万元，2022年盈利20万元，则该企业2022年应缴纳的企业所得税为多少万元？（该企业适用的企业所得税税率为25%）

（六）企业所得税的征收管理

1.纳税地点

除税收法律、行政法规另有规定外，居民企业以企业登记注册地为纳税地点；登记注册地在境外的，以实际管理机构所在地为纳税地点。居民企业在中国境内设立不具有法人资格的营业机构的，应当汇总计算并缴纳企业所得税。

非居民企业在中国境内设立机构、场所的，应当就其所设机构、场所取得的来源于中国境内的所得，以及发生在中国境外但与其所设机构、场所有实际联系的所得纳税，以机构、场所所在地为纳税地点。非居民企业在中国境内未设立机构、场所的，或虽设立机构、场所，但取得的所得与其所设机构、场所没有实际联系的，以扣缴义务人所在地为纳税地点。

2.纳税期限

企业所得税按年计征，分月或者分季预缴，年终汇算清缴，多退少补。企业所得税的纳税年度自公历1月1日起至12月31日止。企业在一个纳税年度中间开业，或者由于合并、关闭等原因终止经营活动，使该纳税年度的实际经营期不足12个月的，应当以其实际经营期为一个纳税年度。企业依法清算时，应当以清算期间作为一个纳税年度。

3.纳税申报

企业按月或按季预缴的，应当自月份或者季度终了之日起15日内，无论盈利或亏损，都应向税务机关报送预缴企业所得税纳税申报表，并预缴税款。企业应当自年度终了之日起5个月内，向税务机关报送年度企业所得税纳税申报表，并汇算清缴，结清应缴应退税款。企业在报送企业所得税纳税申报表时，应当按照规定附送财务会计报告和其他有关资料。

4.跨地区经营汇总纳税企业所得税征收管理

汇总纳税企业实行“统一核算、分级管理、就地预缴、汇总清算、财政调库”的企业所得税征收管理办法。该办法适用于在中国境内跨地区设立不具有法人资格分支机构的居民企业。

（1）汇总纳税企业按照《企业所得税法》规定汇总计算的企业所得税，包括预缴税款和汇算清缴应缴应退税款。

① 50%在各分支机构间分摊，各分支机构根据分摊税款就地办理缴库或退库；

② 50%由总机构分摊缴纳，其中25%就地办理缴库或退库，25%就地全额缴入中央国库或退库。

（2）分摊税额计算。总机构应按照上年度分支机构的销售收入、职工薪酬和资产总额3个因素计算各分支机构应分摊所得税款的比例。计算公式如下：

$$\text{所有分支机构分摊税款总额}=\text{汇总纳税企业当期应纳所得税额}\times 50\%$$

$$\text{某分支机构分摊税款}=\text{所有分支机构分摊税款总额}\times\text{该分支机构分摊比例}$$

$$\frac{\text{某分支机构}}{\text{分摊比例}}=\frac{\text{该分支机构}}{\text{销售收入}}\div\frac{\text{各分支机构}}{\text{销售收入之和}}\times 0.35+\frac{\text{该分支机构}}{\text{职工薪酬}}\div\frac{\text{各分支机构}}{\text{职工薪酬之和}}\times 0.35+\frac{\text{该分支机构}}{\text{资产总额}}\div\frac{\text{各分支机构}}{\text{资产总额之和}}\times 0.30$$

5.合伙企业所得税的征收管理

（1）合伙企业以每一个合伙人为纳税义务人，合伙企业合伙人是自然人的，缴纳个人所得税；合伙人是法人和其他组织的，缴纳企业所得税。

（2）合伙企业生产经营所得和其他所得采取“先分后税”的原则。

（3）合伙企业的合伙人是法人和其他组织的，合伙人在计算其缴纳的企业所得税时，不得用合伙企业的亏损抵减其盈利。

四、个人所得税

（一）个人所得税的概念

个人所得税是指对个人（即自然人）的劳务和非劳务所得征收的一种税。个人所得税以个人取得的各项应税所得为征税对象。

【请注意】这里的“个人”还包括具有自然人性质的企业。具有自然人性质的企业是指个人独资企业、合伙企业。

（二）个人所得税的纳税义务人

个人所得税的纳税义务人，包括中国公民、个体工商户、个人独资企业投资人和合伙企业的个人合伙人等，依据住所和居住时间两个标准，可分为居民个人和非居民个人。

1.居民个人

居民个人是指在中国境内有住所，或者无住所而一个纳税年度内在中国境内居住累计满183天的个人。居民个人负有无限纳税义务，即其取得的应纳税所得，无论是来源于中国境内还是境外，都要在中国境内缴纳个人所得税。

【提示】在境内居住累计满183天，是指在一个纳税年度内，在中国境内居住累计满183天。在计算居住天数时，取消了原有的临时离境规定，即境内无住所的某人在一个纳税年度内无论出境多少次，只要在我国境内累计住满183天，就可判定为居民个人。

2. 非居民个人

非居民个人是指在中国境内无住所又不居住，或者无住所而一个纳税年度内在中国境内居住累计不满183天的个人。非居民个人承担有限纳税义务，仅就其来源于中国境内的所得缴纳个人所得税。

（三）个人所得税的应税项目和税率

1. 个人所得税的应税项目

现行个人所得税共有9个应税项目。居民个人取得下列第（1）至（4）项所得（以下简称综合所得），按纳税年度合并计算个人所得税；非居民个人取得下列第（1）至（4）项所得，按月或者按次分项计算个人所得税。纳税人取得下列第（5）至（9）项所得，分别计算个人所得税。

（1）工资、薪金所得，是指个人因任职或者受雇取得的工资、薪金、奖金、年终加薪、劳动分红、津贴、补贴以及与任职或者受雇有关的其他所得。

（2）劳务报酬所得，是指个人从事劳务取得的所得，包括从事设计、装潢、安装、制图、化验、测试、医疗、法律、会计、咨询、讲学、翻译、审稿、书画、雕刻、影视、录音、录像、演出、表演、广告、展览、技术服务、介绍服务、经纪服务、代办服务以及其他劳务取得的所得。

（3）稿酬所得，是指个人因其作品以图书、报刊等形式出版、发表而取得的所得。

（4）特许权使用费所得，是指个人提供专利权、商标权、著作权、非专利技术以及其他特许权的使用权取得的所得；提供著作权的使用权取得的所得，不包括稿酬所得。

【提示】提供著作权的使用权取得的所得，不包括稿酬所得。

（5）经营所得，是指个体工商户从事生产、经营活动取得的所得，个人独资企业投资人、合伙企业的个人合伙人来源于境内注册的个人独资企业、合伙企业生产、经营的所得；个人依法从事办学、医疗、咨询以及其他有偿服务活动取得的所得；个人对企业、事业单位承包经营、承租经营以及转包、转租取得的所得；个人从事其他生产、经营活动取得的所得。

（6）利息、股息、红利所得，是指个人拥有债权、股权等而取得的利息、股息、红利所得。

（7）财产租赁所得，是指个人出租不动产、机器设备、车船以及其他财产取得的所得。

（8）财产转让所得，是指个人转让有价证券、股权、合伙企业中的财产份额、不动产、机器设备、车船以及其他财产取得的所得。

（9）偶然所得，是指个人得奖、中奖、中彩以及其他偶然性质的所得。

【提示】个人取得的所得，难以界定应纳税所得项目的，由国务院税务主管部门确定。

2. 个人所得税的税率

（1）综合所得，适用3%至45%的七级超额累进税率。

居民个人每一纳税年度内取得的综合所得包括：工资、薪金所得，劳务报酬所得，稿酬所得和特许使用费所得。综合所得个人所得税税率见表3-8。

表3-8 综合所得个人所得税税率表

级数	全年应纳税所得额	税率（%）
1	不超过36 000元的	3
2	超过36 000元至144 000元的部分	10
3	超过144 000元至300 000元的部分	20
4	超过300 000元至420 000元的部分	25
5	超过420 000元至660 000元的部分	30
6	超过660 000元至960 000元的部分	35
7	超过960 000元的部分	45

注：①表中所称全年应纳税所得额是指依照《个人所得税法》第六条的规定，居民个人取得综合所得以每一纳税年度收入额减除费用6万元以及专项扣除、专项附加扣除和依法确定的其他扣除后的余额。②非居民个人取得工资、薪金所得，劳务报酬所得，稿酬所得和特许权使用费所得，依照表中按月换算后计算应纳税额。

（2）经营所得，适用5%至35%的超额累进税率。经营所得个人所得税税率见表3-9。

表3-9 经营所得个人所得税税率表

级数	全年应纳税所得额	税率（%）
1	不超过30 000元的	5
2	超过30 000元至90 000元的部分	10
3	超过90 000元至300 000元的部分	20
4	超过300 000元至500 000元的部分	30
5	超过500 000元的部分	35

注：表中所称全年应纳税所得额是指依照《个人所得税法》第六条的规定，以每一纳税年度的收入总额减除成本、费用以及损失后的余额。

（3）利息、股息、红利所得，财产租赁所得，财产转让所得和偶然所得，适用比例税率，税率为20%。

（四）个人所得税的应纳税所得额

1.每次收入的确定

（1）劳务报酬所得、稿酬所得、特许权使用费所得，属于一次性收入的，以取得该项收入为一次；属于同一项目连续性收入的，以一个月内取得的收入为一次。

（2）财产租赁所得，以一个月内取得的收入为一次。

（3）利息、股息、红利所得，以支付利息、股息、红利时取得的收入为一次。

（4）偶然所得，以每次取得该项收入为一次。

2.应纳税所得额和费用减除标准

（1）居民个人的综合所得，以每一纳税年度的收入额减除费用6万元以及专项扣除、专项附加扣除和依法确定的其他扣除后的余额，为应纳税所得额。

① 专项扣除，包括居民个人按照国家规定的范围和标准缴纳的基本养老保险、基本医疗保险、失业保险等社会保险费和住房公积金等。

② 专项附加扣除，是指个人所得税法规定的子女教育、继续教育、大病医疗、住房贷款利息或者住房租金、赡养老人等6项专项附加扣除，具体标准见《个人所得税专项附加扣除暂行办法》。自2022年1月1日起增加3岁以下婴幼儿照护的专项附加扣除。

③ 依法确定的其他扣除，包括个人缴付符合国家规定的企业年金、职业年金，个人购买符合国家规定的商业健康保险、税收递延型商业养老保险的支出，以及国务院规定可以扣除的其他项目。

【提示】专项扣除、专项附加扣除和依法确定的其他扣除，以居民个人一个纳税年度的应纳税所得额为限额；一个纳税年度扣除不完的，不结转以后年度扣除。

（2）非居民个人的工资、薪金所得，以每月收入额减除费用5 000元后的余额为应纳税所得额；劳务报酬所得、稿酬所得、特许权使用费所得，以每次收入额为应纳税所得额。

（3）经营所得，以每一纳税年度的收入总额减除成本、费用以及损失后的余额为应纳税所得额。

（4）财产租赁所得，每次收入不超过4 000元的，减除费用800元；4 000元以上的，减除20%的费用，其余额为应纳税所得额。

（5）财产转让所得，以转让财产的收入额减除财产原值和合理费用后的余额，为应纳税所得额。

（6）利息、股息、红利所得和偶然所得，以每次收入额为应纳税所得额。

3.应纳税所得额的其他规定

（1）劳务报酬所得、稿酬所得、特许权使用费所得以收入减除20%的费用后的余额为收入额。稿酬所得的收入额减按70%计算。

（2）个人将其所得对教育、扶贫、济困等公益慈善事业进行捐赠，捐赠额未超过纳税人申报的应纳税所得额30%的部分，可以从其应纳税所得额中扣除；国务院规定对公益慈善事业捐赠实行全额税前扣除的，从其规定。

（3）个人所得的形式，包括现金、实物、有价证券和其他形式的经济利益；所得为实物的，应当按照取得的凭证上所注明的价格计算应纳税所得额，无凭证的实物或者凭证上所注明的价格明显偏低的，参照市场价格核定应纳税所得额；所得为有价证券的，根据票面价格和市场价格核定应纳税所得额；所得为其他形式的经济利益的，参照市场价格核定应纳税所得额。

（4）居民个人从中国境外取得的所得，可以从其应纳税额中抵免已在境外缴纳的个人所得税税额，但抵免额不得超过该纳税人境外所得依照我国《个人所得税法》规定计算的应纳税额。

（5）所得为人民币以外货币的，按照办理纳税申报或者扣缴申报的上一月最后一日人民币汇率中间价，折合成人民币计算应纳税所得额。年度终了后办理汇算清缴的，对已经按月、按季或者按次预缴税款的人民币以外货币所得，不再重新折算；对应当补缴税款的所得部分，按照上一纳税年度最后一日人民币汇率中间价，折合成人民币计算应纳税所得额。

（五）个人所得税的征收管理

我国个人所得税的征收方式实行自行申报纳税与全员全额扣缴申报纳税两种。

1. 自行申报纳税

自行申报纳税是指由纳税人自行在税法规定的纳税期限内，向税务机关申报取得的应税所得项目和数额，如实填写个人所得税纳税申报表，并按照税法规定计算应纳税额，据此缴纳个人所得税的一种方法。

纳税义务人有下列情形之一的，应当按照规定到主管税务机关办理纳税申报：

（1）取得综合所得需要办理汇算清缴；

（2）取得应税所得没有扣缴义务人；

（3）取得应税所得，扣缴义务人未扣缴税款；

（4）取得境外所得；

（5）因移居境外注销中国户籍；

（6）非居民个人在中国境内从两处以上取得工资、薪金所得；

（7）国务院规定的其他情形。

【提示】纳税人可采用远程办税端、邮寄等方式申报，也可以直接到主管税务机关申报。

2. 全员全额扣缴申报纳税

全员全额扣缴申报，是指扣缴义务人应当在代扣税款的次月15日内，向主管税务机关报送其支付所得的所有个人的有关信息、支付所得数额、扣除事项和数额、扣缴税款的具体数额和总额以及其他相关涉税信息资料。

实行个人所得税全员全额扣缴申报的应税所得包括：工资、薪金所得；劳务报酬所得；稿酬所得；特许权使用费所得；利息、股息、红利所得；财产租赁所得；财产转让所得；偶然所得。

扣缴义务人每月或者每次预扣、代扣的税款，应当在次月15日内缴入国库，并向税务机关报送扣缴个人所得税申报表。

【请注意】扣缴义务人向居民个人支付工资、薪金所得时，应按照累计预扣法计算预扣税款，并按月办理扣缴申报。

任务三　学会依法纳税，完善税收征管

税收征收管理是指国家征税机关依据国家税收法律、行政法规的规定，按照统一的标准，通过一定的程序，对纳税人应纳税额组织入库的一种行政活动，是国家将税收政

策贯彻实施到每个纳税人，有效组织税收收入及时、足额入库的一系列活动。为了加强税收征收管理，规范税收征收和缴纳行为，保障国家税收收入，保护纳税人的合法权益，促进经济和社会发展，我国颁布了《税收征收管理法》，现行版本为2015年4月24日第十二届全国人民代表大会常务委员会第十四次会议修正。根据《税收征收管理法》的规定，税收征收管理包括税务管理（税务登记，账簿、凭证管理，纳税申报）税款征收、税务检查和法律责任等环节。

一、税务登记

（一）税务登记的概念

动画

灰太狼偷税

税务登记是税务机关依据税法规定，对纳税人的生产、经营活动进行登记管理的一项法定制度，也是纳税人依法履行纳税义务的法定手续。

凡有法律、法规规定的应税收入、应税财产或应税行为的各类纳税人，均应依照《税务登记管理办法》的有关规定办理税务登记；扣缴义务人应当在发生扣缴义务时，到税务机关申报登记，领取扣缴税款凭证。

（二）税务登记的内容

我国现行税务登记制度包括以下内容：设立（开业）登记；变更登记；停业、复业登记；注销登记；外出经营报验登记；纳税人税种登记；扣缴义务人扣缴税款登记等。

1.设立（开业）登记

设立（开业）登记是指纳税人依法成立并经市场监督管理机关登记后，为确认其纳税人的身份，纳入国家税务管理体系而到税务机关进行的登记。

（1）开业登记的对象。开业登记的纳税人分以下两类：一类是领取营业执照从事生产、经营的纳税人；另一类是其他纳税人。根据有关法规的规定，不从事生产、经营活动，但依照法律、法规的规定负有纳税义务的单位和个人，除临时取得应税收入或发生应税行为，以及只缴纳个人所得税、车船税的以外，都应按规定向税务机关办理税务登记。

（2）办理税务登记的地点。从事生产、经营的纳税人，向生产、经营所在地税务机关办理税务登记。非从事生产经营但依照规定负有纳税义务的其他纳税人，向纳税义务发生地税务机关办理税务登记。税务机关对纳税人税务登记地点发生争议的，由其共同的上级税务机关指定管辖。

（3）申报办理税务登记的时限。

① 从事生产、经营的纳税人领取工商营业执照的，应当自领取工商营业执照之日起30日内申报办理税务登记，税务机关发放税务登记证及副本。

② 从事生产、经营的纳税人未办理工商营业执照但经有关部门批准设立的，应当自有关部门批准设立之日起30日内申报办理税务登记，税务机关发放税务登记证及副本。

③ 从事生产、经营的纳税人未办理工商营业执照也未经有关部门批准设立的，应当自纳税义务发生之日起30日内申报办理税务登记，税务机关发放临时税务登记证及副本。

④ 有独立的生产经营权、在财务上独立核算并定期向发包人或者出租人上交承包费或租金的承包承租人，应当自承包承租合同签订之日起30日内，向其承包承租业务发生地税务机关申报办理税务登记，税务机关发放临时税务登记证及副本。

⑤ 境外企业在中国境内承包建筑、安装、装配、勘探工程和提供劳务的，应当自项目合同或协议签订之日起30日内，向项目所在地税务机关申报办理税务登记，税务机关发放临时税务登记证及副本。

⑥ 非从事生产经营但依照规定负有纳税义务的其他纳税人，除国家机关、个人和无固定生产、经营场所的流动性农村小商贩外，均应当自纳税义务发生之日起30日内，向纳税义务发生地税务机关申报办理税务登记，税务机关发放税务登记证及副本。

【请注意】根据《关于明确社会组织等纳税人使用统一社会信用代码及办理税务登记有关问题的通知》的规定，对于2016年1月1日以后在机构编制、民政部门登记设立并取得统一社会信用代码的纳税人，以18位统一社会信用代码为其纳税人识别号，按照现行规定办理税务登记，发放税务登记证件。

2. 变更登记

变更登记是指纳税人税务登记的内容发生重大变化，向原税务机关申报办理的一种税务登记手续。

（1）涉及税务登记证件内容变化。税务登记情形发生变化，涉及改变税务登记证件内容的纳税人，向原主管税务机关办理变更税务登记。

报送资料包括：变更税务登记表；纳税人变更登记内容的有关证明文件原件及复印件；税务登记证件。

变更登记基本流程（1）如图3-1所示。

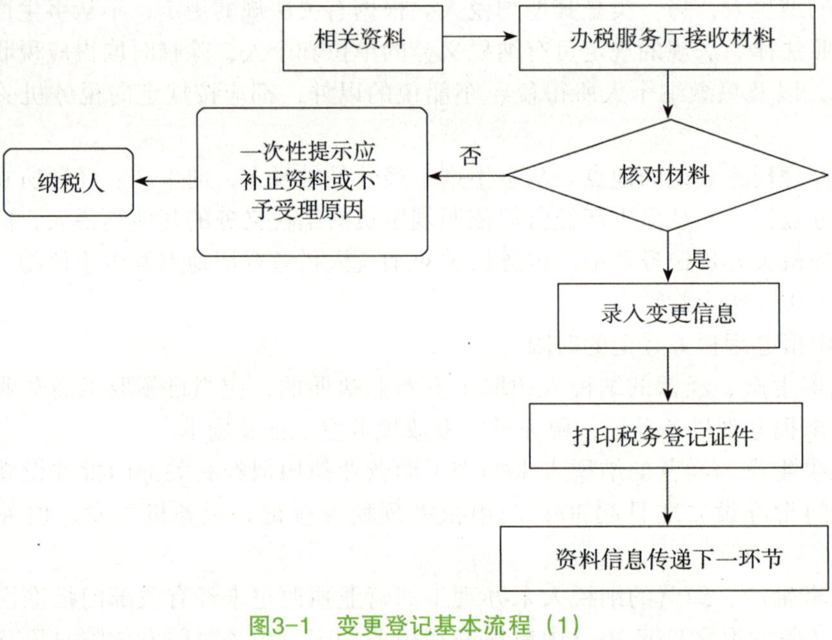

图3-1 变更登记基本流程（1）

（2）不涉及税务登记证件内容变化。税务登记情形发生变化，但不涉及改变税务登记证件内容的纳税人，向原主管税务机关办理变更税务登记。

报送资料包括：变更税务登记表；纳税人变更登记内容的有关证明文件原件及复印件。

变更登记基本流程（2）如图3-2所示。

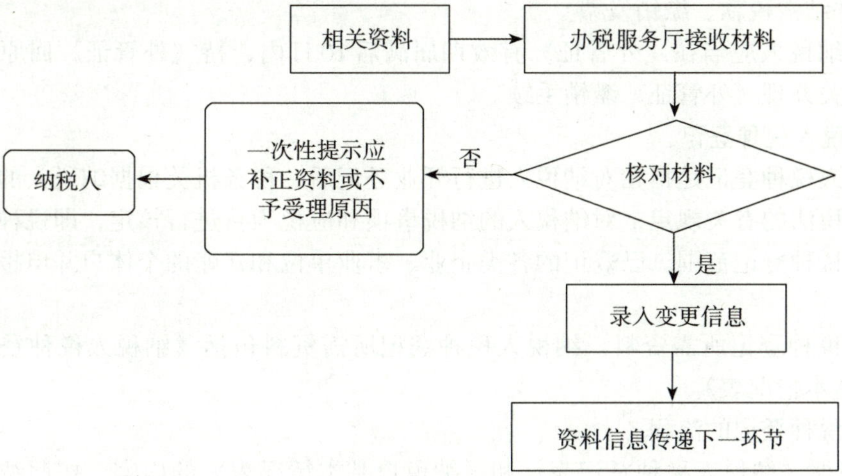

图3-2　变更登记基本流程（2）

3. 停业、复业登记

实行定期、定额征收方式的纳税人需要停业的，在停业前应向主管税务机关申报办理停业登记。纳税人的停业期限不得超过1年。纳税人停业期满不能及时恢复生产、经营的，应当在停业期满前到主管税务机关申报办理延长停业登记。

办理停业登记的纳税人应当在恢复生产、经营之前，向主管税务机关申报办理复业登记。

4. 注销登记

纳税人发生以下情形的，应向主管税务机关申报办理注销税务登记：

（1）因解散、破产、撤销以及其他情形，依法终止纳税义务的；

（2）被市场监督管理机关吊销营业执照或者被其他机关予以撤销登记的；

（3）因住所、经营地点变动，涉及改变税务登记机关的；

（4）境外企业在中华人民共和国境内承包建筑、安装、装配、勘探工程和提供劳务，项目完工离开中国的。

【请注意】《国家税务总局关于进一步优化办理企业税务注销程序的通知》（税总发〔2018〕149号）规定了自2018年10月1日起的一系列税务注销优化程序，包括实行清税证明免办服务、优化税务注销即办服务和简化税务注销办理的资料和流程。

5. 外出经营报验登记

（1）纳税人到外县（市）临时从事生产经营活动的，应当在外出前向主管税务机关申请开具《外出经营活动税收管理证明》（以下简称《外管证》）。

（2）税务机关按照一地一证的原则核发《外管证》，《外管证》的有效期限一般为30日，最长不得超过180日，但建筑安装行业纳税人项目合同期限超过180日的，按照合同期限确定有效期限。

（3）纳税人应当在《外管证》注明地进行生产经营前向当地税务机关报验登记，并接受经营地税务机关管理。

（4）纳税人外出经营活动结束，应当向经营地税务机关填报《外出经营活动情况申报表》，并结清税款、缴销发票。

（5）纳税人应当在《外管证》有效期届满后10日内，持《外管证》回原税务登记地税务机关办理《外管证》缴销手续。

6.纳税人税种登记

纳税人税种登记是指在对纳税人进行开业登记后，税务机关根据纳税人的生产、经营范围及税法的有关规定，对纳税人的纳税事项和应税项目进行核定，即税种核定。

（1）税种登记范围。已登记的各类企业、事业单位和建账的个体户并申报征收的纳税户。

（2）税种登记所需资料。纳税人税种登记所需资料包括《纳税人税种登记表》和《纳税户基本情况表》。

（3）税种登记的流程。

① 根据《纳税人税种登记表》和《纳税户基本情况表》的内容，按照纳税人的经营范围、经营方式、房产原值、土地占用面积、车辆数量、核算形式、扣缴义务范围等，在计算机中登记其应纳税种、税目、计税依据、申报纳税期限等。

② 纳税人报送会计制度、会计处理办法、会计核算软件，在计算机程序中录入企业的基本存款账号和其他存款账号。

③ 纳税人税务登记内容变更后，需重新填写《纳税人税种登记表》，报送有关存款账号、会计制度、会计处理办法、会计核算软件，税务机关应及时在程序中修改。

7.扣缴义务人扣缴税款登记

（1）扣缴义务人应当自扣缴义务发生之日起30日内，向所在地的主管税务机关申报办理扣缴税款登记，领取扣缴税款登记证件。

（2）税务机关对已办理税务登记的扣缴义务人，可以只在其税务登记证件上登记扣缴税款事项，不再发给扣缴税款登记证件。

二、发票的开具与管理

（一）发票的概念

发票是指在购销商品、提供或者接受服务以及从事其他经营活动的过程中，开具、收取的收付款凭证。它是确定经营收支行为发生的法定凭证，是会计核算的原始依据，也是税务稽查的重要依据。

为了加强发票管理和财务监督，保障国家税收收入，维护经济秩序，我国颁布了《中华人民共和国发票管理办法》（以下简称《发票管理办法》），现行版本于2010年12月8日国务院第136次常务会议修改通过，自2011年2月1日起施行。2011年1月27日国家税务总局第1次局务会议审议通过了《中华人民共和国发票管理办法实施细则》（以下简称《发票管理办法实施细则》），现行版本于2014年12月19日国家税务总局

2014年度第4次局务会议修改通过，自2015年3月1日起施行。《发票管理办法》以及《发票管理办法实施细则》对发票的印制、领购，发票的开具和保管，发票的检查以及对违反发票管理制度的处罚等作出了规定。同时，税务机关是发票的主管机关，负责发票印刷、领购、开具、取得、保管、缴销的管理和监督。

财政、审计、市场监督管理、公安等有关部门在各自的职责范围内，配合税务机关做好发票管理工作。

发票的基本内容包括：发票名称、发票代码和号码、联次及用途、客户名称、开户银行及账号、商品名称或经营项目、计量单位、数量、单价、大小写金额、开票人、开票日期、开票单位（个人）名称（章）等。有代扣、代收、委托代征税款的，其发票内容应包括代扣、代收、委托代征税种的税率和代扣、代收、委托代征的税额。

【提示】省级以上税务机关可根据经济活动以及发票管理的需要，确定发票具体内容。

（二）发票的特征

发票具有以下几个方面的特征：

1. 发票的合法性

发票的合法性是指发票的确立由法律、行政法规规定，由法定的管理机关——税务机关统一监制。只有依法印制、使用，并具备法定的格式和内容的发票，才是有效的合法发票，才能作为财务收支和会计核算的合法凭证。

2. 发票的真实性

发票的真实性是指用票单位和个人必须依照法律、行政法规的规定，从客观事实出发，对经济业务进行如实、客观的记录，以真正反映经济交往的原始面貌；对外来的发票进行严格的审查把关、去伪存真，确保取得发票的真实性。

3. 发票的统一性

发票的统一性是指同一行政区域、同一时期、同一经济性质、同一行业的发票用户，使用的发票种类和遵循的规则应统一。

4. 发票的时效性

发票的时效性是指填开发票必须按税务机关规定的时限进行，既不能提前，也不能推后。

5. 发票的传递性

发票的传递性是指发票从印制、运输、存储、发售、开具到记账有一个复杂的传递过程。发票只有通过传递，其价值才能得以实现。

（三）发票的种类

发票按其用途和反映的内容不同，可以分为增值税专用发票、增值税普通发票和机动车销售统一发票。

1. 增值税专用发票

增值税专用发票是指专门用于结算销售货物和提供加工、修理修配劳务以及销售服务、无形资产、不动产的一种发票。增值税专用发票只限于增值税一般纳税人领购使用，增值税小规模纳税人不得领购使用。

增值税专用发票由基本联次或者基本联次附加其他联次构成。基本联次为三联：记账联、抵扣联和发票联。记账联，是销售方核算销售收入和增值税销项税额的记账凭证；抵扣联，是购买方报送主管税务机关认证和留存备查的凭证；发票联，是购买方核算采购成本和增值税进项税额的记账凭证。其他联次的用途，由纳税人自行确定。

增值税专用发票样式如图3-3所示。

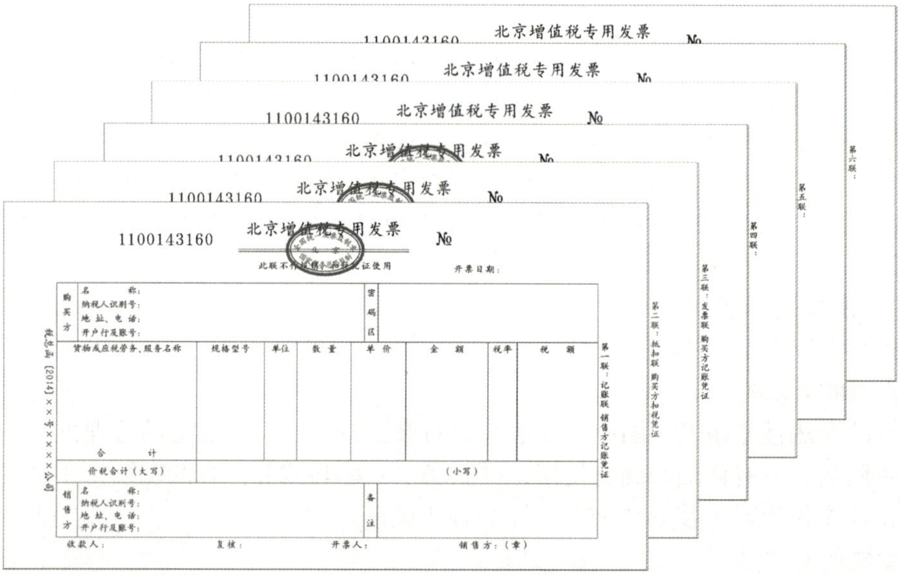

图3-3　增值税专用发票样式

【请注意】增值税专用发票无存根联。

2. 增值税普通发票

增值税普通发票主要由增值税小规模纳税人使用，增值税一般纳税人在不能开具专用发票的情况下也可使用普通发票。

增值税普通发票（折叠票）由基本联次或者基本联次附加其他联次构成，分为两联版和五联版两种。基本联次为两联：第一联为记账联，是销售方记账凭证；第二联为发票联，是购买方记账凭证。其他联次的用途，由纳税人自行确定。

增值税普通发票（卷票）分为两种规格：57mm×177.8mm和76mm×177.8mm，均为单联。

增值税电子普通发票的开票方和受票方需要纸质发票的，可以自行打印增值税电子普通发票的版式文件，其法律效力、基本用途、基本使用规定等与税务机关监制的增值税普通发票相同。

3. 机动车销售统一发票

从事机动车零售业务的单位和个人，在销售机动车（不包括销售旧机动车）收取款项时，开具机动车销售统一发票。机动车销售统一发票为电脑六联式发票：第一联为发票联，是购货单位付款凭证；第二联为抵扣联，是购货单位扣税凭证；第三联为报税联，由征收单位留存；第四联为注册登记联，由车辆登记单位留存；第五联为记账联，是销货单位记账凭证；第六联为存根联，由销货单位留存。

（四）发票的印制

《发票管理办法》规定：

1.增值税专用发票由国务院税务主管部门确定的企业印制；其他发票，按照国务院税务主管部门的规定，由省、自治区、直辖市税务机关确定的企业印制。禁止私自印制、伪造、变造发票。

2.印制发票应当使用国务院税务主管部门确定的全国统一的发票防伪专用品。禁止非法制造发票防伪专用品。

3.省、自治区、直辖市税务机关对发票印制实行统一管理的原则，严格审查印制发票企业的资格，对指定为印制发票的企业发给发票准印证。

4.发票应当套印全国统一发票监制章。全国统一发票监制章的式样和发票版面印刷的要求，由国务院税务主管部门规定。发票监制章由省、自治区、直辖市税务机关制作。禁止伪造发票监制章。发票实行不定期换版制度。

5.印制发票的企业按照税务机关的统一规定，建立发票印制管理制度和保管措施。发票监制章和发票防伪专用品的使用和管理实行专人负责制度。印制发票的企业应当按照税务机关批准的式样和数量印制发票。

6.发票应当使用中文印制。民族自治地方的发票，可以加印当地一种通用的民族文字。有实际需要的，也可以同时使用中外两种文字印制。

（五）发票的领购

《发票管理办法》规定：

1.需要领购发票的单位和个人，应当持税务登记证件、经办人身份证明、按照国务院税务主管部门规定式样制作的发票专用章的印模，向主管税务机关办理发票领购手续。主管税务机关根据领购单位和个人的经营范围和规模，确认领购发票的种类、数量以及领购方式，在5个工作日内发给发票领购簿。

2.需要临时使用发票的单位和个人，可以凭购销商品、提供或者接受服务以及从事其他经营活动的书面证明、经办人身份证明，直接向经营地税务机关申请代开发票。依照税收法律、行政法规规定应当缴纳税款的，税务机关应当先征收税款，再开具发票。税务机关根据发票管理的需要，可以按照国务院税务主管部门的规定委托其他单位代开发票。

3.临时到本省、自治区、直辖市以外从事经营活动的单位或者个人，应当凭所在地税务机关的证明，向经营地税务机关领购经营地的发票。临时在本省、自治区、直辖市以内跨市、县从事经营活动领购发票的办法，由省、自治区、直辖市税务机关规定。

4.税务机关对外省、自治区、直辖市来本辖区从事临时经营活动的单位和个人领购发票的，可以要求其提供保证人或者根据所领购发票的票面限额以及数量交纳不超过1万元的保证金，并限期缴销发票。按期缴销发票的，解除保证人的担保义务或者退还保证金；未按期缴销发票的，由保证人或者以保证金承担法律责任。税务机关收取保证金应当开具资金往来结算票据。

（六）发票的开具要求

根据《发票管理办法》及其实施细则的规定：

1.销售商品、提供服务以及从事其他经营活动的单位和个人，对外发生经营业务收取款项，收款方应向付款方开具发票；特殊情况下，由付款方向收款方开具发票。

2.所有单位和从事生产、经营活动的个人在购买商品、接受服务以及从事其他经营活动支付款项时，应当从收款方取得发票。取得发票时，不得要求变更品名和金额。

3.单位和个人在开具发票时，必须做到按照号码顺序填开，填写项目齐全，内容真实，字迹清楚，全部联次一次打印，内容完全一致，并在发票联和抵扣联加盖发票专用章。

4.开具发票应当使用中文。民族自治地方可以同时使用当地通用的一种民族文字。

（七）发票的保管

开具发票的单位和个人应当按照税务机关的规定存放和保管发票，不得擅自损毁。已经开具的发票存根联和发票登记簿，应当保存5年。保存期满，报经税务机关查验后销毁。

【请注意】如果开具的发票丢失，应于丢失当日书面报告主管税务机关。

（八）违反发票管理法规的法律责任

1.违反《发票管理办法》的规定，有下列情形之一的，由税务机关责令改正，可以处1万元以下的罚款；有违法所得的予以没收：

（1）应当开具而未开具发票，或者未按照规定的时限、顺序、栏目，全部联次一次性开具发票，或者未加盖发票专用章的；

（2）使用税控装置开具发票，未按期向主管税务机关报送开具发票的数据的；

（3）扩大发票使用范围的；

（4）以其他凭证代替发票使用的；

（5）跨规定区域开具发票的；

（6）未按照规定缴销发票的；

（7）未按照规定存放和保管发票的。

2.跨规定的使用区域携带、邮寄、运输空白发票，以及携带、邮寄或者运输空白发票出入境的，由税务机关责令改正，可以处1万元以下的罚款；情节严重的，处1万元以上3万元以下的罚款；有违法所得的予以没收。

3.违反《发票管理办法》第二十二条第二款的规定虚开发票的，由税务机关没收违法所得；虚开金额在1万元以下的，可以并处5万元以下的罚款；虚开金额超过1万元的，并处5万元以上50万元以下的罚款；构成犯罪的，依法追究刑事责任。

4.有下列情形之一的，由税务机关处1万元以上5万元以下的罚款；情节严重的，处5万元以上50万元以下的罚款；有违法所得的予以没收：

（1）转借、转让、介绍他人转让发票、发票监制章和发票防伪专用品的；

（2）知道或者应当知道是私自印制、伪造、变造、非法取得或者废止的发票而受让、开具、存放、携带、邮寄、运输的。

三、纳税申报

（一）纳税申报的概念

纳税申报是指纳税人、扣缴义务人按照税法的规定，在申报期限内就纳税事项向税务机关书面报告的法律行为，是税务机关税收信息的主要来源和税务管理的重要制度。

【请注意】纳税申报是纳税人履行纳税义务、界定纳税人法律责任的主要依据。

（二）纳税申报的对象

纳税人必须依照法律、行政法规规定或者税务机关依照法律、行政法规的规定确定的申报期限、申报内容如实办理纳税申报。纳税人在纳税期内没有应纳税款的，也应当按照规定办理纳税申报。纳税人享受减税、免税待遇的，在减税、免税期间应当按照规定办理纳税申报。

扣缴义务人必须依照法律、行政法规规定或者税务机关依照法律、行政法规的规定确定的申报期限、申报内容如实报送代扣代缴、代收代缴税款报告表以及税务机关根据实际需要要求扣缴义务人报送的其他有关资料。

纳税人、扣缴义务人按照规定的期限办理纳税申报或者报送代扣代缴、代收代缴税款报告表确有困难，需要延期的，应当在规定的期限内向税务机关提出书面延期申请，经税务机关核准，在核准的期限内办理。

纳税人、扣缴义务人因不可抗力，不能按期办理纳税申报或者报送代扣代缴、代收代缴税款报告表的，可以延期办理；但是，应当在不可抗力情形消除后立即向税务机关报告。税务机关应当查明事实，予以核准。

（三）纳税申报的内容

纳税人、扣缴义务人的纳税申报或者代扣代缴、代收代缴税款报告表的主要内容包括：税种、税目，应纳税项目或者应代扣代缴、代收代缴税款项目，计税依据，扣除项目及标准，适用税率或者单位税额，应退税项目及税额、应减免税项目及税额，应纳税额或者应代扣代缴、代收代缴税额，税款所属期限、延期缴纳税款、欠税、滞纳金等。

纳税人办理纳税申报时，应当如实填写纳税申报表，并根据不同的情况相应报送下列有关证件、资料：

（1）财务会计报表及其说明材料；

（2）与纳税有关的合同、协议书及凭证；

（3）税控装置的电子报税资料；

（4）外出经营活动税收管理证明和异地完税凭证；

（5）境内或者境外公证机构出具的有关证明文件；

（6）税务机关规定应当报送的其他有关证件、资料。

（四）纳税申报的方式

纳税申报的方式主要包括：

1. 直接申报

直接申报，也称自行申报，是指纳税人、扣缴义务人按照规定的期限直接到主管税务机关办理纳税申报手续。根据申报地点的不同，直接申报又可分为直接到办税服务大厅申报、到巡回征收点申报和到代征点申报三种。

【提示】直接申报是一种传统的纳税申报方式。

2.邮寄申报

邮寄申报是指经税务机关批准的纳税人、扣缴义务人使用统一规定的纳税申报特快专递专用信封，通过邮政部门办理交寄手续，并向邮政部门索取收据作为申报凭据的方式。邮寄申报以寄出的邮戳日期为实际申报日期。

【提示】实行查账征收方式的纳税人，经主管税务机关批准，可以采用邮寄申报方式。

3.数据电文申报

数据电文申报，又称电子申报，是指以税务机关确定的电话语音、电子数据交换和网络传输等电子方式进行纳税申报。纳税人采取电子方式办理纳税申报的，应当按照税务机关规定的期限和要求保存有关资料，并定期书面报送主管税务机关。纳税人、扣缴义务人采取数据电文方式办理纳税申报的，其申报日期以税务机关计算机网络系统收到该数据电文的时间为准。

【提示】数据电文申报是目前国际上正在兴起的纳税申报方式之一，具有准确、快捷、方便等特点。

4.简易申报或简并征期

实行定期定额缴纳税款的纳税人，可以实行简易申报、简并征期等申报纳税方式。简易申报是指实行定期定额缴纳税款的纳税人在法律、行政法规规定的期限内或税务机关依据法规的规定确定的期限内缴纳税款的，税务机关可以视同申报。简并征期是指实行定期定额缴纳税款的纳税人，经税务机关批准，可以采取将纳税期限合并为按季、半年、年的方式缴纳税款。

从我国税收征收管理的实践来看，实行简易申报或简并征期方式进行纳税申报不仅能够方便纳税人，而且能够节省税收成本，符合我国当前的实际情况。其实现途径一般有两种：一是纳税人按照税务机关核定的税款按期缴纳入库，以完税凭证代替纳税申报；二是纳税人按照税务机关核定的税款和纳税期申报纳税。

5.其他纳税申报方式

根据《税收征收管理法》及其实施细则的有关规定，纳税人、扣缴义务人还可以委托注册税务师等有税务代理资质的中介机构或者他人代理申报纳税。

（五）违反纳税申报规定的法律责任

纳税人未按照规定的期限办理纳税申报和报送纳税资料的，或者扣缴义务人未按照规定的期限向税务机关报送代扣代缴、代收代缴税款报告表和有关资料的，由税务机关责令限期改正，可以处2 000元以下的罚款；情节严重的，可以处2 000元以上10 000元以下的罚款。

【阅读篇目】

［1］全国人民代表大会常务委员会颁布的《中华人民共和国税收征收管理法》

［2］国务院颁布的《中华人民共和国增值税暂行条例》及其实施细则

［3］国务院颁布的《中华人民共和国消费税暂行条例》

[4] 全国人民代表大会常务委员会颁布的《中华人民共和国企业所得税法》
[5] 全国人民代表大会常务委员会颁布的《中华人民共和国个人所得税法》

职业能力判断与选择

一、单项选择题（每题只有一个正确答案，请将正确答案填在括号内）

1.税收是国家取得财政收入的一种重要工具，其本质是一种（　　）。

A.生产关系　　B.分配关系　　C.社会关系　　D.阶级关系

2.下列各项中，属于中央地方共享税的是（　　）。

A.增值税　　B.车辆购置税　　C.房产税　　D.土地增值税

3.下列各项中，不属于视同销售货物行为的是（　　）。

A.销售代销货物

B.将货物交付他人代销

C.将自产的货物作为投资提供给其他单位

D.将外购的汽车发给职工作为福利

4.企业生产的下列消费品，不需要缴纳消费税的是（　　）。

A.地板企业生产用于装修本企业办公室的实木地板

B.汽车企业生产用于本企业管理部门的轿车

C.高档化妆品企业生产用于交易会样品的高档化妆品

D.卷烟企业生产用于连续生产卷烟的烟丝

5.下列各项关于增值税征收的说法，不正确的是（　　）。

A.向购买方收取的代购买方缴纳的车辆购置税、牌照费，不作为价外费用征收增值税

B.纳税人销售软件产品并随同销售一并收取的软件安装费、维护费、培训费等收入，应按照增值税混合销售的有关规定征收增值税，并可享受软件产品增值税即征即退政策

C.对增值税纳税人收取的会员费收入不征收增值税

D.纳税人受托开发软件产品，著作权属于受托方或属于双方共同拥有的不征收增值税

6.某高级工程师某年11月从A国取得特许权使用费收入20 000元，该收入在A国已纳个人所得税3 000元；同时从A国取得利息收入1 400元，该收入在A国已纳个人所得税300元。该工程师当月应在我国补缴个人所得税（　　）元。

A.0　　B.180　　C.200　　D.280

7.下列各项中，免缴个人所得税的是（　　）。

A.年终加薪　　B.拍卖本人文字作品原稿的收入

C.个人保险所获赔款　　D.从投资基金管理公司取得的派息分红

8.下列各项中，不符合增值税纳税义务发生时间规定的是（　　）。

A.供电企业采取直接收取电费结算方式的，销售对象属于居民个人的，为开具电费缴纳凭证的当天

B.发、供电企业将电力产品用于集体福利的，为发出电量的当天

C.发、供电企业之间互供电力，为双方核对数量且开具抄表确认单据的当天

D.供电企业将电售给企事业单位且采用直接收取电费结算方式的，为收款的当天

9.税务机关针对纳税人的不同情况可以采取不同的税款征收方式。根据税收法律制度的规定，生产经营规模较小、产品零星、税源分散、会计账册不健全，但能控制原材料或进项货物的单位，适用的税款征收方式是（　　）。

A.查账征收　　B.查定征收　　C.查验征收　　D.定期定额征收

10.根据《发票管理办法》及其实施细则的规定，纳税人已开具的发票存根联和发票登记簿的保存期限是（　　）年。

A.3　　B.5　　C.10　　D.15

二、多项选择题（每题有两个或两个以上正确答案，请将正确答案填在括号内）

1.下列各项关于税法概念的说法，正确的有（　　）。

A.税法是国家制定的用以调整纳税人之间权利与义务关系的法律规范的总称

B.制定税法的目的是保障纳税人的合法权益

C.税收的特征是强制性、无偿性和固定性

D.税法是国家凭借其权力，利用税收工具参与社会产品和国民收入分配的法律规范的总称

2.下列税收项目中，由税务机关负责征收和管理的有（　　）。

A.关税

B.消费税

C.中央税

D.对个人储蓄存款利息征收的个人所得税

3.税率是指对征税对象的征收比例或征收额度。我国现行的税率主要有（　　）。

A.比例税率　　B.超额累进税率　　C.定额税率　　D.全额累进税率

4.根据现行税法的规定，下列消费品的生产、经营环节，既征收增值税又征收消费税的有（　　）。

A.卷烟的批发环节　　B.金银饰品的生产环节

C.珍珠饰品的零售环节　　D.高档手表的生产环节

5.下列各项关于消费税纳税义务发生时间的说法，正确的有（　　）。

A.某酒厂销售葡萄酒20箱，直接收取价款4 800元，其纳税义务发生时间为收款当天

B.某汽车厂自产自用3台小汽车，其纳税义务发生时间为小汽车移送使用的当天

C.某烟花企业采用托收承付结算方式销售焰火，其纳税义务发生时间为发出焰火并办妥托收手续的当天

D.某高档化妆品厂采用赊销方式销售化妆品，合同约定收款日期为6月30日，实际收到货款日期为7月30日，纳税义务发生时间为6月30日

6. 企业所得税中的应纳税所得额，是指企业每一个纳税年度的收入总额，减除（ ）后的余额。

A. 不征税收入　　B. 免税收入

C. 各项扣除　　D. 允许弥补的以前年度亏损

7. 下列各项关于企业所得税所得来源的说法，正确的有（ ）。

A. 销售货物所得按照交易活动发生地确定

B. 提供劳务所得按照劳务报酬支付地确定

C. 权益性投资资产转让所得按照被投资企业所在地确定

D. 特许权使用费所得按负担、支付所得的企业所在地确定

8. 下列个人所得属于来源于中国境内所得的有（ ）。

A. 将泥人制造工具租给在美国的中国公民由其使用而取得的所得

B. 中国公民转让其在日本的房产而取得的所得

C. 境外个人将一项专利卖给我国境内公司使用取得的所得

D. 华侨持有中国的各种债券而从中国境内的公司、企业取得的利息

9. 根据《税收征收管理法》的规定，下列情形中，税务机关有权核定纳税人应纳税额的有（ ）。

A. 有骗税前科的

B. 拒不提供纳税资料的

C. 按规定应设置账簿而未设置的

D. 虽设置账簿，但账目混乱，难以查账的

10. 根据《税收征收管理法》的规定，税务机关在税款征收过程中，根据不同情况，有权采取的措施有（ ）。

A. 加收滞纳金　　B. 责令提供纳税担保

C. 核定应纳税额　　D. 吊销营业执照

三、判断题（正确的在括号内打“√”，错误的打“×”）

（ ）1. 税法是税收的法律表现形式，税收则是税法所确定的具体内容。

（ ）2. 纳税环节是指税法规定的征税对象在从生产到消费的流转过程中应当缴纳税款的环节。

（ ）3. 在税收法律关系中，双方当事人是行政管理者和被管理者之间的关系，所以法律地位是不平等的。

（ ）4. 临时到本省、自治区、直辖市行政区域以外地区从事经营活动的单位或个人，应当凭所在地税务机关的证明，向经营地税务机关申请领购经营地的发票。

（ ）5. 居民企业和非居民企业均承担无限纳税义务。

（ ）6. 由于个人独资企业不适用《企业所得税法》，所以一人有限责任公司也不适用《企业所得税法》。

（ ）7. 企业和个人按照省级人民政府规定的比例收取缴付的基本养老金、失业保险金，不计入个人当期的工资、薪金收入，免予征收个人所得税，但个人领取时应征收个人所得税。

（　　）8. 纳税人非法印制发票的，由税务机关销毁非法印制的发票，没收违法所得和作案工具，并处2 000元以上10 000元以下的罚款；构成犯罪的，依法追究刑事责任。

（　　）9. 从事生产、经营的纳税人，应当自领取营业执照之日起15日内，持有关证件，向生产、经营地或者纳税义务发生地的主管税务机关申报办理税务登记。

（　　）10. 实行定期、定额征收方式的纳税人需要停业的，在停业前应向主管税务机关申报办理停业登记。

答案与解析

一、单项选择题

1.B。税收是国家取得财政收入的一种重要工具，其本质是一种分配关系。

2.A。增值税属于中央地方共享税。

3.D。将自产、委托加工的货物用于集体福利或者个人消费，属于视同销售货物行为。

4.D。卷烟企业生产用于连续生产卷烟的烟丝属于连续生产应税消费品，不需要缴纳消费税。

5.D。《财政部 国家税务总局关于软件产品增值税政策的通知》（财税〔2011〕100号）第一条第（三）款规定："纳税人受托开发软件产品，著作权属于受托方的征收增值税，著作权属于委托方或属于双方共同拥有的不征收增值税；对经过国家版权局注册登记，纳税人在销售时一并转让著作权、所有权的，不征收增值税。"

6.B。

A国抵扣限额＝20 000×（1－20%）×20%＋1 400×20%＝3 480（元）

A国已纳税额＝3 000＋300＝3 300（元）

在我国应补缴税额＝3 480－3 300＝180（元）

7.C。A项属于工资、薪金所得；B项属于特许权使用费所得；D项属于股息、红利所得；上述各项都应缴纳个人所得税。C项属于对个人损失的补偿，不属于收入，所以免税。

8.D。供电企业将电售给企事业单位且采用直接收取电费结算方式的，为开具发票的当天；出售给居民个人的，为开具电费缴纳凭证的当天。

9.B。查定征收是指税务机关根据纳税人的从业人员、生产设备、原材料耗用情况等因素，查实核定其在正常生产经营条件下应税产品的数量、销售额，并据以征收税款的一种方式。这种征收方式适用生产经营规模较小、产品零星、税源分散、会计账册不健全，但能控制原材料或进项货物的纳税人。

10.B。开具发票的单位和个人应当按照税务机关的规定存放和保管发票，不得擅自损毁。已经开具的发票存根联和发票登记簿，应当保存5年。

二、多项选择题

1.CD。A项错误，税法调整的对象是国家和纳税人之间的权利与义务关系。B项错误，制定税法的目的是保障国家利益和纳税人的合法权益，以及维护正常的税收秩序，保证国家的财政收入。

2.BCD。税务机关负责征收和管理的税种主要有增值税、消费税、资源税、企业所得税、个人所得税、城市维护建设税、房产税、车船税、土地增值税、城镇土地使用税、印花税、车辆购置税等。关税、船舶吨税，以及进口环节的增值税和消费税等由海关负责征收和管理。

3.ABC。我国现行的税率主要有比例税率、定额税额、超额累进税率、超率累进税率。

4.AD。B项，金银饰品在零售环节征收消费税，在生产环节只征收增值税，不征收消费税；C项，珍珠饰品不算金银首饰（除非是金银镶嵌的那种），在零售环节征收增值税，不征收消费税。

5.ABCD。纳税人采取预收货款方式结算的，其纳税义务发生时间为发出应税消费品的当天。

6.ABCD。企业所得税中的应纳税所得额，是指企业每一个纳税年度的收入总额，减除不征税收入、免税收入、各项扣除以及允许弥补的以前年度亏损后的余额。

7.ACD。《中华人民共和国企业所得税法实施条例》第七条规定，《企业所得税法》第三条所称来源于中国境内、境外的所得，按照以下原则确定：（1）销售货物所得，按照交易活动发生地确定；（2）提供劳务所得，按照劳务发生地确定；（3）转让财产所得，不动产转让所得按照不动产所在地确定，动产转让所得按照转让动产的企业或者机构、场所所在地确定，权益性投资资产转让所得按照被投资企业所在地确定；（4）股息、红利等权益性投资所得，按照分配所得的企业所在地确定；（5）利息所得、租金所得、特许权使用费所得，按照负担、支付所得的企业或者机构、场所所在地确定，或者按照负担、支付所得的个人的住所地确定；（6）其他所得，由国务院财政、税务主管部门确定。

8.CD。来自中国境内的所得是指：出租财产的使用地在中国；转让中国境内的房地产；提供在中国境内使用的专利权、专有技术、商标权、著作权；持有中国的各种债券、股票、股权而从中国境内的公司、企业取得利息、股息、红利所得。

9.BCD。税务机关有权核定纳税人应纳税额的情形包括：（1）依照法律、行政法规的规定可以不设置账簿的；（2）依照法律、行政法规的规定应当设置账簿但未设置的；（3）擅自销毁账簿或者拒不提供纳税资料的；（4）虽设置账簿，但账目混乱或者成本资料、收入凭证、费用凭证残缺不全，难以查账的；（5）发生纳税义务，未按照规定的期限办理纳税申报，经税务机关责令限期申报，逾期仍不申报的；（6）纳税人申报的计税依据明显偏低，又无正当理由的；（7）未按照规定办理税务登记的从事生产、经营的纳税人以及临时经营的纳税人。

10.ABC。D项属于市场监督管理部门的权限。

三、判断题

1.√。税法是税收的法律表现形式，税收则是税法所确定的具体内容。

2.√。纳税环节是指税法规定的征税对象在从生产到消费的流转过程中应当缴纳税款的环节。

3.×。在税收法律关系中，双方当事人虽然是行政管理者和被管理者之间的关系，但法律地位是平等的。

4.√。临时到本省、自治区、直辖市行政区域以外地区从事经营活动的单位或者个人，应当凭所在地税务机关的证明，向经营地税务机关申请领购经营地的发票。

5.×。居民企业负有无限纳税义务，即其取得的应纳税所得，无论是来源于中国境内还是境外，都要在中国境内缴纳个人所得税。非居民企业承担有限纳税义务，仅就其来源于中国境内的所得缴纳个人所得税。

6.×。一人设立的有限责任公司在税收政策上与同为一人设立的个人独资企业是不同的。一人设立的有限责任公司按照税法规定，需要同时缴纳个人所得税和企业所得税，而个人独资企业不需要缴纳企业所得税，只需要缴纳个人所得税。

7.×。个人按规定领取基本养老金、失业保险金时不缴纳个人所得税。

8.×。纳税人非法印制发票的，由税务机关销毁非法印制的发票，没收违法所得和作案工具，并处1万元以上5万元以下的罚款；构成犯罪的，依法追究刑事责任。

9.×。从事生产、经营的纳税人，应当自领取营业执照之日起30日内，持有关证件，向生产、经营地或者纳税义务发生地的主管税务机关申报办理税务登记。

10.√。实行定期、定额征收方式的纳税人需要停业的，在停业前应向主管税务机关申报办理停业登记。

模块四

公共财政常态化运行的基础
——解读财政法规制度

学习目标

1. 了解预算法律制度的构成；
2. 掌握国家预算的概念、构成以及预算收支的范围；
3. 掌握预算管理的职权、预算组织的程序以及预决算的监督；
4. 了解政府采购法律制度的构成和原则；
5. 掌握政府采购的执行模式和方式；
6. 掌握国库单一账户体系的构成及财政收支的方式。

知识点

1. 国家预算的概念及构成；
2. 预算管理的职权和预算收支的范围；
3. 预算组织程序和决算管理；
4. 预决算的监督及法律责任；
5. 政府采购的概念、法律制度构成、执行模式和方式；
6. 国库单一账户体系的概念、构成与功能；
7. 财政收支的方式和程序。

技能点

1. 能根据预算管理的职权确定预算收支的范围；
2. 能编制决算草案；
3. 能制订公开招标、邀请招标、竞争性谈判、单一来源采购和询价的方案；
4. 能根据国库集中收付制度使用国库单一账户。

案例引入

关于2021年中央和地方预算执行情况与2022年中央和地方预算草案的报告（摘要）如下：

受国务院委托，财政部将2021年中央和地方预算执行情况与2022年中央和地方预算草案提请十三届全国人大五次会议审查，并请全国政协各位委员提出意见。

2021年中央和地方预算执行情况：

（一）一般公共预算收支情况。全国一般公共预算收入202 538.88亿元，为预算的102.5%，比2020年增长10.7%，全国一般公共预算支出总量为249 952.4亿元。收支总量相抵，赤字35 700亿元，与预算持平。

（二）2021年政府性基金预算收支情况。全国政府性基金预算收入总量为134 853.87亿元。全国政府性基金预算支出113 661.01亿元，完成预算的86.6%，下降3.7%。支出执行数与预算相差较大，主要是地方国有土地使用权出让收入相关支出低于预期。中央政府性基金预算收入总量为4 419.92亿元。中央政府性基金预算支出4 003.31亿元，完成预算的98.6%，调入中央一般公共预算1亿元。中央政府性基金预算收大于支415.61亿元，其中，结转下年继续使用380.82亿元，按规定补充中央预算稳定调节基金34.79亿元。地方政府性基金预算本级收入总量为131 238.29亿元。地方政府性基金预算支出110 459.99亿元，下降4.2%，主要是2021年不再发行抗疫特别国债，相应支出减少。

（三）2021年国有资本经营预算收支情况。全国国有资本经营预算收入5 179.55亿元，为预算的133.6%，增长8.5%。全国国有资本经营预算支出2 624.78亿元，完成预算的99.1%，增长2.7%。中央国有资本经营预算收入总量为2 420.06亿元。中央国有资本经营预算支出1 077.8亿元，完成预算的91.3%，增长14.8%。调入中央一般公共预算984亿元。结转下年支出358.26亿元，主要是执行中有一定超收，按规定结转下年安排使用。地方国有资本经营预算本级收入总量为3 345.81亿元。地方国有资本经营预算支出1 687.79亿元，增长0.3%。调入地方一般公共预算1 352.05亿元。结转下年支出305.97亿元。

（四）2021年社会保险基金预算收支情况。全国社会保险基金预算收入94 734.74亿元，为预算的106.2%，增长24.9%。全国社会保险基金预算支出87 876.29亿元，完成预算的101.7%，增长12.1%。当年收支结余6 858.45亿元，年末滚存结余101 395.09亿元。中央社会保险基金预算收入1 446.44亿元，为预算的93.3%；支出1 429.7亿元，完成预算的90.5%。实施企业职工基本养老保险中央调剂制度，地方上缴9 303.62亿元，中央拨付9 294.52亿元（缴拨差额9.1亿元，主要是收支列入中央预算的新疆生产建设兵团参与地方调剂，以及分配调剂资金利息）。考虑该因素后，中央社会保险基金预算当年收支结余25.84亿元，年末滚存结余403.24亿元。地方社会保险基金预算收入93 288.3亿元，支出86 446.59亿元。考虑调剂因素后，当年收支结余6 832.61亿元，年末滚存结余100 991.85亿元。通过实施调剂，中西部地区和老工业基地省份受益2 152亿元。

【思考】

（1）什么是预算？

（2）在我国开展预算工作应遵循哪些法律制度？

任务一　熟悉预算基本法，开展预决算管理

一、预算法律制度的构成

预算法律制度是指国家经过法定程序制定的，用以调整国家预算关系的法律、行政

法规和相关规章制度。我国预算法律制度由《中华人民共和国预算法》（以下简称《预算法》）、《中华人民共和国预算法实施条例》（以下简称《预算法实施条例》）以及有关国家预算管理的其他法规制度构成。

（一）《预算法》

我国的《预算法》于1994年3月22日第八届全国人民代表大会第二次会议通过，自1995年1月1日起施行。2014年8月31日，全国人民代表大会常务委员会第十次会议通过《关于修订〈中华人民共和国预算法〉的决定》，自2015年1月1日起实施。至此，《预算法》在出台20年后，终于完成了首次修订。2018年12月29日，第十三届全国人民代表大会常务委员会第七次会议通过了对《预算法》的第二次修正。修订后的《预算法》共分为11章101条，包括总则、预算管理职权、预算收支范围、预算编制、预算审查和批准、预算执行、预算调整、决算、监督、法律责任和附则。《预算法》是我国第一部财政基本法律，是我国预算管理工作的根本性法律，是制定其他预算法规的基本依据。《预算法》的立法宗旨是：规范政府收支行为，强化预算约束，加强对预算的管理和监督，建立健全全面规范、公开透明的预算制度，保障经济社会的健康发展。

【提示】财政活动的主要内容是预算资金的筹集、分配、使用和管理，因此预算关系是财政关系的主要部分。在财政法规体系中，预算法律制度处于核心地位，《预算法》是核心法律。从这个意义上来讲，没有预算就没有财政。

（二）《预算法实施条例》

为了进一步细化《预算法》关于预算管理职权、预算编制与执行等方面的规定，为预算及监督提供更为具体明确的行为准则，《预算法实施条例》于1995年11月2日经国务院第三十七次常务会议通过，1995年11月22日以国务院令第186号发布并施行。2020年8月3日中华人民共和国国务院第729号令发布了《预算法实施条例》的修订。该条例是对《预算法》的必要补充。《预算法实施条例》共分为8章97条，包括总则、预算收支范围、预算编制、预算执行、决算、监督、法律责任和附则。

【提示】《预算法实施条例》根据《预算法》确定的基本原则和规定，对其中有关法律概念以及预算管理的方式和程序等作了具体规定。

二、国家预算

（一）国家预算的概念

国家预算也称政府预算，是国家（政府）的基本财政收支计划，即经法定程序批准的国家年度财政收支计划。

国家预算是国家管理社会经济事务、实施宏观经济调控的主要手段之一。从具体形式上看，国家预算是一个具有法律地位和技术性的文件，反映了政府在年度内进行财政收支活动应达到的各项收支指标和收支总额之间的平衡关系。从内容上看，国家预算是将财政收支活动记载在收支分类表中，以反映政府活动的范围和方向，体现政府的政策意图；从程序上看，国家预算的编制是政府对财政收支的计划安排，国家预算的执行是财政资金的筹措和使用过程，国家决算则是对国家预算执行情况的总结。

【请注意】不同性质的国家，其预算的性质也不同。

【提示】国家预算应遵循一定的原则。国家预算原则是指国家选择预算形式和体系应遵循的指导思想，也就是制订政府财政收支计划的方针，主要有公开性、可靠性、完整性、统一性和年度性等。公开性原则是指国家预算及其执行情况必须采取一定的形式公之于众，让民众了解财政收支情况，并将其置于民众的监督之下。可靠性原则是指每个收支项目的指标必须运用科学的方法，依据充分准确的资料，并总结出规律性进行计算，不得假定、估算，更不能任意编造。完整性原则是指应该列入国家预算的一切财政收支都要列在预算中，不得打埋伏、造假账、预算外另列预算。国家允许的预算外收支，也应在预算中有所反映。统一性原则是指各级政府都设有财政部门，也有相应的预算，各级预算共同组成了统一的国家预算。这就要求设立统一的预算科目，每个科目都要严格按照统一的口径、程序计算和填列。年度性原则是指任何一个国家预算的编制和实现，都要有时间上的界定，即所谓的预算年度。

（二）国家预算的作用

国家预算作为财政分配和宏观调控的主要手段，具有分配、调控和监督职能。其作用主要包括：

动画

叫你分分钟了解国家预算

1.财力保证作用

国家预算既是保障国家机器有效运转的物质条件，又是政府实施各项社会经济政策的有效保证。国家预算确定了政府可获得的资源，有利于全面安排支出。通过编制预算，事先进行预测，国家能够掌握一年内可获得多少收入，从而根据财力的多少和具体需要确定支出。

【请注意】财力保证作用是国家预算最根本的作用。

2.调节制约作用

国家预算作为国家的基本财政计划，是国家财政进行宏观控制的主要依据和手段。国家预算的收支规模可调节社会总供给和总需求的平衡，预算支出的结构可调节国民经济结构，因此国家预算的编制和执行情况对国民经济和社会发展具有直接的制约作用。

3.反映监督作用

国家预算是国民经济的综合反映，预算收入反映了国民经济的发展规模和经济效益水平，预算支出反映了各项建设事业发展的基本情况。因此，通过国家预算的编制和执行，国家能够掌握国民经济的运行状况、发展趋势以及出现的问题，从而采取对策措施，促进国民经济稳定协调发展。

（三）国家预算级次的划分

一般来说，有一级政府就有一级财政收支活动主体，就有一级预算。我国国家预算的级次是根据国家政权结构、行政区域划分和财政管理体制要求确定的，共分为五级，具体包括：

（1）中央预算；

（2）省级（省、自治区、直辖市）预算；

（3）地市级（设区的市、自治州）预算；

（4）县市级（县、自治县、不设区的市、市辖区）预算；

（5）乡镇级（乡、民族乡、镇）预算。

【请注意】对于不具备设立预算条件的乡、民族乡、镇，经省、自治区、直辖市政府确定，可以暂不设立预算。

（四）国家预算的构成

1.按照政府级次划分

国家预算按照政府级次的不同，可分为中央预算和地方预算。

（1）中央预算。中央预算是指中央政府的财政收支计划，由中央各部门（含直属单位）的预算组成。中央预算在国家预算体系中占主导地位。

【提示】中央各部门是指与财政部直接发生预算缴款、拨款关系的国家机关、军队、政党组织和社会团体；直属单位是指与财政部直接发生预算缴款、拨款关系的企业和事业单位。

（2）地方预算。地方预算由各省、自治区、直辖市总预算组成。地方各级总预算由本级预算和汇总的下一级总预算组成。地方各级预算由本级各部门（含直属单位）的预算组成。地方各级预算是国家预算的有机组成部分，是地方政府的财政收支计划，是政府预算活动的基本环节，在国家预算中占有重要地位。

【动脑筋】本级各部门及其直属单位的范畴是指什么？试举例说明。

2.按照收支管理范围划分

国家预算按照收支管理范围的不同，可分为总预算和部门单位预算。

（1）总预算。总预算是指各级政府将本级政府和下级政府的年度财政收支计划汇总编成的预算。例如，省（自治区、直辖市）总预算由省直属各部门（含直属单位）预算和省辖市（自治州、直辖市辖区）总预算组成；国家总预算由中央各部门（含直属单位）预算和省（自治区、直辖市）总预算组成。

【请注意】下一级只有本级预算的，下一级总预算即下一级的本级预算。没有下一级预算的，总预算即本级预算。

（2）部门单位预算。部门单位预算是指部门、单位的收支预算。部门单位预算是市场经济国家财政管理的基本形式，是总预算的基础，由各预算部门和单位编制。财政预算以部门和单位编制的预算作为起点。

实行部门预算制度，需要将部门的各种财政性资金、部门所属单位收支全部纳入预算。部门预算收支既包括行政单位预算，也包括事业单位预算；既包括一般收支预算，也包括政府基金收支预算；既包括基本支出预算，也包括项目支出预算；既包括财政部门直接安排预算，也包括有预算分配权部门安排的预算，还包括预算外资金安排的预算。

3.按照预算收支内容划分

国家预算按照预算收支内容的不同，可分为一般公共预算、政府性基金预算、国有资本经营预算、社会保险基金预算。

（1）一般公共预算。一般公共预算是对以税收为主体的财政收入，安排用于保障和改善民生、推动经济社会发展、维护国家安全、维持国家机构正常运转等方面的收支预算。中央一般公共预算包括中央各部门（含直属单位，下同）的预算和中央对地方的税收返还、转移支付预算。中央一般公共预算收入包括中央本级收入和地方向中央的上解收入。中央一般公共预算支出包括中央本级支出、中央对地方的税收返还和转移支付。地方各级一般公共预算包括本级各部门（含直属单位，下同）的预算和税收返还、转移支付预算。地方各级一般公共预算收入包括地方本级收入、上级政府对本级政府的税收返还和转移支付、下级政府的上解收入。地方各级一般公共预算支出包括地方本级支出、对上级政府的上解支出、对下级政府的税收返还和转移支付。

【提示】各部门预算由本部门及所属各单位预算组成。

（2）政府性基金预算。政府性基金预算是对依照法律、行政法规的规定在一定期限内向特定对象征收、收取或者以其他方式筹集的资金，专项用于特定公共事业发展的收支预算。政府性基金预算应当根据基金项目收入情况和实际支出需要，按基金项目编制，做到以收定支。

（3）国有资本经营预算。国有资本经营预算是对国有资本收益作出支出安排的收支预算。国有资本经营预算应当按照收支平衡的原则编制，不列赤字，并安排资金调入一般公共预算。

（4）社会保险基金预算。社会保险基金预算是对社会保险缴款、一般公共预算安排和其他方式筹集的资金，专项用于社会保险的收支预算。社会保险基金预算应当按照统筹层次和社会保险项目分别编制，做到收支平衡。

【提示】各级预算应当遵循统筹兼顾、勤俭节约、量力而行、讲求绩效和收支平衡的原则，各级政府应当建立跨年度预算平衡机制。

三、预算管理职权

预算管理职权是指确定和支配国家预算的权力和对国家预算的编制、审查、批准、执行、调整、监督权力的总称。预算管理职权按照其主体层次的不同，可以分为中央预算管理职权和地方预算管理职权。根据统一领导、分级管理、权责结合的原则，我国《预算法》对预算管理职权的划分作出了明确的规定。

（一）各级人民代表大会及其常务委员会的职权

1.全国人民代表大会及其常务委员会的职权

（1）全国人民代表大会的职权。

①审查中央和地方预算草案及中央和地方预算执行情况的报告；

②批准中央预算和中央预算执行情况的报告；

③改变或者撤销全国人民代表大会常务委员会关于预算、决算的不适当的决议。

（2）全国人民代表大会常务委员会的职权。

①监督中央和地方预算的执行；

②审查和批准中央预算的调整方案；

③审查和批准中央决算；

④撤销国务院制定的同宪法、法律相抵触的关于预算、决算的行政法规、决定和命令；

⑤撤销省、自治区、直辖市人民代表大会及其常务委员会制定的同宪法、法律和行政法规相抵触的关于预算、决算的地方性法规和决议。

2. 县级以上地方各级人民代表大会及其常务委员会的职权

（1）县级以上地方各级人民代表大会的职权。

① 审查本级总预算草案及本级总预算执行情况的报告；

② 批准本级预算和本级预算执行情况的报告；

③ 改变或者撤销本级人民代表大会常务委员会关于预算、决算的不适当的决议；

④ 撤销本级政府关于预算、决算的不适当的决定和命令。

（2）县级以上地方各级人民代表大会常务委员会的职权。

① 监督本级总预算的执行；

② 审查和批准本级预算的调整方案；

③ 审查和批准本级决算；

④ 撤销本级政府和下一级人民代表大会及其常务委员会关于预算、决算的不适当的决定、命令和决议。

3. 乡、民族乡、镇的人民代表大会的职权

（1）审查和批准本级预算和本级预算执行情况的报告；

（2）监督本级预算的执行；

（3）审查和批准本级预算的调整方案；

（4）审查和批准本级决算；

（5）撤销本级政府关于预算、决算的不适当的决定和命令。

4. 各级人民代表大会专门委员会的职权

（1）全国人民代表大会财政经济委员会对中央预算草案初步方案及上一年预算执行情况、中央预算调整初步方案和中央决算草案进行初步审查，提出初步审查意见。

（2）省、自治区、直辖市人民代表大会有关专门委员会对本级预算草案初步方案及上一年预算执行情况、本级预算调整初步方案和本级决算草案进行初步审查，提出初步审查意见。

（3）设区的市、自治州人民代表大会有关专门委员会对本级预算草案初步方案及上一年预算执行情况、本级预算调整初步方案和本级决算草案进行初步审查，提出初步审查意见，未设立专门委员会的，由本级人民代表大会常务委员会有关工作机构研究提出意见。

【提示】县、自治县、不设区的市、市辖区人民代表大会常务委员会对本级预算草案初步方案及上一年预算执行情况进行初步审查，提出初步审查意见。县、自治县、不设区的市、市辖区人民代表大会常务委员会有关工作机构对本级预算调整初步方案和本级决算草案研究提出意见。

（二）各级人民政府的职权

1. 国务院的职权

（1）编制中央预算、决算草案；

（2）向全国人民代表大会作关于中央和地方预算草案的报告；

（3）将省、自治区、直辖市政府报送备案的预算汇总后报全国人民代表大会常务委员会备案；

（4）组织中央和地方预算的执行；

（5）决定中央预算预备费的动用；

（6）编制中央预算调整方案；

（7）监督中央各部门和地方政府的预算执行；

（8）改变或者撤销中央各部门和地方政府关于预算、决算的不适当的决定、命令；

（9）向全国人民代表大会、全国人民代表大会常务委员会报告中央和地方预算的执行情况。

2.县级以上地方各级政府的职权

（1）编制本级预算、决算草案；

（2）向本级人民代表大会作关于本级总预算草案的报告；

（3）将下一级政府报送备案的预算汇总后报本级人民代表大会常务委员会备案；

（4）组织本级总预算的执行；

（5）决定本级预算预备费的动用；

（6）编制本级预算的调整方案；

（7）监督本级各部门和下级政府的预算执行；

（8）改变或者撤销本级各部门和下级政府关于预算、决算的不适当的决定、命令；

（9）向本级人民代表大会、本级人民代表大会常务委员会报告本级总预算的执行情况。

3.乡、民族乡、镇政府的职权

（1）编制本级预算、决算草案；

（2）向本级人民代表大会作关于本级预算草案的报告；

（3）组织本级预算的执行；

（4）决定本级预算预备费的动用；

（5）编制本级预算的调整方案；

（6）向本级人民代表大会报告本级预算的执行情况。

（三）各级财政部门的职权

1.国务院财政部门的职权

（1）具体编制中央预算、决算草案；

（2）具体组织中央和地方预算的执行；

（3）提出中央预算预备费动用方案；

（4）具体编制中央预算的调整方案；

（5）定期向国务院报告中央和地方预算的执行情况。

2.地方各级政府财政部门的职权

（1）具体编制本级预算、决算草案；

（2）具体组织本级总预算的执行；

（3）提出本级预算预备费动用方案；

（4）具体编制本级预算的调整方案；

（5）定期向本级政府和上一级政府财政部门报告本级总预算的执行情况。

（四）各部门、各单位的职权

1.各部门的职权

（1）编制本部门预算、决算草案；

（2）组织和监督本部门预算的执行；

（3）定期向本级政府财政部门报告预算的执行情况。

2.各单位的职权

（1）编制本单位预算、决算草案；

（2）按照国家的规定上缴预算收入；

（3）安排预算支出；

（4）接受国家有关部门的监督。

【提示】财政预算的公开，对于保障群众对财政预算的知情权、参与权和监督权，促进基层预算管理法治化、民主化和科学化，具有重要的意义。预算公开是预防腐败的重要举措，它在反腐倡廉建设中发挥着重要作用。预算公开也是公共财政的本质要求，是反腐倡廉建设的主要内容。

四、预算收入与预算支出

预算由预算收入和预算支出组成。政府的全部收入和支出都应当纳入预算。

（一）预算收入

预算收入是指在预算年度内，按照法定的形式和程序，有计划地筹集和取得的由国家支配的资金。预算收入可以按不同的标准进行分类：

1.按照来源分类

预算收入按照来源的不同，可分为税收收入、行政事业性收费收入、国有资源（资产）有偿使用收入、转移性收入和其他收入。

（1）税收收入。这是指国家依据政治权力，按照预定标准和程序，向经济组织和居民无偿征收实物和货币所取得的一种财政收入。它是我国预算收入的主体，占预算收入的90%以上。

（2）行政事业性收费收入。这是指国家机关、事业单位等，根据法律、法规等有关规定，依照国务院规定程序批准，在实施社会公共管理，以及在向公民、法人提供特定服务的过程中，按照规定标准向特定对象收取的费用形成的收入，如注册费、工本费等。

（3）国有资源（资产）有偿使用收入。这是指有偿转让国有资源（资产）使用权而取得的收入。国有资源（资产）有偿使用收入是指矿藏、水流、海域、无居民海岛，以及法律规定属于国家的森林、草原等国有资源有偿使用收入，按照规定纳入公共预算管理的国有资产收入等。国有资源有偿使用收入包括土地出让金收入、新增建设用地土地有偿使用费、海域使用金、探矿权和采矿权使用费及价款收入、场地和矿区使用费收入；政府举办的广播电视机构占用国家无线电频率资源取得的广告收入等。国有资产有偿使用收入包括国家机关、实行公务员管理的事业单位、代行政府职能的社会团体，以及其他组织的固定资产和无形资产出租、出售、出让、转让等取得的收入等。

（4）转移性收入。这是指上级税收返还和转移支付、下级上解收入、调入资金以及按照财政部规定列入转移性收入的无隶属关系的政府的无偿援助。

（5）其他收入。这是指国家除上述形式外以其他形式筹集的预算收入，如罚没收入、捐赠收入等。

2. 按照归属分类

预算收入按照归属的不同，可分为中央预算收入、地方预算收入、中央和地方预算共享收入。

（1）中央预算收入。这是指按照分税制财政管理体制的规定，纳入中央预算，地方不参与分享的收入，包括中央本级收入和地方按照规定向中央上解的收入。

（2）地方预算收入。这是指按照分税制财政管理体制的规定，纳入地方预算，中央预算不参与分享的收入，包括地方本级收入和中央按照规定返还或者补助地方的收入。

（3）中央和地方预算共享收入。这是指按照分税制财政管理体制的规定，中央预算和地方预算对同一税种的收入，按照一定划分标准或者比例分享的收入。

（二）预算支出

预算支出是指在预算年度内，根据实现国家职能的需要，按照法定的形式和程序，通过财政分配手段，对筹集和取得的预算收入进行有计划的再分配。

1. 按照功能分类

预算支出按照功能的不同，可以分为：

（1）一般公共服务支出。主要用于保障机关事业单位的正常运转，支持各机关单位履行职责，保障各机关部门的项目支出需要，以及支持地方落实自主择业军转干部退役金等。

（2）外交、公共安全、国防支出。

（3）农业、环境保护支出。

（4）教育、科技、文化、卫生、体育支出。

（5）社会保障及就业支出。

（6）其他支出。

2. 按照经济性质分类

预算支出按照经济性质的不同，可以分为：

（1）工资福利支出。

（2）商品和服务支出。

（3）资本性支出。

（4）其他支出。

五、预算组织程序

预算组织程序是指国家在预算管理过程中依法定程序进行的各个工作环节所构成的有秩序活动的总体。它由预算的编制、审批、执行、调整四个环节组成。

（一）预算编制

预算编制是指各级政府、各部门、各单位制订取得和分配使用预算资金的年度计划的活动。预算编制应当遵守国家编制预算的原则，按照编制办法和程序进行。预算编制是预算管理的一项基础性程序和重要的工作环节。编制预算草案的具体事项由国务院财政部门负责部署。各级政府、各部门、各单位应当按照国务院规定的时间编制预算草案。

【提示】财政部于每年6月15日前部署编制下一年度预算草案的具体事项，规定报表格式、编制方法、报送期限等。

【请注意】预算草案是未经法定程序审查和批准的预算收支计划，因此它属于不具备法律效力的国家预算。

1.预算年度

预算年度也称为财政年度，是指国家预算收支起止的有效期限，通常为1年。我国采用的是公历年制，自公历1月1日起至12月31日止。

2.预算草案的编制依据

各级预算应当根据年度经济社会发展目标、国家宏观调控总体要求和跨年度预算平衡的需要，参考上一年预算执行情况、有关支出绩效评价结果和本年度收支预测，按照规定程序征求各方面意见后，进行编制。

【请注意】各级预算按照量入为出、收支平衡的原则编制。除《预算法》另有规定外，不列赤字。

3.预算编制的内容

（1）中央预算编制的主要内容。

中央一般公共预算收入编制内容包括本级一般公共预算收入、从国有资本经营预算调入资金、地方上解收入、从预算稳定调节基金调入资金、其他调入资金。

中央一般公共预算支出编制内容包括本级一般公共预算支出、对地方的税收返还和转移支付、补充预算稳定调节基金。

中央政府债务余额的限额应当在本级预算中单独列示。

（2）地方各级一般公共预算编制的主要内容。

地方各级一般公共预算收入编制内容包括本级一般公共预算收入、从国有资本经营预算调入资金、上级税收返还和转移支付、下级上解收入、从预算稳定调节基金调入资金、其他调入资金。

地方各级一般公共预算支出编制内容包括本级一般公共预算支出、上解上级支出、对下级的税收返还和转移支付、补充预算稳定调节基金。

（3）编制各级预算应注意的问题。

各级预算收入的编制，应当与经济社会发展水平相适应，与财政政策相衔接。各级政府、各部门、各单位应当依照《预算法》的规定，将所有政府收入全部列入预算，不得隐瞒、少列。

各级预算支出应当依照《预算法》的规定，按其功能和经济性质分类编制。各级预算支出的编制，应当贯彻勤俭节约的原则，严格控制各部门、各单位的机关运行经费和楼堂馆所等基本建设支出。

【提示】各级一般公共预算支出的编制，应当统筹兼顾，在保证基本公共服务合理需要的前提下，优先安排国家重点支出。

（二）预算审批

预算审批是指国家各级权力机关对同级政府所提出的预算草案进行审查和批准的活动。预算的审批具有时效性、级别性、程序性和严肃性等特点，包括审查、备案和批复三个环节。

1.预算审查

中央预算由全国人民代表大会审查和批准。地方各级预算由本级人民代表大会审查和批准。国务院在全国人民代表大会举行会议时，向大会作关于中央和地方预算草案以及中央和地方预算执行情况的报告。地方各级政府在本级人民代表大会举行会议时，向大会作关于总预算草案和总预算执行情况的报告。

（1）重点审查内容。全国人民代表大会和地方各级人民代表大会对预算草案及报告、预算执行情况的报告重点审查下列内容：

① 上一年预算执行情况是否符合本级人民代表大会预算决议的要求；

② 预算安排是否符合《预算法》的规定；

③ 预算安排是否贯彻国民经济和社会发展的方针政策，收支政策是否切实可行；

④ 重点支出和重大投资项目的预算安排是否适当；

⑤ 预算的编制是否完整，是否符合《预算法》第四十六条的规定；

⑥ 对下级政府的转移性支出预算是否规范、适当；

⑦ 预算安排举借的债务是否合法、合理，是否有偿还计划和稳定的偿还资金来源；

⑧ 与预算有关重要事项的说明是否清晰。

（2）审查结果报告内容。全国人民代表大会财政经济委员会向全国人民代表大会主席团提出关于中央和地方预算草案及中央和地方预算执行情况的审查结果报告。省、自治区、直辖市、设区的市、自治州人民代表大会有关专门委员会，县、自治县、不设区的市、市辖区人民代表大会常务委员会，向本级人民代表大会主席团提出关于总预算草案及上一年总预算执行情况的审查结果报告。

审查结果报告内容包括：

① 对上一年预算执行和落实本级人民代表大会预算决议的情况作出评价；

② 对本年度预算草案是否符合《预算法》的规定，是否可行作出评价；

③ 对本级人民代表大会批准预算草案和预算报告提出建议；

④ 对执行年度预算、改进预算管理、提高预算绩效、加强预算监督等提出意见和建议。

2.预算备案

乡、民族乡、镇政府应当及时将经本级人民代表大会批准的本级预算报上一级政府备案。县级以上地方各级政府应当及时将经本级人民代表大会批准的本级预算及下一级政府报送备案的预算汇总，报上一级政府备案。

县级以上地方各级政府将下一级政府依照规定报送备案的预算汇总后，报本级人民代表大会常务委员会备案。国务院将省、自治区、直辖市政府依照规定报送备案的预算汇总后，报全国人民代表大会常务委员会备案。

【请注意】国务院和县级以上地方各级政府对下一级政府依照《预算法》的规定报送备案的预算，认为有同法律、行政法规相抵触或者有其他不适当之处，需要撤销批准预算的决议的，应当提请本级人民代表大会常务委员会审议决定。

3. 预算批复

各级预算经本级人民代表大会批准后，本级政府财政部门应当在20日内向本级各部门批复预算。各部门应当在接到本级政府财政部门批复的本部门预算后15日内向所属各单位批复预算。

中央对地方的一般性转移支付应当在全国人民代表大会批准预算后30日内正式下达。中央对地方的专项转移支付应当在全国人民代表大会批准预算后90日内正式下达。省、自治区、直辖市政府接到中央一般性转移支付和专项转移支付后，应当在30日内正式下达到本行政区域县级以上各级政府。县级以上地方各级预算安排对下级政府的一般性转移支付和专项转移支付，应当分别在本级人民代表大会批准预算后的30日和60日内正式下达。

【请注意】县级以上各级政府财政部门应当将批复本级各部门的预算和批复下级政府的转移支付预算，抄送本级人民代表大会财政经济委员会、有关专门委员会和常务委员会有关工作机构。

（三）预算执行

预算执行是指各级财政部门和其他预算主体组织预算收入和划拨预算支出的活动。各级预算由本级政府组织执行，具体工作由本级政府财政部门负责。各部门、各单位是本部门、本单位的预算执行主体，负责本部门、本单位的预算执行，并对执行结果负责。

预算收入征收部门和单位，必须依照法律、行政法规的规定，及时、足额征收应征的预算收入。不得违反法律、行政法规的规定，多征、提前征收或者减征、免征、缓征应征的预算收入，不得截留、占用或者挪用预算收入。

【请注意】各级政府不得向预算收入征收部门和单位下达收入指标。

各级政府财政部门必须依照法律、行政法规和国务院财政部门的规定，及时、足额地拨付预算支出资金，加强对预算支出的管理和监督。

各级政府、各部门、各单位的支出必须按照预算执行，不得虚假列支。

各级政府、各部门、各单位应当对预算支出情况开展绩效评价。

（四）预算调整

预算是一种计划，它确立后，往往会受到主客观条件的影响和制约，原来预料不到的一些特殊情况也会出现，从而导致预算收支由原来的平衡变得不平衡，这时必须依法进行预算调整。

经全国人民代表大会批准的中央预算和经地方各级人民代表大会批准的地方各级预算，在执行中出现下列情况之一的，应当进行预算调整：

（1）需要增加或者减少预算总支出的；

（2）需要调入预算稳定调节基金的；

（3）需要调减预算安排的重点支出数额的；

（4）需要增加举借债务数额的。

在预算执行中，各级政府对于必须进行的预算调整，应当编制预算调整方案。预算调整方案应当说明预算调整的理由、项目和数额。

【提示】在预算执行中，各级政府一般不制定新的增加财政收入或者支出的政策和措施，也不制定减少财政收入的政策和措施；必须作出并需要进行预算调整的，应当在预算调整方案中作出安排。

中央预算的调整方案应当提请全国人民代表大会常务委员会审查和批准。县级以上地方各级预算的调整方案应当提请本级人民代表大会常务委员会审查和批准；乡、民族乡、镇预算的调整方案应当提请本级人民代表大会审查和批准。未经批准，不得调整预算。

【提示】地方各级预算的调整方案经批准后，由本级政府报上一级政府备案。

六、决算

决算是指根据年度预算执行结果编制的会计报告。决算是对预算执行结果的总结，是国家管理预算活动的最后一道程序，由决算报告和文字说明两个部分组成。决算主要包括决算草案的编制、审批和批复三个环节。

（一）决算草案的编制

决算草案由各级政府、各部门、各单位，在每一预算年度终了后按照国务院规定的时间编制。编制决算草案的具体事项，由国务院财政部门部署。

编制决算草案，必须符合法律、行政法规，做到收支真实、数额准确、内容完整、报送及时。决算草案应当与预算相对应，按预算数、调整预算数、决算数分别列出。

【请注意】各部门对所属各单位的决算草案，应当审核并汇总编制本部门的决算草案，在规定的期限内报本级政府财政部门审核。

（二）决算草案的审批

国务院财政部门编制中央决算草案，经国务院审计部门审计后，报国务院审定，由国务院提请全国人民代表大会常务委员会审查和批准。县级以上地方各级政府财政部门编制本级决算草案，经本级政府审计部门审计后，报本级政府审定，由本级政府提请本级人民代表大会常务委员会审查和批准。乡、民族乡、镇政府编制本级决算草案，提请本级人民代表大会审查和批准。

县级以上各级人民代表大会常务委员会和乡、民族乡、镇人民代表大会对本级决算草案，重点审查下列内容：

（1）预算收入情况；

（2）支出政策实施情况和重点支出、重大投资项目资金的使用及绩效情况；

（3）结转资金的使用情况；

（4）资金结余情况；

（5）本级预算调整及执行情况；

（6）财政转移支付安排执行情况；

（7）经批准举借债务的规模、结构、使用、偿还等情况；

（8）本级预算周转金规模和使用情况；

（9）本级预备费使用情况；

（10）超收收入安排情况，预算稳定调节基金的规模和使用情况；

（11）本级人民代表大会批准的预算决议落实情况；

（12）其他与决算有关的重要情况。

（三）决算草案的批复

各级决算经批准后，财政部门应当在20日内向本级各部门批复决算。各部门应当在接到本级政府财政部门批复的本部门决算后15日内向所属单位批复决算。

【提示】地方各级政府应当将经批准的决算及下一级政府上报备案的决算汇总，报上一级政府备案。县级以上各级政府应当将下一级政府报送备案的决算汇总后，报本级人民代表大会常务委员会备案。

七、预决算的监督

预决算的监督主要包括国家权力机关的监督、各级政府的监督、各级政府财政部门的监督和各级政府审计部门的监督以及社会监督等。

全国人民代表大会及其常务委员会对中央和地方预算、决算进行监督。县级以上地方各级人民代表大会及其常务委员会对本级和下级预算、决算进行监督。乡、民族乡、镇人民代表大会对本级预算、决算进行监督。

各级政府监督下级政府的预算执行；下级政府应当定期向上一级政府报告预算执行情况。各级政府财政部门负责监督检查本级各部门及其所属各单位预算的编制、执行，并向本级政府和上一级政府财政部门报告预算执行情况。县级以上政府审计部门依法对预算执行、决算实行审计监督。

【请注意】对预算执行和其他财政收支的审计工作报告应当向社会公开。公民、法人或者其他组织发现有违反《预算法》的行为，可以依法向有关国家机关进行检举、控告。接受检举、控告的国家机关应当依法进行处理，并为检举人和控告人保密。任何单位或者个人不得压制和打击报复检举人和控告人。

八、法律责任

1.各级政府及有关部门有下列行为之一的，责令改正，对负有直接责任的主管人员和其他直接责任人员追究行政责任：

（1）未依照《预算法》的规定，编制、报送预算草案、预算调整方案、决算草案和部门预算、决算以及批复预算、决算的；

（2）违反《预算法》的规定，进行预算调整的；

（3）未依照《预算法》的规定对有关预算事项进行公开和说明的；

（4）违反规定设立政府性基金项目和其他财政收入项目的；

（5）违反法律、法规的规定使用预算预备费、预算周转金、预算稳定调节基金、超收收入的；

（6）违反《预算法》的规定开设财政专户的。

2. 各级政府及有关部门、单位有下列行为之一的，责令改正，对负有直接责任的主管人员和其他直接责任人员依法给予降级、撤职、开除的处分：

（1）未将所有政府收入和支出列入预算或者虚列收入和支出的；

（2）违反法律、行政法规的规定，多征、提前征收或者减征、免征、缓征应征预算收入的；

（3）截留、占用、挪用或者拖欠应当上缴国库的预算收入的；

（4）违反《预算法》的规定，改变预算支出用途的；

（5）擅自改变上级政府专项转移支付资金用途的；

（6）违反《预算法》的规定拨付预算支出资金，办理预算收入收纳、划分、留解、退付，或者违反《预算法》的规定冻结、动用国库库款或者以其他方式支配已入国库库款的。

各级政府、各部门、各单位违反《预算法》的规定举借债务或者为他人债务提供担保，或者挪用重点支出资金，或者在预算之外及超预算标准建设楼堂馆所的，责令改正，对负有直接责任的主管人员和其他直接责任人员给予撤职、开除的处分。

3. 各级政府有关部门、单位及其工作人员有下列行为之一的，责令改正，追回骗取、使用的资金，有违法所得的没收违法所得，对单位给予警告或者通报批评；对负有直接责任的主管人员和其他直接责任人员依法给予处分：

（1）违反法律、法规的规定，改变预算收入上缴方式的；

（2）以虚报、冒领等手段骗取预算资金的；

（3）违反规定扩大开支范围、提高开支标准的；

（4）其他违反财政管理规定的行为。

【请注意】违反《预算法》的规定，构成犯罪的，依法追究刑事责任。

任务二　规范政府采购，完善采购方式

视频

如何约束政府采购?

一、政府采购法律制度的构成

政府采购法律制度是调整政府采购关系的法律规范的总称。我国的政府采购法律制度由《中华人民共和国政府采购法》（以下简称《政府采购法》）、《中华人民共和国政府采购法实施条例》（以下简称《政府采购法实施条例》）、国务院各部门特别是财政部颁布的一系列部门规章以及地方性法规和政府规章组成。

（一）《政府采购法》

为了规范政府采购行为，提高政府采购资金的使用效益，维护国家利益和社会公共利益，保护政府采购当事人的合法权益，促进廉政建设，2002年6月29日第九届全国人民代表大会常务委员会第二十八次会议通过了《政府采购法》，自2003年1月1日起施行。2014年8月31日第十二届全国人民代表大会常务委员会第十次会议决定，对《政府采购法》作出修改，并自公布之日起施行。《政府采购法》共分为9章88条，包括总则、政府采购当事人、政府采购方式、政府采购程序、政府采购合同、质疑与投诉、监督检查、法律责任、附则。它是规范我国政府采购活动的根本性法律，也是制定其他政府采购法规制度的基本依据。

【请注意】《政府采购法》只适用于在我国境内发生的政府采购活动，但不适用于军事采购、紧急采购、安全秘密采购和使用国外资金进行的采购等情况。

（二）《政府采购法实施条例》

为了进一步促进政府采购的规范化、法治化，2014年12月31日，国务院第75次常务会议通过了《政府采购法实施条例》，自2015年3月1日起施行。《政府采购法实施条例》共分为9章79条，包括总则、政府采购当事人、政府采购方式、政府采购程序、政府采购合同、质疑与投诉、监督检查、法律责任、附则。《政府采购法实施条例》是对《政府采购法》的细化，为政府采购及其监督检查等提供了更为具体的行为准则。

（三）政府采购部门规章

政府采购部门规章主要是指国务院财政部门制定的规章。为了细化政府采购法的相关规定，增强《政府采购法》的可操作性，财政部相继颁布了《政府采购货物和服务招标投标管理办法》《政府采购信息发布管理办法》《中央单位政府集中采购管理实施办法》等。

（四）政府采购的地方性法规和政府规章

各地政府也可根据各地的具体情况颁布规范本行政区域内政府采购活动的地方性法规和政府规章。这些法规和规章都以《政府采购法》为依据，同时结合本地区的实际情况，具有较强的针对性和操作性。

二、政府采购的概念与原则

（一）政府采购的概念

政府采购是指各级国家机关、事业单位和团体组织，使用财政性资金采购依法制定的集中采购目录以内的或者采购限额标准以上的货物、工程和服务的行为。

《政府采购法》规定，采购是指以合同方式有偿取得货物、工程和服务的行为，包括购买、租赁、委托、雇用等。货物是指各种形态和种类的物品，包括原材料、燃料、设备、产品等。工程是指建设工程，包括建筑物和构筑物的新建、改建、扩建、装修、拆除、修缮等。服务是指除货物和工程以外的其他政府采购对象。

（二）政府采购的原则

《政府采购法》规定，政府采购应当遵循公开透明原则、公平竞争原则、公正原则和诚实信用原则。

1. 公开透明原则

公开透明原则是政府采购必须遵循的基本原则之一，政府采购通常被誉为“阳光下的交易”。政府采购资金来源于纳税人缴纳的各种税金，只有坚持公开透明原则，才能为供应商参加政府采购提供公平竞争的环境，为公众对政府采购资金的使用情况进行有效的监督创造条件。公开透明原则要求政府采购的信息和行为不仅要全面公开，而且要完全透明，仅公开信息但仍搞暗箱操作属于违法行为；同时，政府采购的法规和规章制度要公开，招标信息及中标或成交结果要公开，开标活动要公开，投诉处理结果或司法裁减决定等要公开，使政府采购活动在完全透明的状态下运作，全面、广泛地接受监督。具体表现为：

（1）公开的内容。

① 政府采购法规政策；

② 省级以上人民政府公布的集中采购目录、政府采购限额标准和招标数额标准；

③ 政府采购招标业务代理机构名录；

④ 招标投标信息；

⑤ 财政部门受理政府采购的联系方式及投诉处理决定；

⑥ 财政部门对集中采购机构的考核结果；

⑦ 采购代理机构、供应商不良行为记录名单；

⑧ 其他。

（2）公开的标准。政府采购公开的信息应当符合的标准包括：信息真实、准确可靠、发布及时、便于获得等。

（3）公开的途径。政府采购信息应当在省级以上财政部门指定的政府采购信息发布媒体上向社会公开。

2. 公平竞争原则

公平竞争原则是市场经济运行的重要法则，也是政府采购的基本规则。公平竞争原则是指政府采购的竞争是有序竞争，要公平地对待每一个供应商，不能有歧视某些潜在的符合条件的供应商参与政府采购活动的现象，并且采购信息要在政府采购监督管理部门指定的媒体上公平地披露。公平竞争原则是市场经济运行的重要法则，是政府采购的基本规则。公平竞争原则要求在竞争的前提下公平地开展政府采购活动。首先，要将竞争机制引入采购活动中，实行优胜劣汰，使采购人通过优中选优的方式，获得价廉物美的货物、工程或者服务，提高财政性资金的使用效益。其次，竞争必须公平，不能设置妨碍充分竞争的不正当条件。

3. 公正原则

公正原则是指政府采购要按照事先约定的条件和程序进行，对所有供应商一视同仁，不得有歧视条件和行为，任何单位或个人都无权干预采购活动的正常开展。公正原则是为了使采购人与供应商之间在政府采购活动中处于平等地位而确立的。为了实现公正，《政府采购法》提出评标委员会以及有关小组人员必须有一定数量的要求，要有各方面代表，并且人数必须为单数，相关人员要回避，同时规定了保护供应商合法权益的方式。这些规定都有利于实现公正原则。

【请注意】公正原则是建立在公开透明原则和公平竞争原则的基础上的。

4. 诚实信用原则

诚实信用原则是指政府采购当事人在政府采购活动中，本着诚实、守信的态度履行各自的权利和义务，讲究信誉，兑现承诺，不得散布虚假信息，不得有欺诈、串通、隐瞒等行为，不得伪造、变造、隐匿、销毁需要依法保存的文件，不得规避法律法规，不得损害第三人的利益。诚实信用原则是发展市场经济的内在要求。坚持诚实信用原则，能够增强公众对采购过程的信任。

【提示】诚实信用原则约束的是政府采购活动中的各方当事人，采购主体在项目发标、信息发布、评标审标中要真实，不得有所隐瞒；供应商在提供物品、服务及履行投标时要遵守承诺，树立相应的责任意识。

三、政府采购的功能与执行模式

（一）政府采购的功能

政府采购具有节约财政支出、强化宏观调控、活跃市场经济、推进反腐倡廉以及保护民族产业等功能。

1. 节约财政支出

实行政府集中采购，由于引入了竞争机制，会吸引多数供应商参与，易形成买方市场，这样既能节约采购成本，又可以在保证产品性能与质量的前提下，压低产品与劳务的价格。同时，政府采购实行国库支付，将采购资金直接拨付给供应商，减少了资金流通环节。因此，政府采购可以以尽量少的财政投入获得最大的产出，有利于提高财政资金的使用效益。

2. 强化宏观调控

随着我国的经济向市场化推进，经济的周期性波动也越来越明显。在这种情况下，要保持国民经济的稳定发展，就必须发挥政府宏观调控的作用，而政府采购就是政府宏观调控的一种手段。政府采购的数额和内容会对市场供求产生重大影响，当经济过热时，压缩政府采购可以把过热的需求降下来；当经济萧条时，增加政府采购可以刺激市场需求。

3. 活跃市场经济

政府采购活跃市场经济的功能主要表现在三个方面：一是通过充分竞争，能够最大限度地降低采购成本，得到更优质的产品和服务；二是能够对供应商、生产商、金融服务以及物流等整个产业链产生支撑和带动作用，推动相关产业的整合和成长；三是购买性支出所具有的乘数效应，能够扩大市场规模、增加政府税收和拉动GDP增长。

【提示】乘数效应是一种宏观的经济效应，是指经济活动中某一变量的增减所引起的经济总量变化的连锁反应程度。在经济学中，乘数效应更完整地说是一种支出/收入乘数效应，是一种宏观经济控制手段。

4. 推进反腐倡廉

由于政府采购是置于全社会监督之下的，因此规范化的政府采购可以避免暗箱操作。实行政府采购制度，有利于从源头上堵塞漏洞，为反腐倡廉提供制度保障，从而加强廉政建设，提升政府形象。

5. 保护民族产业

《政府采购法》第十条规定："政府采购应当采购本国货物、工程和服务，但有下列情形之一的除外：（1）需要采购的货物、工程或者服务在中国境内无法获取或者无法以合理的商业条件获取的；（2）为在中国境外使用而进行采购的；（3）其他法律、行政法规另有规定的。”这一规定体现了国货优先原则，在法律层面上保护了民族产业。

（二）政府采购的执行模式

政府采购实行集中采购和分散采购相结合的执行模式。

1. 集中采购

集中采购是指采购人将列入集中采购目录的项目委托集中采购机构代理采购或者进行部门集中采购的行为。

集中采购的范围由省级以上人民政府公布的集中采购目录确定。属于中央预算的政府采购项目，其集中采购目录由国务院确定并公布；属于地方预算的政府采购项目，其集中采购目录由省、自治区、直辖市人民政府或者其授权的机构确定并公布。纳入集中采购目录的政府采购项目，应当实行集中采购。

集中采购目录包括集中采购机构采购项目和部门集中采购项目。技术、服务等标准统一，采购人普遍使用的项目，列为集中采购机构采购项目；采购人本部门、本系统基于业务需要有特殊要求，可以统一采购的项目，列为部门集中采购项目。

【提示】采购未纳入集中采购目录的政府采购项目，可以自行采购，也可以委托集中采购机构在委托的范围内代理采购。

2. 分散采购

分散采购是指采购人对采购限额标准以上的未列入集中采购目录的项目自行采购或者委托采购代理机构代理采购的行为。

【动脑筋】分散采购的项目一般具有什么特征？

四、政府采购当事人

政府采购当事人是指在政府采购活动中享有权利和承担义务的各类主体，包括采购人、供应商和采购代理机构等。

（一）采购人

采购人是指依法进行政府采购的国家机关、事业单位、团体组织。

1. 采购人的权利

（1）采购人有权自主选择采购代理机构。采购人有权在政府采购监督管理部门认定的合格采购代理机构中自主选择，任何单位和个人不得以任何方式为采购人指定采购代理机构。

（2）采购人有权要求采购代理机构遵守委托协议的约定，采购人发现代理机构有违约行为或自身利益受到损害时，有权依法予以追究。

（3）采购人有权审查政府采购供应商资格。采购人可以要求参加政府采购的供应商提供有关资质证明文件和业绩情况，并根据规定的供应商条件和采购项目对供应商的特定要求，对供应商的资格进行审查。

（4）采购人有权依法确定中标供应商。采购人依据事先确定的采购标准和规定，确定符合采购要求的供应商中标。

（5）采购人有权签订采购合同，并参与对供应商提供的货物、服务和工程履约的验收工作。

（6）采购人有权对特殊项目实施部门集中采购。

（7）其他合法权利。

2.采购人的义务

（1）采购人必须严格地执行政府采购的各项规定，不得以部门利益或意志为由拒绝执行有关政府采购的规定。

（2）采购人必须接受政府采购监督管理部门的管理。各级人民政府财政部门是负责政府采购监督管理的部门，依法履行对政府采购活动的监督管理职责。同时，采购人还要接受国家审计部门、监察部门的监督，有责任和义务积极配合监管部门的工作。

（3）采购人在采购过程中必须尊重供应商的正当合法权益。采购人必须对所有供应商一视同仁，不得以不合理的条件对供应商实行差别待遇或者歧视待遇；采购人有义务回答供应商的合法提问，不得与集中采购代理机构或其他供应商串通，损害部分供应商的利益。

（4）采购人必须遵守采购代理机构的工作秩序，不得干预其开展工作，不得提出不符合规定的要求或者与采购代理机构串通以不正当的手段影响采购的公正性，同时，有义务监督采购代理机构严格执行政府采购的有关规定。

（5）确定中标供应商后，采购人必须在规定的时间内与中标供应商签订政府采购合同。

（6）采购人有义务向社会公布有关政府采购信息和招标结果，以增强政府采购的透明度，接受社会各界的监督。

（7）依法答复供应商的询问和质疑。

（8）妥善保存反映每项采购活动的采购文件。

（9）其他法定义务。

（二）供应商

供应商是指向采购人提供货物、工程或者服务的法人、其他组织或自然人。供应商参加政府采购活动应具备下列条件：具有独立承担民事责任的能力；具有良好的信誉和健全的制度；具有履行合同所必需的设备和专业技术能力；具有依法纳税和缴纳社会保障资金的良好记录；参加政府采购活动3年内，在经营活动中没有重大违法记录；法律、法规规定的其他条件。

1.供应商的权利

（1）平等地取得政府采购供应商资格的权利。

（2）平等地获得政府采购信息的权利。

（3）自主、平等地参加政府采购竞争的权利。

（4）提出询问、质疑和投诉的权利。

（5）自主、平等地签订政府采购合同的权利。

（6）要求保守商业秘密的权利。

（7）监督政府采购依法公开、公正进行的权利。

（8）其他合法权利。

2. 供应商的义务

（1）遵守政府采购的各项法律、法规和规章制度。

（2）按规定接受供应商资格审查，并在资格审查中客观真实地反映自身情况。

（3）在政府采购活动中，满足采购人或采购代理机构的正当要求。

（4）投标中标后，按规定程序签订政府采购合同并严格履行合同义务。

（5）其他法定义务。

【提示】两个以上的自然人、法人或者其他组织可以组成一个联合体，以一个供应商的身份共同参加政府采购。

【请注意】在政府采购活动中，采购人员及相关人员与供应商有利害关系的，必须回避。供应商认为采购人员及相关人员与其他供应商有利害关系的，可以申请其回避。所称相关人员，包括招标采购中评标委员会的组成人员、竞争性谈判采购中谈判小组的组成人员、询价采购中询价小组的组成人员等。

（三）采购代理机构

采购代理机构是指具备一定条件，经政府有关部门批准而依法拥有政府采购代理资格的机构。

1. 采购代理机构的划分

（1）集中采购机构。集中采购机构是设区的市级以上人民政府依法设立的非营利事业法人，是代理集中采购项目的执行机构。

（2）集中采购机构以外的采购代理机构。集中采购机构以外的采购代理机构是从事采购代理业务的社会中介机构，主要负责分散采购的代理业务。

2. 采购代理机构的义务和责任

（1）依法开展代理采购活动并提供良好的服务。

（2）依法发布采购信息。

（3）依法接受监督管理。

（4）不得以向采购人行贿或者采取其他不正当手段谋取非法利益。

（5）其他法定义务与责任。

五、政府采购方式

政府采购可以采用公开招标、邀请招标、竞争性谈判、单一来源采购、询价采购以及国务院政府采购监督管理部门认定的其他采购方式。

（一）公开招标

公开招标是指采购人或者其委托的政府采购代理机构以招标公告的方式邀请不特定的供应商参加投标竞争，从中择优选择中标供应商的采购方式。公开招标应作为政府采购的主要采购方式。采购人采购货物或者服务应当采用公开招标方式的，其具体数额标准，属于中央预算的政府采购项目，由国务院规定；属于地方预算的政府采购项目，由省、自治区、直辖市人民政府规定；因特殊情况需要采用公开招标以外的采购方式的，应当在采购活动开始前获得设区的市、自治州以上人民政府采购监督管理部门的批准。

【请注意】采购人不得将应当以公开招标方式采购的货物或者服务化整为零或者以

其他任何方式规避公开招标采购。

（二）邀请招标

邀请招标是指采购人或其委托的政府采购代理机构以投标邀请书的方式邀请三家或三家以上特定的供应商参与投标的采购方式。

1.符合下列情形之一的货物或者服务，可以采取邀请招标方式采购：

（1）具有特殊性，只能从有限范围内的供应商处采购的；

（2）采用公开招标方式的费用占政府采购项目总价值的比例过大的。

货物和服务项目实行招标采购方式的，自招标文件开始发放之日起至投标人提交投标文件截止之日止，不得少于20日。

2.在招标采购过程中出现下列情形之一的，应予废标：

（1）符合专业条件的供应商或者对招标文件作实质响应的供应商不足3家的；

（2）出现影响采购公正的违法、违规行为的；

（3）投标人的报价均超过采购预算，采购人不能支付的；

（4）因重大变故，采购任务取消的。

废标后，采购人应将废标理由通知所有投标人。

（三）竞争性谈判

竞争性谈判是指采购人或其委托的政府采购代理机构与多家供应商就采购事宜进行谈判，经分析比较后从中确定中标供应商的采购方式。

符合下列情形之一的货物或者服务，可以采用竞争性谈判方式采购：

（1）招标后没有供应商投标或者没有合格标的，或者重新招标未能成立的；

（2）技术复杂或者性质特殊，不能确定详细规格或者具体要求的；

（3）采用招标所需时间不能满足用户紧急需要的；

（4）不能事先计算出价格总额的。

（四）单一来源采购

单一来源采购是指采购人采购不具备竞争条件的物品，只能从唯一的供应商处取得采购货物或服务，因此直接向该供应商协商采购的采购方式。

符合下列情形之一的货物或者服务，可以采用单一来源方式采购：

（1）只能从唯一供应商处采购的；

（2）发生了不可预见的紧急情况，不能从其他供应商处采购的；

（3）必须保证原有采购项目一致性或者服务配套的要求，需要继续从原供应商处添购，且添购资金总额不超过原合同采购金额10%的。

【提示】采用单一来源方式采购的，采购人与供应商应当遵循《政府采购法》规定的原则，在保证采购项目质量和双方商定合理价格的基础上进行采购。

（五）询价采购

询价采购是指采购人向3家以上潜在的供应商发出询价单，对各供应商一次性报出的价格进行分析比较，按照符合采购需求、质量和服务相等且报价最低的原则确定中标供应商的采购方式。

【提示】采购的货物规格及标准统一、现货货源充足且价格变化幅度小的政府采购项目，可以依照《政府采购法》采用询价方式采购。

六、政府采购的监督检查

（一）政府采购监督管理部门的监督检查

政府采购监督管理部门应当加强对政府采购活动及集中采购机构的监督检查。

监督检查的主要内容包括：

（1）有关政府采购的法律、行政法规和规章的执行情况；

（2）采购范围、采购方式和采购程序的执行情况；

（3）政府采购人员的职业素质和专业技能。

【请注意】政府采购监督管理部门不得设置集中采购机构，不得参与政府采购项目的采购活动。

（二）集中采购机构的内部监督管理

集中采购机构应当建立健全内部监督管理制度。采购活动的决策和执行程序应当明确，并相互监督、相互制约。经办采购的人员与负责采购合同审核、验收人员的职责与权限应当明确，并相互分离。

集中采购机构的采购人员应当具有相关职业素质和专业技能，符合政府采购监督管理部门规定的专业岗位任职要求。

集中采购机构对其工作人员应当加强教育和培训；对采购人员的专业水平、工作实绩和职业道德状况定期进行考核。采购人员经考核不合格的，不得继续任职。

（三）采购人的内部监督

采购人必须按照《政府采购法》规定的采购方式和采购程序进行采购。政府采购项目的采购标准应当公开。采购人在采购活动完成后，应当将采购结果予以公布。按照法律规定的采购方式和采购程序进行采购，是对采购人的基本要求，是实现公开、公平、公正原则的保证，是维护国家利益和社会公众利益以及供应商合法权益的需要。

（四）政府其他部门的监督

政府采购监督管理部门应当对政府采购项目的采购活动进行检查，政府采购当事人应当如实反映情况，提供有关材料。政府采购监督管理部门应当对集中采购机构的采购价格、节约资金效果、服务质量、信誉状况、有无违法行为等事项进行考核，并定期如实公布考核结果。

依照法律、行政法规的规定对政府采购负有行政监督职责的政府有关部门，应当按照其职责分工，加强对政府采购活动的监督。

审计机关应当对政府采购进行审计监督。与政府采购监督管理部门、政府采购各当事人有关的政府采购活动，应当接受审计机关的审计监督。

监察机关应当加强对参与政府采购活动的国家机关、国家公务员和国家行政机关任命的其他人员实施监察。

【提示】任何单位和个人对政府采购活动中的违法行为，有权控告和检举，有关部门、机关应当依照各自的职责及时处理。

七、法律责任

（一）采购人、采购代理机构的法律责任

1.采购人、采购代理机构有下列情形之一的，责令限期改正，给予警告，可以并处罚款，对直接负责的主管人员和其他直接责任人员，由其行政主管部门或者有关机关给予处分，并予以通报：

（1）应当采用公开招标方式而擅自采用其他方式采购的；

（2）擅自提高采购标准的；

（3）以不合理的条件对供应商实行差别待遇或者歧视待遇的；

（4）在招标采购过程中与投标人进行协商谈判的；

（5）中标、成交通知书发出后不与中标、成交供应商签订采购合同的；

（6）拒绝有关部门依法实施监督检查的。

2.采购人、采购代理机构及其工作人员有下列情形之一，构成犯罪的，依法追究刑事责任；尚不构成犯罪的，处以罚款，有违法所得的，并处没收违法所得，属于国家机关工作人员的，依法给予行政处分：

（1）与供应商或者采购代理机构恶意串通的；

（2）在采购过程中接受贿赂或者获取其他不正当利益的；

（3）在有关部门依法实施的监督检查中提供虚假情况的；

（4）开标前泄露标底的。

有前两条违法行为之一影响中标、成交结果或者可能影响中标、成交结果的，按下列情况分别处理：①未确定中标、成交供应商的，终止采购活动；②中标、成交供应商已经确定，但采购合同尚未履行的，撤销合同，从合格的中标、成交候选人中另行确定中标、成交供应商；③采购合同已经履行的，给采购人、供应商造成损失的，由责任人承担赔偿责任。

3.采购人对应当实行集中采购的政府采购项目，不委托集中采购机构实行集中采购的，由政府采购监督管理部门责令改正；拒不改正的，停止按预算向其支付资金，由其上级行政主管部门或者有关机关依法给予其直接负责的主管人员和其他直接责任人员处分。

4.采购人未依法公布政府采购项目的采购标准和采购结果的，责令改正，对直接负责的主管人员依法给予处分。

5.采购人、采购代理机构违反《政府采购法》的规定隐匿、销毁应当保存的采购文件或者伪造、变造采购文件的，由政府采购监督管理部门处以2万元以上10万元以下的罚款，对其直接负责的主管人员和其他直接责任人员依法给予处分；构成犯罪的，依法追究刑事责任。

6.采购代理机构在代理政府采购业务中有违法行为的，按照有关法律的规定处以罚款，在1～3年内禁止其代理政府采购业务，构成犯罪的，依法追究刑事责任。

7.政府采购当事人有违反《政府采购法》的违法行为之一，给他人造成损失的，应依照有关民事法律规定承担民事责任。

（二）供应商的法律责任

供应商有下列情形之一的，处以采购金额5‰以上10‰以下的罚款，列入不良行为记录名单，在1～3年内禁止参加政府采购活动，有违法所得的，并处没收违法所得，情节严重的，由市场监督管理机关吊销其营业执照；构成犯罪的，依法追究刑事责任：

（1）提供虚假材料谋取中标、成交的；

（2）采取不正当手段诋毁、排挤其他供应商的；

（3）与采购人、其他供应商或者采购代理机构恶意串通的；

（4）向采购人、采购代理机构行贿或者提供其他不正当利益的；

（5）在招标采购过程中与采购人进行协商谈判的；

（6）拒绝有关部门监督检查或者提供虚假情况的。

供应商有前款第（1）至（5）项情形之一的，中标、成交无效。

（三）政府采购监督管理部门的法律责任

1.政府采购监督管理部门的工作人员在实施监督检查中违反《政府采购法》的规定滥用职权、玩忽职守、徇私舞弊的，依法给予行政处分；构成犯罪的，依法追究刑事责任。

2.政府采购监督管理部门对供应商的投诉逾期未作处理的，给予直接负责的主管人员和其他直接责任人员行政处分。

3.政府采购监督管理部门对集中采购机构业绩的考核，有虚假陈述、隐瞒真实情况的，或者不作定期考核和公布考核结果的，应当及时纠正，由其上级机关或者监察机关对其负责人进行通报，并对直接负责的人员依法给予行政处分。

4.集中采购机构在政府采购监督管理部门的考核中，虚报业绩，隐瞒真实情况的，处以2万元以上20万元以下的罚款，并予以通报；情节严重的，取消其代理采购的资格。

5.任何单位或者个人阻挠和限制供应商进入本地区或者本行业政府采购市场的，责令限期改正；拒不改正的，由该单位、个人的上级行政主管部门或者有关机关给予单位责任人或者个人处分。

任务三　实行国库集中支付，建立国库单一账户体系

一、国库集中收付制度的概念

国库集中收付制度是指由财政部门代表政府建立国库单一账户体系，所有财政性资金均纳入国库单一账户体系收缴、支付和管理的制度。国库集中支付制度和国库集中收缴制度共同构成了国库集中收付制度。逐步建立和完善以国库单一账户体系为基础，资金缴拨以国库集中收付为主要形式的财政国库管理制度，是整个财政管理制度改革的有机组成部分和主要内容。

【提示】国库集中收付制度中所称的“国库”，既是国家金库，也是财政部门代表政府控制预算执行、保管政府资产和负债的一系列管理职能。

二、国库单一账户体系

（一）国库单一账户体系的概念

国库单一账户体系是指以财政国库存款账户为核心的各类财政性资金账户的集合。所有财政性资金的收入、支付、存储及资金清算活动均在该账户体系中运行。

（二）国库单一账户体系的构成和功能

财政部门是持有和管理国库单一账户体系的职能部门，任何单位不得擅自设立、变更或撤销国库单一账户体系中的各类银行账户。中国人民银行按照有关规定，对国库单一账户和由财政部门确定的、具体办理财政性资金支付业务的代理银行（商业银行）进行管理和监督。国库单一账户体系包括：

1.国库单一账户

财政部门在中国人民银行开设的国库单一账户（简称国库单一账户），为国库存款账户，用于记录、核算和反映纳入预算管理的财政收入和支出活动，并用于与财政部门在商业银行开设的零余额账户进行清算，实现支付。

【提示】所有财政资金在实际支付行为之前均保持在国库单一账户内。

2.财政部门零余额账户

财政部门在商业银行开设的零余额账户（简称财政部门零余额账户），用于财政直接支付和与国库单一账户进行清算，即每当发生财政资金支付行为时，先由代理银行将实际应支付的款项垫付给收款人，每日终了后再由代理银行与中国人民银行国库单一账户进行清算，划转代理银行已垫付资金。该账户每日发生的支付，于当日营业终了前与国库单一账户清算；营业中单笔支付额在5 000万元人民币以上（含5 000万元人民币）的，应当及时与国库单一账户清算。财政部门零余额账户在国库会计中使用，在行政单位和事业单位会计中不使用。

3.预算单位零余额账户

财政部门在商业银行为预算单位开设的零余额账户（简称预算单位零余额账户），用于财政部门对预算单位的授权支付和清算。该账户每日发生的支付，于当日营业终了前由代理银行在财政部门批准的用款额度内与国库单一账户清算。该账户可以办理转账、提取现金等结算业务。预算单位零余额账户在行政单位和事业单位会计中使用。

4.预算外资金财政专户

财政部门在商业银行开设的预算外资金财政专户（简称预算外资金财政专户），用于记录、核算和反映预算外资金的收入和支出活动，并对预算外资金的日常收支进行清算。

5.特设专户

特设专户是经国务院或国务院授权财政部批准的预算单位在商业银行开设的特殊过渡性专户（简称特设专户），用于记录、核算和反映预算单位的特殊专项支出活动，以及与国家单一账户清算，如粮食风险基金、社会保障基金等。

三、财政收支的方式

（一）财政收入的收缴方式和收缴程序

1. 收缴方式

财政收入的收缴分为直接缴库和集中汇缴两种方式。

（1）直接缴库。直接缴库是指由缴款单位或缴款人按有关法律法规的规定，直接将应缴收入缴入国库单一账户或预算外资金财政专户。

（2）集中汇缴。集中汇缴是指由征收机关（有关法定单位）按有关法律的规定，将所收的应缴收入汇总缴入国库单一账户或预算外资金财政专户。

2. 收缴程序

（1）直接缴库的程序。直接缴库的税收收入，由纳税人或税务代理人提出纳税申报，经征收机关审核无误后，由纳税人通过开户银行将税款缴入国库单一账户。直接缴库的其他收入，比照本程序缴入国库单一账户或预算外资金财政专户。

（2）集中汇缴的程序。小额零散税收和法律另有规定的应缴收入，由征收机关于收缴收入的当日汇总缴入国库单一账户。非税收入中的现金缴款，比照本程序缴入国库单一账户或预算外资金财政专户。

（二）财政支出的支付方式和支付程序

1. 支付方式

财政资金的支付分为财政直接支付和财政授权支付两种方式。

（1）财政直接支付。财政直接支付是指由财政部门向中国人民银行和代理银行签发支付指令，代理银行根据支付指令通过国库单一账户体系，将财政资金直接支付到收款人（即商品和劳务供应者）或用款单位账户。

采用财政直接支付方式的支出包括：

① 工资支出、购买支出以及中央对地方的专项转移支付，拨付企业大型工程项目或大型设备采购的资金等，直接支付到收款人账户。

② 转移支出（中央对地方专项转移支出除外），包括中央对地方的一般性转移支付中的税收返还、原体制补助、过渡期转移支付、结算补助等支出，对企业的补贴和未指明购买内容的某些专项支出等，支付到用款单位（包括下级财政部门和预算单位，下同）。

（2）财政授权支付。财政授权支付是指预算单位根据财政部门的授权，自行向代理银行签发支付指令，代理银行根据支付指令，在预算单位的用款额度内，通过国库单一账户体系将资金支付到收款人账户。

采用财政授权支付方式的支出包括未实行财政直接支付的购买支出和零星支出。

2. 支付程序

（1）财政直接支付的程序。财政直接支付的申请由一级预算单位汇总，填写《财政直接支付申请书》，按照批复的部门预算和资金使用计划，向财政国库支付执行机构提出支付申请。财政国库支付执行机构根据批复的部门预算和资金使用计划及相关要求对支付申请审核无误后，向代理银行发出支付指令，并通知中国人民银行国库部门，通过代理银行进入全国银行清算系统实时清算，财政资金从国库单一账户划拨到收款人的银行账户。

（2）财政授权支付的程序。财政部门根据批准的预算单位用款计划中月度授权支付额度，每月25日前以《财政授权支付汇总清算额度通知单》和《财政授权支付额度通知单》的形式分别通知中国人民银行、代理银行。《财政授权支付额度通知单》确定了各基层预算单位下一月度授权支付的资金使用额度。代理银行凭《财政授权支付额度通知单》受理预算单位支付指令并与国库单一账户进行资金清算。代理银行按《财政授权支付额度通知单》确定的额度控制预算单位的支付金额。预算单位支用授权额度时，应填制财政部统一印制的财政授权支付凭证送代理银行，代理银行根据财政授权支付凭证通过零余额账户或小额现金账户办理资金支付。预算单位需要现金支付的，可按照规定从小额现金账户中提取现金。代理银行根据预算单位财政授权支付凭证提出的结算方式，通过支票、汇票、银行卡等形式办理资金支付。预算外资金的支付，比照本程序实施。

【阅读篇目】

[1] 全国人民代表大会颁布的《中华人民共和国预算法》

[2] 中华人民共和国国务院颁布的《中华人民共和国预算法实施条例》

[3] 全国人民代表大会常务委员会颁布的《中华人民共和国政府采购法》

[4] 财政部和中国人民银行联合印发的《财政国库管理制度改革试点方案》

职业能力判断与选择

一、单项选择题（每题只有一个正确答案，请将正确答案填在括号内）

1. 根据《预算法》的规定，我国国家预算年度是指（　　）。

A. 自公历1月1日起，至12月31日止

B. 自公历1月1日起，至次年1月1日止

C. 自公历12月31日起，至次年12月31日止

D. 自上年公历12月31日起，至本年12月31日止

2. 下列各项关于我国国家预算的说法，错误的是（　　）。

A. 我国的国家预算是实现财政职能的基本手段

B. 我国的国家预算是政府的基本财政收支计划

C. 我国的国家预算并非政府预算

D. 我国的国家预算是国家年度财政收支计划

3. 全国人民代表大会的预算管理职权不包括（　　）。

A. 审查中央和地方预算草案及中央和地方预算执行情况的报告

B. 批准中央预算和中央预算执行情况的报告

C. 改变或撤销全国人民代表大会常务委员会关于预算、决算的不适当的决议

D. 监督中央和地方预算的执行

4.按照归属划分，我国的预算收入（　　）。

A.仅包括中央预算收入

B.仅包括中央预算收入和地方预算收入

C.仅包括中央和地方预算共享收入

D.包括中央预算收入、地方预算收入以及中央和地方预算共享收入

5.国家预算既是保障国家机器运转的物质条件，又是政府实施各项社会经济政策的有效保证，体现的是国家预算的（　　）。

A.制约作用　B.反映监督作用　C.财力保证作用　D.调节作用

6.根据《预算法》的规定，接受增加专项转移支付的县级以上地方各级政府应当向（　　）报告有关情况。

A.本级人民代表大会　B.本级人民代表大会常委会

C.本级审计部门　D.本级财政部门

7.下列各项关于决算的说法，错误的是（　　）。

A.决算是预算执行的总结

B.决算反映了年度预算收支的最终结果

C.决算是国家经济活动在财政上的集中反映

D.决算草案由各级政府、各部门、各单位，在每一预算年度终了后按照财政部规定的时间编制

8.根据《政府采购法》的规定，下列各项不属于政府采购主体的是（　　）。

A.事业单位　B.政府机关　C.国有企业　D.社会团体

9.下列各项不属于政府采购功能的是（　　）。

A.节约财政支出，提高资金使用效益　B.强化宏观调控

C.推进反腐倡廉　D.增加财政收入

10.（　　）在中国人民银行开设的国库存款账户，简称国库单一账户。

A.税务部门　B.财政部　C.国务院　D.财政部门

二、多项选择题（每题有两个或两个以上正确答案，请将正确答案填在括号内）

1.下列各项中，属于我国国家预算体系的有（　　）。

A.中央预算

B.地方政府的派出机关预算

C.省级（省、自治县、直辖市）预算

D.乡镇级（乡、民族乡、镇）预算

2.根据《预算法》的规定，下列各项属于国务院财政部门预算职权的有（　　）。

A.编制中央预算、决算草案　B.监督中央和地方预算的执行

C.审查和批准中央预算的调整方案　D.编制中央预算调整方案

3.从来源上看，预算收入可划分为（　　）。

A.税收收入　B.行政事业性收费收入

C.国有资源（资产）有偿使用收入　D.转移性收入和其他收入

4.下列各项中，属于预算支出内容的有（　　）。

A.工资福利支出　　B.商品和服务支出

C.资本性支出　　D.其他支出

5.下列各项关于财政授权支付的说法，正确的有（　　）。

A.预算单位应该由财政部门授权

B.预算单位向代理银行签发支付指令

C.预算单位授权支付不能超过一定的用款额度

D.预算单位向中国人民银行签发支付指令

6.编制决算草案的原则有（　　）。

A.合法原则　　B.明晰性原则　　C.准确完整原则　　D.报送及时原则

7.政府采购法律制度由（　　）组成。

A.《政府采购法》　　B.部门规章

C.地方性法规　　D.政府规章

8.政府采购当事人是指在政府采购活动中享有权利和承担义务的各类主体，包括（　　）。

A.采购人　　B.供应商　　C.采购代理机构　　D.消费者

9.根据政府采购法律制度的规定，下列情形中，采购人可以采用单一来源方式采购的有（　　）。

A.只能从唯一供应商处采购的

B.发生了不可预见的紧急情况，不能从其他供应商处采购的

C.采用招标方式所需时间不能满足用户紧急需要的

D.不能事先计算出价格总额的

10.下列各项中，不属于财政收入直接缴库方式的有（　　）。

A.缴款单位直接将应缴收入缴入预算单位零余额账户

B.缴款单位直接将应缴收入缴入财政部门零余额账户

C.缴款单位直接将应缴收入缴入预算外资金财政专户

D.缴款单位直接将应缴收入缴入国库单一账户

三、判断题（正确的在括号内打“√”，错误的打“×”）

（　　）1.我国国家预算体系中不包括县市级以下的预算。

（　　）2.中央预算不包括军队和政党组织的预算。

（　　）3.国家预算按照预算收支内容的不同，可分为一般公共预算、政府性基金预算、国有资本经营预算、社会保险基金预算。

（　　）4.乡、民族乡、镇预算的调整方案必须提请本级人民代表大会常务委员会审查和批准。

（　　）5.各级政府监督本级政府的预算执行情况，本级政府向上级政府报告预算执行情况。

（　　）6.政府采购的基本功能是活跃市场经济。

（　　）7.纳入集中采购目录的政府采购项目，可以不实行集中采购。

（　　）8.国库集中收付制度一般也称国库单一账户制度，是指由财政部门代表政

府建立国库单一账户体系，所有财政性资金均纳入国库单一账户体系收缴、支付、管理的制度。

（　　）9.财政部门零余额账户在行政单位和事业单位会计中使用。

（　　）10.集中采购是政府采购的主要采购方式。

答案与解析

一、单项选择题

1.A。根据《预算法》的规定，我国国家预算年度自公历1月1日起至12月31日止。

2.C。国家预算也称“政府预算”。

3.D。监督中央和地方预算的执行属于全国人民代表大会常务委员会的预算管理职权。

4.D。从归属上来看，预算收入可划分为中央预算收入、地方预算收入、中央和地方预算共享收入。

5.C。国家预算既是保障国家机器运转的物质条件，又是政府实施各项社会经济政策的有效保证，体现国家预算财力保证的作用。

6.B。接受增加专项转移支付的县级以上地方各级政府应当向本级人民代表大会常务委员会报告有关情况；接受增加专项转移支付的乡、民族乡、镇政府应当向本级人民代表大会报告有关情况。

7.D。决算草案由各级政府、各部门、各单位，在每一预算年度终了后按照国务院规定的时间编制。

8.C。我国政府采购的主体是国家机关、事业单位和社会团体等，不包括所有个人、私人企业和公司。国有企业不属于政府采购的采购范围。

9.D。政府采购的功能包括：节约财政支出；强化宏观调控；活跃市场经济；推进反腐倡廉；保护民族产业。

10.D。财政部门在中国人民银行开设的国库存款账户，简称国库单一账户。

二、多项选择题

1.ACD。我国国家预算共分为五级，包括：中央预算；省级（省、自治区、直辖市）预算；地市级（设区的市、自治州）预算；县市级（县、自治县、不设区的市、市辖区）预算；乡镇级（乡、民族乡、镇）预算。

2.AD。B项和C项是全国人民代表大会常务委员会的预算职权。

3.ABCD。从来源上看，预算收入可划分为税收收入、行政事业性收费收入、国有资源（资产）有偿使用收入、转移性收入和其他收入。

4.ABCD。预算支出按照经济性质的不同，可以分为工资福利支出、商品和服务支出、资本性支出、其他支出。

5.ABC。财政授权支付是指预算单位根据财政部门的授权，自行向代理银行签发支付指令，代理银行根据支付指令，在预算单位的用款额度内，通过国库单一账户体系将资金支付到收款人账户。

6.ACD。编制决算草案，必须符合法律、行政法规，做到收支真实、数额准确、内容完整、报送及时。

7.ABCD。我国的政府采购法律制度由《政府采购法》、《政府采购法实施条例》、国务院各部门特别是财政部颁布的一系列部门规章以及地方性法规和政府规章组成。

8.ABC。政府采购当事人是指在政府采购活动中享有权利和承担义务的各类主体，包括采购人、供应商和采购代理机构。

9.AB。符合下列情形之一的货物或者服务，可以采用单一来源方式采购：（1）只能从唯一供应商处采购的；（2）发生了不可预见的紧急情况，不能从其他供应商处采购的；（3）必须保证原有采购项目一致性或者服务配套的要求，需要继续从原供应商处添购，且添购资金总额不超过原合同采购金额10%的。

10.AB。直接缴库是指由缴款单位或缴款人按有关法律法规的规定，直接将应缴收入缴入国库单一账户或预算外资金财政专户。

三、判断题

1.×。我国国家预算共分为五级：中央预算；省级（省、自治区、直辖市）预算；地市级（设区的市、自治州）预算；县市级（县、自治县、不设区的市、市辖区）预算；乡镇级（乡、民族乡、镇）预算。

2.×。中央预算包括与财政部直接发生预算缴款、拨款关系的国家机关、军队、政党组织和社会团体（中央各部门）的预算，也包括与财政部直接发生预算缴款、拨款关系的企业和事业单位（中央直属单位）的预算。

3.√。国家预算按照预算收支内容的不同，可分为一般公共预算、政府性基金预算、国有资本经营预算、社会保险基金预算。

4.×。乡、民族乡、镇预算的调整方案提请本级人民代表大会审查和批准。

5.×。各级政府监督下级政府的预算执行情况；下级政府向上级政府报告预算执行情况。

6.×。政府采购的基本功能是节约财政支出。

7.×。纳入集中采购目录的政府采购项目，应当实行集中采购。

8.√。国库集中收付制度是指由财政部门代表政府建立国库单一账户体系，所有财政性资金均纳入国库单一账户体系收缴、支付和管理的制度。

9.×。预算单位零余额账户在行政单位和事业单位会计中使用。财政部门零余额账户在国库会计中使用。

10.×。公开招标是政府采购的主要采购方式。

模块五

会计职业道德的培育与传承

——会计人一生的追求

学习目标

1. 理解会计职业道德的概念、特征、功能和作用；
2. 掌握会计职业道德规范的主要内容；
3. 了解会计职业道德教育的形式和内容；
4. 熟悉会计职业道德教育的途径和奖惩机制；
5. 理解并掌握会计职业道德与会计法律制度之间的关系。

知识点

1. 职业道德与会计职业道德的概念；
2. 会计职业道德规范的主要内容；
3. 会计职业道德教育的形式和内容；
4. 会计职业道德教育的途径；
5. 会计职业道德检查与奖惩机制的方法；
6. 会计职业道德与会计法律制度的关系。

技能点

1. 能处理会计职业活动中各种行为规范；
2. 能从会计职业道德规范的视角审视会计人员的教育与管理；
3. 能辨析会计职业道德与会计法律制度之间的区别与联系。

案例引入

“我不缺钱，可现在一家人的生活都被我毁了。要不是因为炒股，我也不会犯下这样的错误。”浙江省建德市委统战部原部务会议成员戚秀娟在审讯室里泪流不止。作为一名老会计，她算错了自己的“人生账”。

2020年12月，建德市人民法院对戚秀娟案公开审理，长年以简朴形象示人的戚秀娟被指控贪污128万余元。更让人吃惊的是，这笔犯罪数额的背后竟然是83次作案。

在当地人眼中，统战部门是一个“清水衙门”，“没啥工程项目、没啥油水”。从2010年开始，戚秀娟从办公室副主任升到了部务会议成员，一直兼任统战部的会计。此外，她还兼任当地侨联专职副主席、建德市知联会秘书长和建德市新联会秘书长，建德市知联会和建德市新联会的会计工作实际上也是她在负责。

戚秀娟有着十几年的乡镇工作经历。当年连办公桌的桌腿坏了，她都让同事用砖头垫着接着使用。同事眼里的她“从不乱花单位一分钱”，统战部的财务工作由她负责，领导和同事都觉得放心。

然而，生活中的戚秀娟却有一个令她沉迷其中的爱好——炒股。看着别人炒股赚钱，她也想进入股市赚点零花钱。但是精打细算的她害怕投资失败，不愿意动用自己的家庭资金。于是，她想到了拿公款来满足自己的“爱好”：炒股亏掉了，钱也不是自己的，只需要把单位账面做平就行。

2013年至2020年，戚秀娟连续作案，不放过单位任何一笔小钱，从千余元到十万元，“蚂蚁搬家”式地贪污，先后83次作案，将128万余元的公款放进了自己的口袋。其中，大部分钱款都被她用来炒股。

“我的父亲还健在，并没有去世，这笔慰问金我没有收到。”

“我去年没有生病住院，统战部没有派人来慰问过我。”

“我没有领到过这一万元的补贴。”

这是案件取证过程中，办案人员从证人那里听到最多的话。

戚秀娟多次冒用他人名义，以慰问金、护理补贴等形式骗取公款40万余元。找到这些相关人员核实取证后，办案人员唏嘘不已。大家没想到，戚秀娟竟然会为了骗取一千元的慰问金而编造他们亲人去世、生病住院的谎言。

股市指数跌宕起伏，戚秀娟并不具备投资眼光。很快，她股市账户上50余万元的股本（含早期家庭投入的股本）赔掉了。以慰问金名义骗取的公款非但没有赚到钱，反而弥补不了在股市中的亏损。

之后，戚秀娟又把目光投向建德市统战部、建德市知联会的活动经费。她伪造了种类繁多的活动，包括趣味运动会、专题调研活动、读书活动、考察活动等，签订虚假合同、涂改报销单数额、虚开发票，先后套取80余万元。据办案人员统计，到案发时戚秀娟股市亏损达60余万元，剩余资金在她投案自首后主动退缴。

“本想着用公家的钱来炒股，亏了钱也不会太心痛，哪里想到却亲手毁了自己的美好生活。”然而，这些迟来的悔恨不能让她逃避法律的制裁，戚秀娟最终因贪污犯罪被建德市人民法院判处有期徒刑三年两个月。

资料来源：李玲，阎洪伟．以案为鉴：83次造假，老会计贪污了128万［EB/OL］．［2022-12-10］．https://www.xuexi.cn/lgpage/detail/index.html?id=3692357179913630926&item_id=3692357179913630926.

【思考】

戚秀娟违反了哪些会计职业道德的要求？

任务一　培育会计职业道德，规范会计职业道德内容

一、会计职业道德的概念、特征与功能

（一）会计职业道德的概念

会计职业道德是指会计人员在会计职业活动中应当遵循的、体现会计职业特征的、

调整会计职业关系的职业行为准则和规范的总称。其含义包括以下几个方面：

1. 会计职业道德是调整会计职业活动中各种利益关系的手段

会计工作的性质决定了在会计职业活动中要正确处理好方方面面的经济关系，包括单位与国家、单位与投资者、单位与债权人、单位与职工、单位内部各部门及单位与社会公众之间的经济关系，这些经济关系的实质就是经济利益关系。在经济社会生活中，当各经济主体的利益与国家利益、社会公众利益发生冲突时，会计职业道德允许各经济主体获取合法的自身利益，但不允许通过损害国家和社会公众利益而获取违法利益。

2. 会计职业道德具有相对稳定性

会计是一种专业技术性很强的职业。会计人员在对单位经济事项进行确认、计量、记录和报告的过程中，所采用的会计政策、会计方法等，都必须遵循其内在的客观经济规律和要求。由于人们面对的是共同的客观经济规律，因此会计职业道德在社会经济关系的变迁中，应始终保持相对稳定性。没有任何一个社会制度能够容忍虚假会计信息，也没有任何一个经济主体允许会计人员私自向外界提供或者泄露单位的商业秘密。

3. 会计职业道德具有广泛的社会性

会计职业道德是社会对会计职业活动的客观要求。会计核算和监督两大基本职能，决定了会计人员在其职业活动中需要协调组织内部管理者和被管理者之间的关系，需要协调组织与外部当事人之间的关系，需要协调会计职业技术性与职业社会性之间的关系。会计人员的工作偏袒任何一方，实际上都是对另一方利益的侵害。可见，会计职业道德失范会触及方方面面的利益（投资者、政府、公众），严重的会计职业道德失范甚至会威胁一个国家乃至整个世界经济的安全。因此，会计职业道德具有广泛的社会性。康得新、康美药业等会计造假丑闻，可以证明这一点。

（二）会计职业道德的特征

会计作为社会经济活动中的一种特殊职业，除了具有职业道德的一般特征外，还具有以下四个特征：

1. 独特的强制性

视频

安然与安达信

法律是具有强制性的，它要求人们“必须这样或那样做”，而道德一般不具有强制性，它主要通过各个主体自身的道德意识与社会舆论的道德约束来发挥作用。在我国，为了强化会计职业道德的调整职能，会计职业道德中的许多内容都直接纳入会计法律制度，如《会计法》《会计基础工作规范》等，对会计职业道德的内容和要求也有了明确的规定。因此，会计职业道德是一种“思想立法”，它已经超出了“应该怎样做”的界限，跨入了“必须这样做”的范围。如果不按照“制度”“准则”“条例”去做，有的行为虽然谈不上犯罪，但也是违反职业纪律的，更是职业道德所不允许的。会计职业道德的这种独特的强制性，是由会计工作在市场经济活动中的特殊地位所决定的。当然，会计职业道德的许多非强制性内容仍然存在，并且也在发挥着作用。例如，会计职业道德中的提高技能、强化服务、参与管理等内容虽然是非强制性要求，但会直接影响到会计人员的专业胜任能力、会计信息的质量和会计职业的声誉，也同样要求会计人员遵守。

2.密切的公众性

会计职业的一个显著特征是会计职业活动与社会公众利益密切相关。在会计工作中，会计确认、计量、记录和报告的程序、标准和方法，在选择和运用的过程中发生任何变化，都会使与经济主体有关的各方经济利益受到直接的影响。由于会计人员自身的经济利益往往与其所处经济主体的利益一致，因此当经济主体利益与国家利益和社会公众利益出现矛盾时，会计人员的利益指向如果偏向经济主体，那么国家和社会公众的利益就会受损，就会产生会计职业道德危机。因此，会计职业的特殊性对会计职业道德提出了更高的要求，会计人员必须做到客观公正，在会计职业活动中，当发生道德冲突时，会计人员一定要把社会公众利益放在第一位。

【提示】会计人员不仅要为政府机构、企业管理层等提供符合质量要求的会计信息，还要为投资者、债权人及社会公众服务。

3.经济的实践性

会计职业活动与社会经济的实践活动密切联系在一起。会计人员直接与钱打交道或者管理钱财，因此其思想意识、行为动机和内心信念更受其道德水平的考验，经常会面临着经济利益的驱动和道德观念的斗争。会计职业道德能指导会计人员自身的言行，它要求会计人员保持廉洁奉公、独立公正的职业品德，这也是会计职业道德区别于其他职业道德的显著特征。可以说，凡是有经济活动的地方，就有会计工作，就有会计人员，就有会计职业，就有会计职业道德。

此外，会计职业道德还具有较强的实践操作性。会计职业道德并不是纯理性的意识形态，它还与会计人员的职业活动密切相关，会计人员的职业道德水平如何，在其职业活动中会立即表现出来。会计人员的职业行为受其职业道德水平的支配，其职业行为是廉洁还是腐败，是公正还是偏袒、是真实还是虚假、是客观还是主观，都会在会计实践活动中得到验证，甚至对整个经济实践活动都会产生影响。

4.政策的导向性

会计职业道德规范既不同于会计法律，具有强制性；又不同于行政法规，具有命令性。会计职业道德规范是根据会计职业道德的原则和会计职业的特点，遵循社会客观要求，由人们约定俗成的或由行业组织制定的会计人员行为准则，是一种“软约束”。会计职业道德对会计人员的职业行为进行指导和约束，告诉会计人员在从事会计职业时应该怎样做、不应该怎样做，而不是必须怎样做。在会计行业，这种规范不是法律，但胜似法律。它是从职业的特点出发，从内心深处对会计人员和会计职业进行的心理意识的导向。会计人员违反法律，会受到国家法律的制裁，会计行业不会对其做过多的评价；会计人员违反会计职业道德，就会影响其会计职业声誉，也会遭到会计行业的严厉谴责和处罚。

【动脑筋】会计法律法规和会计职业道德的强制性有何异同？

（三）会计职业道德的功能

1.指导功能

会计职业道德的指导功能是指会计职业道德指导会计人员会计行为的功能。会计行为是由会计人员的内心信念来支配的，信念的善与恶将导致会计行为的是与非。会计职业道德是所有会计人员必须共同遵守的行为准则和规范，属于社会意识形态的范畴。会计职业道德对会计人员的行为动机提出了相应的要求，能够引导会计人员树立良好的职业观念、遵循职业道德的要求，从而达到规范会计行为的目的。

【请注意】会计人员只有在会计职业道德规范的指导下才能开展好会计工作。

2. 评价功能

会计职业道德的评价功能是指会计职业道德对会计人员的会计行为具有评判和考量的功能。道德是公正的法官，是评价一个人的标尺。会计人员如果遵守会计职业道德，如爱岗敬业、诚实守信、廉洁自律、客观公正等，就会得到社会正面的评价或赞扬，就会给他带来良好的声誉；反之，如果违背会计职业道德，就会得到社会负面的评价或批评，就会给他带来不好的名声，形成一种来自周边人群的社会压力，进而约束他的行为。因此，道德评价是一种巨大的社会力量和人们内在的意志力量，是人以评价来把握现实的一种方式，它通过把社会现象判断为“善”与“恶”来实现。

3. 教化功能

会计职业道德的教化功能是指会计职业道德对会计人员具有教育和感化的功能。人们常把道德比作催人奋进的引路人，说的就是道德对人的这种教育和感化功能。会计职业道德不仅明确了对会计人员会计行为方面的要求，而且明确了对会计人员自身素质方面的要求，如提高技能、参与管理、强化服务等。能否遵守会计职业道德是会计人员素质高低的重要体现。一个高素质的会计人员必然是遵守会计职业道德规范的典范。会计职业道德规范的内在要求能够对会计人员起到积极的教育和引导作用，促使其在日常工作和生活中以此规范来约束和鞭策自己，树立正确的道德观念，培养良好的道德意识，养成高尚的道德品质。同时，会计职业道德规范也会对会计人员的思想、感情和行为产生一种潜移默化的感化作用。如果会计人员违反了会计职业道德规范，其内心深处就会产生一种羞愧、自责和内疚感，这实际上都是会计职业道德教化功能的表现。

【请注意】会计法律与会计职业道德的根本目的是一致的，会计职业道德是会计法律实施的思想基础，会计法律是会计职业道德规范形成的制度保障。因此，遵守会计法律制度是会计职业道德的最低要求。

二、会计职业道德的内容

会计职业道德规范是指在一定的社会经济条件下，对会计职业行为及职业活动的系统要求或明文规定。它是会计人员处理职业活动中各种关系的行为准则，是职业道德在会计职业行为和会计职业活动中的具体体现。

会计人员职业道德规范：坚持自律，守法奉公；坚持准则，守信敬业；坚持学习，守正创新。简称“三坚三守”，强调会计人员“坚”和“守”的职业特性和价值追求，是对会计人员职业道德要求的集中表达。

【提示】会计职业道德建设是我国社会主义职业道德体系建设的重要组成部分，是社会主义市场经济健康发展的根本要求。1996年6月，财政部颁布的《会计基础工作规范》，首次较系统地提出了会计职业道德的具体要求。1999年10月，第九届全国人大常委会第十二次会议修订的《中华人民共和国会计法》规定：“会计人员应当遵守职业道德，提高业务素质。”首次将会计人员应当遵守职业道德的要求写进《会计法》。2000年5月，财政部颁布的《会计从业资格管理办法》，将遵守会计职业道德作为取得会计从业资格、从事会计工作的基本条件。按照新时代我国社会主义职业道德建设的新要求和会计职业发展的新变化，2023年2月1日财政部制定印发了《会计人员职业道德规范》，这是我国首次制定全国性的会计人员职业道德规范。

（一）坚持诚信，守法奉公

1. 坚持诚信、守法奉公的含义

诚，是内在的品质；信，是外在的表现。怀着诚实不欺的心，并付诸实际行动，这就是“诚信”。会计诚信是指会计人员在执业活动中恪守独立、客观、公正的原则，不屈从和迎合任何压力与不合理要求，按照企业客观经营状况和企业会计准则的要求，向报表使用者提供真实、完整、准确、及时的财务信息，不以职务之便谋取一己私利，提高会计的公信力。

中国传统文化中诚信思想历经几千年发展演变，成为当代中国社会主义核心价值观的重要内容。

【提示】诚信不仅是处世之本，也是立业之基。中国现代会计之父潘序伦先生认为，“诚信”是会计职业道德的重要内容。他倡导“信以立志，信以守身，信以处世，信以待人，毋忘立信，当必有成”，并将这句话作为立信会计学校的校训。为凸显并倡导会计职业的诚信，潘序伦先生一生的实业皆冠以“立信”，如立信会计师事务所、立信会计学校等。

守法奉公，即遵守法令，奉行公事。遵纪守法，正确处理会计职业权利与职业义务的关系，增强抵制行业不正之风的能力。会计人员不仅要遵纪守法，不违法乱纪、以权谋私，做到廉洁自律，而且要敢于、善于运用法律所赋予的权利，尽职尽责，勇于承担职业责任，履行职业义务，保证廉洁自律。

【请注意】会计人员整天与钱财打交道，必须做到两袖清风，不取不义之财，面对金钱不眼红。会计人员只有严格约束自己，做到自身廉洁，才能要求他人廉洁，才能理直气壮地阻止或防止他人侵占单位利益，正确行使核算和监督的会计职能，保证各项经济活动正常进行。

2. 坚持诚信、守法奉公的要求

坚持诚信、守法奉公，要求会计人员要牢固树立诚信理念，以诚立身、以信立业，严于律己、心存敬畏。学法知法守法，公私分明、克己奉公，树立良好职业形象，维护会计行业声誉。这是对会计人员的基本要求。

为加强会计诚信建设，建立健全会计人员守信联合激励和失信联合惩戒机制，推动会计行业进一步提高诚信水平，根据《会计法》等法律法规和文件等精神，财政部于2018年出台《关于加强会计人员诚信建设的指导意见》。《关于加强会计人员诚信建设的指导意见》规定，要健全会计人员守信联合激励和失信联合惩戒机制。

一是为守信会计人员提供更多机会和便利。将会计人员信用信息作为先进会计工作者评选、会计职称考试或评审、高端会计人才选拔等资格资质审查的重要依据。鼓励用人单位依法使用会计人员信用信息，优先聘用、培养、晋升具有良好信用记录的会计

人员。

二是对严重失信会计人员实施约束和惩戒。在先进会计工作者评选、会计职称考试或评审、高端会计人才选拔等资格资质审查过程中，对严重失信会计人员实行“一票否决制”。对于严重失信会计人员，依法取消其已经取得的会计专业技术资格；被依法追究刑事责任的，不得再从事会计工作。支持用人单位根据会计人员失信的具体情况，对其进行降职撤职或解聘。

三是建立失信会计人员联合惩戒机制。财政部门和中央主管单位应当将发现的会计人员失信行为，以及相关执法部门发现的会计人员失信行为，记入会计人员信用档案。支持会计行业组织依据法律和章程，对会员信用情况进行管理。加强与有关部门合作，建立失信会计人员联合惩戒机制，实现信息的互换、互通和共享。

【提示】党的十八大以来，党中央、国务院部署加快社会信用体系建设、构筑诚实守信的经济社会环境，将会计人员作为职业信用建设的重点人群，要求引导职业道德建设与行为规范。党的十九大报告明确要求要深入实施道德建设工程，党的二十大报告进一步提出要弘扬诚信文化，健全诚信建设长效机制。加强会计职业道德建设有利于完善会计诚信体系，推动社会信用体系建设。

【请注意】会计人要守住做人的底线、守住做事的底线、守住专业的底线，真正将职业道德内化于心、外化于行。

（二）坚持准则，守责敬业

1.坚持准则、守责敬业的含义

坚持准则是指会计人员在处理业务的过程中，要严格按照会计法律制度办事，不被主观或他人意志所左右。这里所说的“准则”，不仅包括会计准则，而且包括会计法律、会计法规以及与会计工作相关的法律制度。坚持准则是会计职业道德的核心。会计人员在进行核算和监督的过程中，只有坚持准则，才能以准则作为自己的行动指南。在发生道德冲突时，会计人员应坚持准则，以维护国家利益、社会公众利益和维持正常的经济秩序。注册会计师在执行审计业务时，应严格按照独立审计准则的有关要求和国家统一会计制度的规定，出具客观公正的审计报告。

【提示】坚持准则的主要目的之一就是要做到客观公正。对于会计职业活动而言，客观主要包括两层含义：一是真实性，即以实际发生的经济业务为依据，对会计事项进行确认、计量、记录和报告；二是可靠性，即会计核算要准确，记录要可靠，凭证要合法。在会计职业活动中，由于涉及对多方利益的协调处理，因此公正就是要求各企事业单位管理层和会计人员不仅应具备诚实的品质，而且应公正地开展会计核算和会计监督工作，即在履行会计职能时，公平公正、不偏不倚地对待有关利益各方。注册会计师在进行审计鉴证时，应以超然独立的姿态，进行公平公正的判断和评价，出具客观、适当的审计意见。

守责敬业，就是热爱自己的本职工作，安心本职岗位，稳定、持久地在会计天地中耕耘，恪尽职守地做好本职工作，充分认识本职工作在社会经济活动中的地位和作用，认识本职工作的社会意义和道德价值，充满会计职业的荣誉感和自豪感，在职业活动中具有高度的劳动热情和创造性，以强烈的事业心、责任感从事会计工作。

【请注意】为树立会计行业先进典型，凝聚行业奋进力量，财政部组织开展全国先进会计工作者评选表彰活动，评选表彰一批忠于职守、坚持原则，在社会主义市场经济建设中作出突出业绩和重大贡献的优秀会计工作者，树立新时代会计工作者楷模，塑造会计行业良好形象，激励会计工作者崇尚诚信、勤奋敬业，为全面建设社会主义现代化国家作出新的更大贡献。2022年财政部评选出全国先进会计工作者100名。

2.坚持准则、守责敬业的要求

坚持准则、守责敬业，要求会计人员要严格执行准则制度，保证会计信息真实完整。勤勉尽责、爱岗敬业，忠于职守、敢于斗争，自觉抵制会计造假行为，维护国家财经纪律和经济秩序。

会计人员承担着生成和提供会计信息、维护国家财经纪律等重要职责，会计人员职业道德素质直接影响会计工作和会计信息质量。会计人员应树立正确认识会计职业，树立职业荣誉感，将准则作为开展会计工作的外在标准和参照物，忠于职守，尽职尽责。

（1）坚持准则的基本要求

①熟悉准则。熟悉准则是指会计人员应了解和掌握《会计法》和国家统一的会计制度及与会计相关的法律制度，这是遵循准则、坚持准则的前提。只有熟悉准则，才能按准则办事，才能遵纪守法，才能保证会计信息的真实性、完整性。

②遵循准则。遵循准则即执行准则。准则是会计人员开展会计工作的外在标准和参照物。会计人员在进行核算和监督时要自觉遵守各项准则，将单位具体的经济业务事项与准则相对照，作出是否合法合规的判断，对不合法的经济业务不予受理。在实际工作中，由于经济的发展和社会环境的变化，会计业务日趋复杂，准则的内容也会不断变化和完善。因此，会计人员不仅要经常学习、掌握准则的最新变化，了解本部门、本单位的实际情况，准确理解和执行准则，还要在面对经济活动中出现的新情况、新问题以及准则未涉及的经济业务或事项时，通过运用所掌握的会计专业理论和技能，作出客观的职业判断，进行妥善处理。

③坚守准则。市场经济是利益经济。在会计工作中，由于各种利益常常交织在一起，因此很容易引起会计人员道德上的冲突。如果会计人员为了不影响个人利益而放弃原则，做“老好人”，就会使会计工作严重偏离准则，会计信息的真实性、完整性就无法保证，同时会计人员本身也要承担相应的责任。

【请注意】会计人员坚持准则，往往会受到单位负责人和其他方面的阻挠、刁难甚至打击报复。为了切实维护会计人员的合法权益，《会计法》强化了单位负责人对单位会计工作的法律责任，赋予了会计人员相应的权利，规定了会计人员的执法环境。会计人员应认真执行国家统一的会计制度，依法履行会计监督职责。发生冲突时，会计人员应坚持准则，要对国家和社会公众负责，要敢于同违反会计法律、法规和财务制度的现象做斗争，确保会计信息的真实性和完整性。

（2）守则敬业的基本要求

①正确认识会计职业，树立职业荣誉感。如果会计人员对所从事的会计职业缺乏正确的认识，认为会计不过是“写写算算”“收收支支”的琐碎工作，或者有“会计难当、职权难用、成绩难见、违纪难免”的想法，就会自觉或不自觉地把这些意识反映到工作

中，就会表现出“懒”“惰”“拖”的不良行为，就会给会计职业及其声誉造成不良影响。会计人员只有正确认识会计本质，明确“经济越发展，会计越重要”的内涵，树立职业荣誉感，才有可能做到爱岗敬业。

②热爱会计工作，努力钻研业务。热爱一项工作，首先就意味着对这项工作有一种职业荣誉感，有自信心和自尊心；其次是对这项工作抱有浓厚的兴趣，把职业生活看成一种乐趣。如果做了会计，就应该热爱会计工作、敬重会计职业，努力钻研业务，使自己的知识、技能适应所从事工作的要求。

【提示】我国各行各业中无数职业道德标兵的先进事迹告诉我们，热爱自己的工作、敬重自己的职业是做好本职工作的前提。会计人员只要树立了“干一行、爱一行”的思想，就会发现会计职业中的乐趣；只有树立“干一行、爱一行”的思想，才会刻苦钻研会计业务技能，才会努力学习会计业务知识，才会发现在会计核算、企业理财领域有许多值得研究探索的东西；只有热爱会计工作，才会激发出自己的敬业精神，自觉自愿地执行会计职业道德的各种规范，不断改进自己的工作，从而在平凡的岗位上作出不平凡的业绩。

③安心工作，任劳任怨。安心于本职工作，就是以从事会计工作为“乐”，而不是“这山望着那山高”。会计人员只有安心于本职工作，才能潜下心来勤学多思、勤问多练，才能认真探索和研究会计工作中不断出现的新问题，才能真正做到守责敬业。任劳任怨，就是要求会计人员具有不怕吃苦的精神和不计较个人得失的思想境界。会计人员在处理会计事项的过程中，有时会陷入两难的境地。当单位利益与个人利益或者国家利益与单位利益发生冲突时，会计人员如果维护了个人利益或者单位利益，就可能遭到一些人的埋怨；反之，则会出现道德危机。因此，会计职业道德要求会计人员既要任劳，也要任怨。

④严肃认真，一丝不苟。会计工作是一项严肃细致的工作，如果会计人员没有严肃认真的工作态度和一丝不苟的工作作风，工作中就可能会出现偏差。同时，对一切不合法、不合理的业务开支，会计人员都要严肃认真地对待，把好费用支出关。

⑤忠于职守，尽职尽责。忠于职守，不仅要求会计人员认真执行岗位规范，而且要求会计人员在各种复杂的情况下，能够抵制各种诱惑，忠实履行岗位职责。尽职尽责，要求会计人员对自己承担的工作表现出一种责任感和义务感，这种责任感和义务感包含两个方面的内容：一是社会或他人对会计人员规定的责任；二是会计人员对社会或他人所负的道义责任。

【提示】在现代经济生活中，不同的岗位要求承担的责任和义务不尽相同。注册会计师接受单位委托对委托者进行审计、鉴证或咨询，要维护委托人的权益，保守商业秘密，依法出具审计报告。单位内部会计人员不仅要尽职尽责地履行会计职能，客观真实地记录和反映服务主体的经济活动状况，积极参与经营和决策，而且应抵制不当的开支，保护财产安全完整，防止有人侵占单位资产。当对单位（或雇主）的忠诚与国家及社会公众利益发生冲突时，会计人员应该忠于国家、忠于社会公众，承担起维护国家和社会公众利益的责任。单位会计人员应对外提供有关服务主体的真实、可靠的会计信息；注册会计师不仅要对委托人负责，而且应对广大的信息使用者负责，对被审计单位的财务状况和经营成果作出客观、公允的审计报告。

（三）坚持学习，守正创新

1. 坚持学习、守正创新的含义

会计工作是一项专业性和技术性很强的工作，会计人员只有具备一定的会计专业知识和技能，才能胜任会计工作。会计人员不仅要经常学习、掌握准则的最新变化，了解本部门、本单位的实际情况，准确地理解和执行准则，还要在面对经济活动中出现的新情况、新问题以及准则未涉及的经济业务或事项时，通过运用所掌握的会计专业理论和技能，作出客观的职业判断，予以妥善地处理

【提示】随着经济转型和社会进步，新技术赋予会计新的形式，数据要素等表外资源的兴起一定程度上挑战了资产负债表的有用性和权威性，产生碳定价、碳交易、生物多样性等大量新的经济核算问题。这些都有待学习和创新，要求以创新思维去推动会计的工作，推动会计的转型，推动会计事业的发展。

守正才能不迷失方向、不犯颠覆性错误，创新才能把握时代、引领时代。"守正"就是坚持实践第一，从客观事实出发，从事物存在、发展的客观规律出发，科学把握事物本质，自觉按规律办事。创新并不是主观臆断，而是通过人类有意识、有目的、有计划的创造性思维活动和实践活动，遵循规律、超越现实，并在此基础上产出规律性与目的性相统一的真理性认识成果和创造性实践成果。守正与创新是一个辩证统一、不能偏废、不可分割的统一体。

【提示】会计不能安于此前的安安稳稳、安分守己、不出差错的旧思维，不能再用"做好账"作为对好会计的评价标准，而是要主动学习、主动思考，有创新思维，对怎么做好会计工作要有新的理解，要能参透会计职业道德规范在经济发展新形势下所蕴含的新意和新内涵。

2. 坚持学习、守正创新的要求

坚持学习、守正创新，要求会计人员始终秉持专业精神，勤于学习、锐意进取，持续提升会计专业能力。不断适应新形势、新要求，与时俱进、开拓创新，努力推动会计事业高质量发展。

（1）坚持学习的基本要求

①具有不断提高会计专业技能的意识和愿望。会计人员要树立终身学习理念，努力钻研业务，熟悉财经法规和相关制度，提高业务技能，熟悉服务对象的经营活动和业务流程，提升管理活动的针对性和有效性。

②会计人员要增强学习能力，要用新知识和新理念改进我们的思想，武装头脑，提升执业能力和专业水平，从单一型人才向复合型人才进行转型升级，进而适应新时代经济发展和经济转型的新形势和新格局。

③具有勤学苦练的精神和科学的学习方法。会计人员必须持之以恒，不断地学习、充实和提高，做到"活到老、学到老"，不断提高自己的业务能力和素养，以适应不断变化的新形势和新要求。

【提示】在数字化时代的背景下，企业的生态整体数字化，企业自身也必将数字化转型。对于会计人员而言，应该具有以下主要能力：一是数据洞察和分析决策能力；二

是价值计量与市场判断能力；三是资源统筹与精准配置能力；四是数字技术赋能和数据资源运营能力；五是敏捷财务组织和数字化变革能力。

（2）守正创新的基本要求

会计是宏观经济管理和市场资源配置的基础性工作，面对会计管理职能内容、工作对象、方式手段的深刻变化，会计人员必须具备创新思维，面对新的业务、新的技术要改革求变，将新技术运用到经营管理中，顺应数字化、智能化转型的时代潮流，以实际行动服务高质量发展，使会计工作更具价值。

【请注意】守正是对“不做假账”这个会计职业道德底线的原则性概括，是会计从业人员的首要精神操守。同时，守正蕴含着中华民族优秀传统文化的要求。党的二十大报告要求“敢于斗争，善于斗争”。斗争是指既要与自己做思想斗争，也要与不良风气和不良思潮做斗争。只有在斗争中，才能走向胜利。守正就是斗争的利器。

（四）会计职业道德规范内容之间的关系

“坚持诚信，守法奉公”是对会计人员的自律要求，“坚持准则，守责敬业”是对会计人员的履职要求，“坚持学习，守正创新”是对会计人员的发展要求。从自律要求，到履职要求，再到发展要求，由浅入深，层层递进。建立健全我国会计职业道德规范体系，有利于引导会计人员形成正确的价值追求和行为规范，提高会计职业形象和行业声誉；有利于提高会计工作水平和会计信息质量，服务经济社会高质量发展；有利于完善会计诚信体系，推动社会信用体系建设。

视频

康得新财务造假案始末

【动脑筋】东方电子公司财务部总账会计张红因工作努力，积极为公司提出合理化建议，2018年和2019年两次被公司评为“先进会计工作者”。2022年8月，张红的男友在一家民营电子企业出任总经理，在其男友的多次请求下，张红将在工作中接触到的东方电子公司新产品研发计划及相关会计资料复印件提供给其男友，给东方电子公司带来了一定的损失。你认为张红违反了会计职业道德规范的哪些要求？

任务二　践行会计职业道德，拓展会计职业道德教育途径

一、会计职业道德教育的概念

“人之初，性本善”，但一个人的道德品质并不是与生俱来的，而是随着自身心智的成长以及后天的教育而逐步形成的。会计职业道德同样如此，只有通过一定的教育方式与方法，才能将会计职业道德规范的内容灌输到会计人员的头脑以及意识中。会计职业道德教育是指为了促使会计人员正确履行会计职能，而对其实行有目的、有计划、有组织、有系统的道德教育活动。开展会计职业道德教育有利于逐步培养会计人员的会计职业道德情感、树立会计职业道德观念、提高会计职业道德水平，这也是促使会计人员养成自觉遵守会计职业道德规范良好行为的必要途径。

【提示】要实现以“诚信”为核心的会计职业道德目标，必须多管齐下，开展全方

位、多形式、多渠道的会计职业道德教育。

二、会计职业道德教育的形式

会计职业道德教育的形式主要包括接受教育和自我修养两种。

（一）接受教育

接受教育即外在教育，是指通过学校或培训单位对会计人员进行以职业责任、职业义务为核心内容的正面灌输，以规范会计人员的职业行为，维护国家和社会公众的利益。会计职业道德教育具有导向作用，会计部门或会计行业协会通常是会计职业道德教育的组织者。

（二）自我修养

自我修养是会计职业道德教育的另一种重要形式，是会计职业道德的作用得以顺利实现的重要环节。自我修养有利于培养会计人员的职业道德情感，锻炼会计人员的职业道德意志，树立会计人员的职业道德信念，养成良好的职业道德行为习惯。

1. 自我修养的内容

（1）职业义务教育。会计人员应承担起本职工作对社会和国家的道德使命与职责。进行职业义务教育的目的在于，提高会计人员对本职工作社会责任的认识，使会计人员具有强烈的职业道德义务感，在没有社会舆论压力、没有他人监督的情况下，也能很好地履行自己应尽的职业道德义务。

（2）职业荣誉教育。通过会计实践活动，会计人员能够充分认识到本职工作在社会经济活动中的重要地位和会计职业的真正价值，从而逐步形成对自己所从事职业的光荣感、自豪感和幸福感。

（3）职业节操教育。节操，也叫志气、气节。进行职业节操教育的目的在于，使会计人员不畏压力、不为利诱，在任何时候、任何情况下都能够以诚信为本、坚持准则、廉洁自律、尽职尽责。

2. 自我修养的方法

（1）自我解剖法。会计人员对自己所做的会计工作要进行自我批评、自我解剖，用会计职业道德这面镜子对照检查，认真找出自己的缺点、差距，并通过主观努力来加以改正，从而使自己的行为符合会计职业道德规范的要求；同时，会计人员要虚心听取别人的意见，对待别人的批评，要态度诚恳、虚心接受。

（2）自重自省法。会计人员应谨言慎行，不断反省自己的缺点，在是非观、价值观、知行观三个层次上进行自我斗争，逐步树立起正确的道德观念，培养高尚的道德品质，提高自己的精神境界。

（3）自警自励法。自警就是要随时警醒、告诫自己，要警钟长鸣，防止各种不良思想对自己的侵袭。自励就是要以崇高的会计职业道德理想、信念激励自己、教育自己，经常用会计职业道德规范这把标尺，认真度量自己在工作中的一切言行，从而树立起正确的会计职业道德观。

（4）自律慎独法。自律是指遵循法律，并以此为基础进行的自我约束。慎独就是在单独处事、无人监督时，仍然能坚持道德准则，不做任何对国家、对社会、对他人不道德的事情。慎独是自律的表现，也是自律的更高境界。会计人员通过自我约束、自我监督，可以更好地培养、锻炼自己坚强的职业道德信念和意志。

三、会计职业道德教育的途径

目前，我国会计职业道德教育的途径主要有：

1.参加县级以上地方人民政府财政部门、人力资源社会保障部门、新疆生产建设兵团财务局、人力资源和社会保障局（以下简称继续教育管理部门）组织的会计脱产培训、远程网络化会计培训。

2.参加继续教育管理部门公布的会计专业技术人员继续教育机构（以下简称继续教育机构）组织的会计脱产培训、远程网络化会计培训。

3.参加继续教育管理部门公布的会计人员所在单位组织的会计脱产培训、远程网络化会计培训。

4.参加财政部组织的全国会计领军人才培训。

5.参加财政部组织的大中型企事业单位总会计师素质提升工程培训。

6.参加各省、自治区、直辖市财政厅（局）及新疆生产建设兵团财务局（以下简称省级财政部门）、国家机关事务管理局、中共中央直属机关事务管理局组织的高端会计人才培训。

7.参加中国注册会计师继续教育培训。

8.参加继续教育管理部门组织的其他形式培训。

【动脑筋】有人说："会计职业道德修养方法中的'内省'就是要求会计人员应时时处处严格要求自己，防止各种私心杂念和不道德行为的产生。"你是如何评价这句话的？

任务三　组织与实施会计职业道德建设，构建会计职业道德检查与奖惩机制

一、开展会计职业道德检查与奖惩的意义

在建立会计职业道德规范和加强会计职业道德教育的基础上，强化对会计人员职业道德规范遵循情况的检查，并根据检查结果进行相应的表彰和惩罚，建立起会计职业道德的奖惩机制，是会计职业道德他律机制的重要组成部分。

开展会计职业道德检查与奖惩的意义主要表现在以下方面：

（一）促使会计人员遵守会计职业道德规范

奖惩机制利用人类趋利避害的特点，以利益的给予或剥夺为砝码，对会计人员起着引导或威慑的作用，使会计行为主体无论出于什么样的动机，都必须遵循会计职业道德规范，否则就会遭受利益上的损失。奖惩机制把会计职业道德要求与个人利益结合起来，体现了义利统一的原则。

（二）对会计人员的会计行为进行裁决

作为一名会计人员，其会计行为的是与非、对与错，均可通过会计职业道德的检查与奖惩作出裁决。在这里，会计职业道德的检查与奖惩起着道德法庭的作用。它通过运用各种会计法律法规、条例及道德要求等一系列标准，惩罚违反道德的行为，同时奖励那些符合职业道德要求的行为，并使其发扬光大。

（三）有利于形成抑恶扬善的社会道德环境

会计职业道德是整个社会道德的一个组成部分，它会对社会道德环境产生一定的影响；反之，社会道德环境也影响着会计人员的职业行为。通过倡导、赞扬、鼓励自觉遵守会计职业道德规范的行为，贬抑、鞭挞、谴责、查处会计造假等不良行为，有助于会计人员分清是非，有利于形成良好的社会风气，从而进一步促进会计职业道德的发展。

【提示】就道德规范自身的特点而言，职业道德主要是依靠传统习俗、社会舆论和内心信念来维系的。这种非刚性的特征也决定了它的落实、实施必须同时借助政府部门的行政监管、职业团体的自律性监管和企事业单位的内部纪律等外在的硬性他律机制，只有这样才能有效地发挥道德规范潜在的裁判和激励效力。

二、会计职业道德检查与奖惩机制的建立

会计职业道德检查与奖惩机制的建立是一个复杂的系统工程，需要政府部门、行业组织、有关单位的积极参与，同时综合运用行政、法律、经济、自律等治理手段。

（一）财政部门对会计职业道德进行监督检查，并采用多种形式开展会计职业道德宣传教育

《会计法》规定，国务院财政部门主管全国的会计工作，县级以上财政部门管理本行政区域内的会计工作。《注册会计师法》规定，国务院财政部门和省、自治区、直辖市人民政府财政部门，依法对注册会计师、会计师事务所和注册会计师协会进行监督、指导。会计职业道德建设是会计管理工作的重要组成部分，各级财政部门应负起组织和推动本地区会计职业道德建设的责任。财政部门可以利用行政管理上的优势，对会计职业道德建设情况实施必要的行政监管。

1.执法检查与会计职业道德检查相结合

财政部门可以依法对各单位执行会计法律制度的情况及会计信息的质量进行不同形式的检查或抽查。

【提示】对于财政部门在执法检查过程中查出的违法违规行为，《会计法》等有较详细的处理规定。违反《会计法》的行为，也一定是违反会计职业道德要求的行为。会计人员若存在这种行为，不仅要承担《会计法》规定的法律责任，受到行政处罚或刑事处罚，还必须接受相应的道德制裁，如在会计行业范围内通报批评、要求其参加一定学时的继续教育课程等。法律惩罚和道德惩罚应同时并举。

管理会计工作的各级财政部门应当将会计职业道德建设纳入重要议事日程，要充分认识当前形势下加强会计职业道德建设的必要性、艰巨性、紧迫性以及长期性，切实履行管理职能，有计划、有步骤、有重点地开展各项工作；要根据本地区的实际情况，加大会计职业道德宣传力度，注重发挥网络、媒体的宣传作用和舆论的监督作用，积极组

织开展形式多样的宣传教育活动，如开展会计职业道德模范评比，举办有关会计职业道德的演讲、论坛、征文、展览及知识竞赛等活动，牢牢把握正确的宣传导向；要深入实际进行调查研究，及时发现、总结和推广会计职业道德建设的新经验，探索会计职业道德建设的有效途径和实现形式，努力营造会计职业道德建设的良好氛围。

2.会计专业技术资格考评、聘用与会计职业道德检查相结合

会计专业技术资格考试管理机构在组织报名时，应对参加报名的会计人员的职业道德情况进行检查，对于有不遵循会计职业道德记录的报名者，应取消其报名资格。

【提示】由于高级会计师资格的取得实行考试与评审相结合的制度，因此有必要在考试和评审两个方面对申报人的会计职业道德进行检查、考核。具体做法如下：一是在考试方面。增加职业道德方面的考核内容，从理论上加深申报人对会计职业道德的理解和认识。二是在评审方面。对申报人的会计职业道德进行严格审查。三是规定有关职业道德的否决条款。比如，若申报人曾因违法犯罪行为而受过刑事处罚，则不能参加高级会计师资格的评审。

（二）会计行业组织对会计职业道德进行自律管理与约束

对会计人员会计职业道德情况的检查，除了依靠政府监管外，行业自律也是一种重要手段。会计行业自律是一个群体概念，是会计行业组织对整个会计行业的会计行为进行自我约束、自我控制的过程。在会计行业较发达的市场经济国家，会计职业道德准则一般由会计行业组织制定、颁布与督导实施。

近年来，我国通过会计行业组织强化自律管理和行业惩戒已经取得了一定进展。中国注册会计师协会作为注册会计师行业的自律组织，为提高我国注册会计师的职业道德水平作出了积极努力，先后发布了《中国注册会计师职业道德基本准则》、《中国注册会计师职业道德规范指导意见》以及《注册会计师、注册资产评估师行业诚信建设纲要》等。

《会计改革与发展“十四五”规划纲要》指出，持续完善注册会计师职业道德守则，加强审计职业道德体系建设，强化注册会计师职业道德准则的贯彻实施，筑牢执业道德底线，稳固诚信执业生命线。

【请注意】在会计工作中，经常会发生这样的情况：一些会计人员缺乏必要的专业胜任能力，业务素质低下，专业知识贫乏，对新颁布的会计准则、会计制度知之甚少，从而导致记账不符合规范，账簿混乱，账实、账账、账表不符；还有一些会计人员按照领导的意志，放弃了客观性原则，钻准则、制度的空子，通过改变会计核算方法，调节利润或亏损，从而达到隐瞒利润、逃避缴纳税款的目的。这些做法有的虽然没有触犯法律，却违反了会计职业道德规范的要求。在会计行业自律组织比较健全的情况下，会计行业自律组织可以对违反会计职业道德规范的行为进行相应的惩罚，根据情节轻重采取通报批评、罚款、支付费用、取消会员资格、参加继续教育等方式。

（三）依据《会计法》等法律法规，对会计人员遵守职业道德的情况进行考核和奖惩

1.为加强会计诚信建设，建立健全会计人员守信联合激励和失信联合惩戒机制，推动会计行业进一步提高诚信水平，根据《中华人民共和国会计法》及相关法律的规定，

财政部于2018年出台了《关于加强会计人员诚信建设的指导意见》，其中规定：要健全会计人员守信联合激励和失信联合惩戒机制。

（1）为守信会计人员提供更多机会和便利。将会计人员信用信息作为先进会计工作者评选、会计职称考试或评审、高端会计人才选拔等资格资质审查的重要依据。鼓励用人单位依法使用会计人员信用信息，优先聘用、培养、晋升具有良好信用记录的会计人员。

（2）对严重失信会计人员实施约束和惩戒。在先进会计工作者评选、会计职称考试或评审、高端会计人才选拔等资格资质审查过程中，对严重失信会计人员实行“一票否决制”。对于严重失信会计人员，依法取消其已经取得的会计专业技术资格；被依法追究刑事责任的，不得再从事会计工作。支持用人单位根据会计人员失信的具体情况，对其进行降职、撤职或解聘。

（3）建立失信会计人员联合惩戒机制。财政部门和中央主管单位应当将发现的会计人员失信行为，以及相关执法部门发现的会计人员失信行为，记入会计人员信用档案。支持会计行业组织依据法律和章程，对会计人员信用情况进行管理。加强与有关部门合作，建立失信会计人员联合惩戒机制，实现信息的互换、互通和共享。

2. 为了评选表彰在社会主义市场经济中作出突出业绩和重大贡献的先进会计工作者，树立当代会计工作者楷模，塑造会计行业良好形象，激励广大会计工作者崇尚诚信、依法理财、锐意创新、敬业奉献，根据《中华人民共和国会计法》及相关法律的规定，财政部于2007年制定了《全国先进会计工作者评选表彰办法》。

《全国先进会计工作者评选表彰办法》第五条规定：凡认真执行会计法律、法规，模范遵守职业道德，忠于职守、坚持原则、诚实守信、爱岗敬业、廉洁奉公，在会计工作中作出显著成绩，在社会上、行业内得到广泛认同，并具备下列条件之一的会计工作者，均可参加评选：

（1）在参与本单位重大经济事项预测、决策、控制、分析等方面卓有成效，为制定发展战略、加强经济管理、健全内部控制、提高经济效益作出重大贡献的；

（2）在加强财务会计管理和制度建设方面有创新、有突破，取得显著效果，或在省级以上（含省级）范围内推广应用的；

（3）长期工作在会计岗位第一线，爱岗敬业、任劳任怨，坚持原则、善于理财，并在认真执行会计基础工作规范，切实提高会计信息质量，充分发挥会计职能作用等方面业绩突出的；

（4）在杜绝经济犯罪，避免铺张浪费，保护国家和公共财产，保护投资者、债权人、社会公众合法利益，维护社会主义市场经济秩序和国家财经纪律等方面事迹突出的；

（5）在会计理论研究、教书育人方面卓有建树，取得重大科研成果，为构建我国会计理论和方法体系、发展会计教育事业作出突出贡献的；

（6）在办理注册会计师业务中执业谨慎、勤勉尽责，努力维护行业形象和声誉，并为行业改革与发展作出显著成绩的；

（7）除上述条件以外在会计工作中作出重大贡献的。

《全国先进会计工作者评选表彰办法》第六条规定：因执业活动违法、违纪受过行政处罚或刑事处罚，或因直接过失给本单位造成不利后果和不良影响的会计工作者，不得参加评选。

【动脑筋】有人说："会计职业道德的检查工作由财政部门负责，奖惩工作则由各单位组织实施。"你认为这种说法对吗？为什么？

三、会计职业道德建设的组织与实施

会计职业道德建设除了由财政部门组织推动外，还要依靠单位、社会各界和社会舆论的监督。

（一）单位组织与实施会计职业道德建设

作为会计主体的单位，是组织与实施会计职业道德建设的最基础的环节。会计职业道德建设得好或坏，其所在单位是最直接的受益者或受害者。因此，各个单位特别是单位负责人要切实抓好会计职业道德建设。《会计法》规定，单位负责人对本单位的会计工作和会计资料的真实性、完整性负责。单位负责人必须重视和加强本单位会计人员的职业道德建设，在任用会计人员时，要审查其会计职业记录或诚信档案，要选择业务素质高、职业道德好、无不良记录的人员从事会计工作。在日常工作中，要注意开展对会计人员的道德和纪律教育，并加强检查，督促会计人员坚持原则、诚实守信。在制度建设上，要重视内部控制制度的建设，完善内部约束机制，有效防范舞弊和经营风险。同时，单位负责人要做遵纪守法的表率，支持并督促会计人员遵守会计职业道德，依法开展工作。

（二）社会各界各尽其责，相互配合，齐抓共管

1. 加强会计人员信用档案建设

（1）建立严重失信会计人员"黑名单"制度。将有提供虚假财务会计报告，做假账，隐匿或者故意销毁会计凭证、会计账簿、财务会计报告，贪污、挪用公款，职务侵占等与会计职务有关违法行为的会计人员，作为严重失信会计人员列入"黑名单"，纳入全国信用信息共享平台，依法通过"信用中国"网站等途径，向社会公开披露相关信息。

（2）建立会计人员信用信息管理制度。研究制定会计人员信用信息管理办法，规范会计人员信用评价、信用信息采集、信用信息综合利用、激励惩戒措施等，探索建立会计人员信息纠错、信用修复、分级管理等制度，建立健全会计人员信用信息体系。

（3）完善会计人员信用信息管理系统。以会计专业技术资格管理为抓手，有序采集会计人员信息，记录会计人员从业情况和信用情况，建立和完善会计人员信用档案。省级财政部门和中央主管单位要有效利用信息化技术手段，组织升级改造本地区（部门）现有的会计人员信息管理系统，构建完善本地区（部门）的会计人员信用信息管理系统，财政部在此基础上将构建全国统一的会计人员信用信息平台。

2. 强化组织实施

（1）加强组织领导。财政部门和中央主管单位要高度重视会计人员诚信建设工作，根据本地区（部门）关于社会信用体系建设的统一工作部署，统筹安排，稳步推进。要

重视政策研究，完善配套制度建设，科学指导会计人员诚信建设工作。重视监督检查，发现问题及时解决，确保会计人员诚信建设工作政策措施落地生根。要重视沟通协调，争取相关部门支持形成合力，探索建立联席制度，共同推动会计人员诚信建设工作有效开展。

（2）积极探索推动。财政部门和中央主管单位紧密结合本地区（部门）实际，制订具体工作方案，推动会计人员诚信建设。要探索建设会计人员信用档案、建立严重失信会计人员"黑名单"等制度，及时总结经验做法；对存在的问题，及时研究解决。

（3）广泛宣传动员。财政部门、中央主管单位和会计行业组织要充分利用报纸、广播、电视、网络等渠道，加大对会计人员诚信建设工作的宣传力度，教育引导会计人员和会计后备人员不断提升会计诚信意识。积极引导社会各方依法依规利用会计人员信用信息，褒扬会计诚信，惩戒会计失信，扩大会计人员信用信息的影响力和警示力，使全社会形成崇尚会计诚信、践行会计诚信的社会风尚。

（三）开展社会舆论监督，形成良好的社会氛围

会计职业道德良好风尚的树立，离不开社会舆论的支持和监督。开展社会舆论监督，既是加强社会主义民主法治建设的重要方面，也是强化会计职业道德约束机制的重要手段。强化社会舆论监督，有利于在全社会形成诚实守信的氛围。社会舆论监督要以新闻媒体为阵地，通过广泛开展有关会计职业道德的宣传教育，使社会各界了解会计职业道德规范的内容，促进良好的会计职业道德深入人心。

社会舆论监督体现在会计人员中，就是要在所有会计人员中倡导诚信为荣、失信为耻的职业道德意识，积极引导会计人员提高职业修养、自觉遵守会计职业道德规范，充分发挥社会舆论监督的力量，更好地弘扬正气、打击歪风邪气。

【动脑筋】近年来，新闻媒体常曝光一些单位的财务丑闻，你认为这与会计人员的职业道德水平有关吗？应如何处理？

四、会计职业道德与会计法律制度的关系

会计职业道德与会计法律制度都属于会计人员行为规范的范畴，两者既有联系，又有区别。

（一）会计职业道德与会计法律制度的联系

会计职业道德与会计法律制度具有共同的目标和相同的调整对象，承担着同样的职责，因此两者联系密切。这主要表现在：

（1）两者在作用上相互补充、相互协调。一些基本的会计行为必须运用会计法律制度进行规范，不需要或不宜由会计法律制度进行规范的行为，可通过会计职业道德规范来实现。因为会计职业道德是对会计法律制度的重要补充。

（2）两者在内容上相互渗透、相互重叠。会计法律制度中含有会计职业道德规范的内容，会计职业道德规范中也包含会计法律制度的某些条款。

（3）两者在地位上相互转化、相互吸收。最初的会计职业道德规范就是对会计行为的约定俗成的基本要求，后来制定的会计法律制度吸收了这些基本要求。

（4）两者在实施过程中相互作用、相互促进。会计职业道德是会计法律规范实施的

重要的社会基础和思想基础，会计法律制度是促进会计职业道德规范形成和遵守的制度保障。

（二）会计职业道德与会计法律制度的区别

会计职业道德与会计法律制度的区别主要表现在：

（1）两者的性质不同。会计法律制度反映了统治者的意志和愿望，因而在同一社会内，只允许存在一种会计法律制度，并通过国家机器强制执行。会计法律制度具有很强的他律性。会计职业道德并不都代表统治者的意志，主要来自职业习惯，是约定俗成的。在同一社会内，会计职业道德不是唯一的。会计职业道德依靠会计人员的自觉性自愿执行，基本上是非强制性的，因而具有很强的自律性。

（2）两者的作用范围不同。会计法律制度侧重于调整会计人员的外在行为及结果的合法化，具有较强的客观性。会计职业道德不仅要调整会计人员的外在行为，还要调整会计人员内在的精神世界，其调节的范围远比会计法律制度广泛。会计人员的某些错误行为，只要没有触犯会计法律，法律就不予追究、制裁，但从道德方面来说，却要受到社会舆论的批评、谴责。因此可以说，受到会计职业道德谴责的会计行为，不一定会受到会计法律的制裁；而受到会计法律制裁的会计行为，一般都会受到会计职业道德的谴责（某些过失犯罪除外）。

（3）两者的表现形式不同。会计法律制度是通过一定的程序由国家立法部门或行政管理部门制定和颁布的，其表现形式是具体的成文条款。会计职业道德源自会计人员的职业实践，其表现形式既有明确成文的规定，也有不成文的、只存在于会计人员内心的意识和信念。即使是成文的会计职业道德，与会计法律制度相比，其在表现形式上也缺乏具体性和准确性，通常只是指出会计人员应当做或不应当做某种行为的一般原则和要求。

（4）两者的实施保障机制不同。会计法律制度由国家强制力保障实施；会计职业道德既有国家法律的相应要求，又需要会计人员自觉遵守。

（5）两者的评价标准不同。会计法律制度以会计人员享有的权利和义务为标准来判定其行为是否违法。会计法律制度规定会计人员享有一定的权利，如果这种权利受到侵犯，造成不良后果，那么侵权者就要受到会计法律的制裁；会计法律制度同时规定了会计人员要承担的义务，如果会计人员不尽义务，造成不良后果，同样要受到会计法律的制裁。会计职业道德则以善恶为标准来判定会计人员的行为是否违背道德规范。如果一名会计人员的职业行为符合会计职业道德规范，就是善的，就会受到社会舆论的赞扬、鼓励，会计人员的内心也会受到激励；反之，就是恶的、不道德的，就会受到社会舆论的批评、谴责，会计人员的内心也将是痛苦的、不安的。一般来说，会计职业道德重在确认会计人员的义务，而不讲权利，即不以谋取个人的某种权利作为履行义务的前提和归宿，这一点与兼顾权利与义务的会计法律制度是不同的。

【阅读篇目】

［1］中华人民共和国财政部发布的《会计基础工作规范》

［2］全国人民代表大会常务委员会颁布的《中华人民共和国会计法》

［3］中华人民共和国财政部发布的《中国注册会计师执业准则》

[4] 中国注册会计师协会印发的《中国注册会计师职业判断指南》
[5] 中华人民共和国人力资源和社会保障部颁布的《专业技术人员继续教育规定》
[6] 中华人民共和国财政部办公厅发布的《会计专业技术人员继续教育规定》

职业能力判断与选择

一、单项选择题（每题只有一个正确答案，请将正确答案填在括号内）

1.会计职业道德规范中对会计人员的基本要求的是（　　）。

A.坚持诚信，守法奉公　　B.坚持准则，守责敬业
C.坚持学习，守正创新　　D.以上都对

2.会计人员应当参加继续教育，根据规定，每年参加继续教育取得的学分累计不应少于（　）学分。

A.12　　B.90　　C.48　　D.24

3.单位负责人打击报复会计人员，构成打击报复会计人员罪的，处以（　　）以下有期徒刑或者拘役。

A.1年　　B.2年　　C.3年　　D.5年

4.下列各项关于会计职业道德的表述，正确的是（　　）。

A.会计职业道德反映了统治者的意志和愿望
B.会计职业道德由国家强制力保障实施
C.会计职业道德不要求调整会计人员的外在行为
D.会计职业道德具有相对稳定性和广泛的社会性

5.会计职业道德规范中对会计人员的履职要求是（　　）。

A.坚持诚信，守法奉公　　B.坚持准则，守责敬业
C.坚持学习，守正创新　　D.以上都对

6.下列各项属于会计职业道德规范中对会计人员发展要求的是（　　）。

A.坚持诚信，守法奉公　　B.坚持准则，守责敬业
C.坚持学习，守正创新　　D.以上都对

7.下列各项表述不正确的是（　　）。

A.会计人员信用信息不是先进会计工作者评选、会计职称考试等资格资质审查的重要依据
B.对于严重失信会计人员，应依法取消其已经取得的会计专业技术资格
C.将发现的会计人员失信行为，记入会计人员信用档案
D.用人单位可根据会计人员失信的具体情况，对其进行降职撤职或解聘

8.下列各项不属于会计职业道德规范中“坚持诚信，守法奉公”要求的是（　　）。

A.以诚立身、以信立业　　B.学法知法守法
C.公私分明、克己奉公　　D.加强学习

9.开展会计职业道德（　　）是道德规范付诸实施的必要方式，也是促使道德力量

发挥作用的必要手段，具有重要的现实意义。

A.建设与监督　　B.检查与奖惩
C.组织与实施　　D.教育与推广

10.会计法律制度是以会计人员享有的权利和义务为标准来判定其行为是否违法，而会计职业道德是以善恶为标准来判定会计人员的行为是否违背道德规范，这体现了两者的（　　）不同。

A.保障机制　　B.性质　　C.评价标准　　D.作用范围

二、多项选择题（每题有两个或两个以上正确答案，请将正确答案填在括号内）

1.会计职业道德的“三坚三守”指的是（　　）。

A.坚持诚信，守法奉公　　B.坚持准则，守责敬业
C.坚持学习，守正创新　　D.以上都正确

2.某公司2022年严重亏损，公司董事长授意总会计师张某对会计报表进行技术处理，从账面上扭亏为盈。张某接受该授意，对财务报表进行了处理。根据会计职业道德规范的内容，张某的做法违反了会计职业道德规范的（　　）要求。

A.坚持诚信，守法奉公　　B.坚持准则，守责敬业
C.坚持学习，守正创新　　D.以上都正确

3.会计职业道德与会计法律制度的区别主要表现在（　　）。

A.性质不同　　B.作用范围不同
C.表现形式不同　　D.实施的保障机制不同

4.下列行为中，不符合会计法律制度规定的有（　　）。

A.某市财政局对本行政区域内的单位执行国家统一的会计制度的情况进行检查
B.某企业在行政办公室设置了会计人员并指定了符合条件的会计主管人员
C.某大型国有企业同时设置了总会计师和分管会计工作的副总经理
D.某公司会计员王某在登记会计账簿时，依据未经审核的会计凭证进行登记

5.根据《会计法》的规定，对单位内部会计监督制度的基本要求有（　　）。

A.记账人员与经济业务事项或会计事项的审批人员、经办人员、财务保管人员的职责权限应当明确，并相互分离、相互制约
B.重大对外投资、资产处置、资金调度和其他重要经济业务事项的决策和执行应当有明确的相互监督、相互制约的程序
C.财产清查的范围、期限和组织程序应当明确
D.对会计资料定期进行内部审计的方法和程序应当明确

6.下列各项属于会计职业道德规范“坚持学习，守正创新”要求的是（　　）。

A.勤于学习　　B.锐意进取
C.提升会计专业能力　　D.开拓创新

7.会计职业道德和会计法律制度的联系包括（　　）。

A.相互排斥　　B.相互协调　　C.相互吸收　　D.相互促进

8.授意、指使、强令会计机构、会计人员及其他人员伪造、变造会计凭证、会计账簿，编制虚假财务会计报告或者隐匿、故意销毁依法应当保存的会计凭证、会计账簿、

财务会计报告，尚不构成犯罪的，可以处以规定数额的罚款；属于国家工作人员的，还应当由其所在单位或者有关单位依法给予（　　）的行政处分。

A.警告　　B.开除　　C.降级　　D.撤职

9.下列各项关于会计职业道德教育的说法，错误的有（　　）。

A.普及会计职业道德基础知识，是会计职业道德教育的核心

B.会计职业道德规范教育是指对会计人员开展以会计法律制度为主要内容的教育

C.会计职业道德规范教育是会计职业道德教育的基础

D.会计职业道德教育还包括形势教育、品德教育、法制教育

10.下列各项属于守责敬业要求的是（　　）。

A.树立职业荣誉感　　B.热爱会计工作

C.遵纪守法　　D.工作尽心尽责

三、判断题（正确的在括号内打“√”，错误的打“×”）

（　　）1.会计行业组织在会计职业道德建设中可以依法行政。

（　　）2.临时离职或因病不能工作的会计人员恢复工作时，应当与接替或代理人员办理交接手续。

（　　）3.会计职业道德与会计法律制度一样，都以国家强制力作为实施的保障。

（　　）4.在经济生活中，经常发生没有违反法律、法规的要求，却违反了会计职业道德的行为。

（　　）5.泄密不仅是一种不道德的行为，也是违法行为，是会计职业的大忌。

（　　）6.会计职业道德警示教育是指通过对违反会计职业道德行为和违法会计行为的典型案例进行讨论和剖析，从中得到警示，增强法律意识、会计职业道德观念和辨别是非能力的一种教育。

（　　）7.会计人员不钻研业务，不加强新知识的学习，导致工作上出现差错，这是一种既违反会计职业道德，又违反会计法律制度的行为。

（　　）8.会计法律制度是会计职业道德的最低要求。

（　　）9.法律惩罚和道德惩罚应并举。

（　　）10.会计职业道德检查的目的是清除腐败。

答案与解析

一、单项选择题

1.A。会计人员职业道德规范：坚持诚信，守法奉公；坚持准则，守信敬业；坚持学习，守正创新。简称“三坚三守”。

2.B。《会计专业技术人员继续教育规定》第十二条规定：“会计专业技术人员参加继续教育实行学分制管理，每年参加继续教育取得的学分不少于90学分。”

3.C。《刑法》第二百五十五条规定，公司、企业、事业单位、机关、团体的领导人，对依法履行职责、抵制违反《会计法》行为的会计人员实行打击报复，情节恶劣

的，处3年以下有期徒刑或者拘役。

4.D。会计职业道德是指会计人员在会计职业活动中应当遵循的、体现会计职业特征的、调整会计职业关系的职业行为准则和规范。会计职业道德是调整会计职业活动中各种利益关系的手段，会计职业道德具有相对的稳定性和广泛的社会性。

5.B。“坚持诚信，守法奉公”是对会计人员的自律要求，“坚持准则，守责敬业”是对会计人员的履职要求，“坚持学习，守正创新”是对会计人员的发展要求。

6.C。“坚持诚信，守法奉公”是对会计人员的自律要求，“坚持准则，守责敬业”是对会计人员的履职要求，“坚持学习，守正创新”是对会计人员的发展要求。

7.A。财政部于2018年出台《关于加强会计人员诚信建设的指导意见》规定：在先进会计工作者评选、会计职称考试或评审、高端会计人才选拔等资格资质审查过程中，对严重失信会计人员实行“一票否决制”。对于严重失信会计人员，依法取消其已经取得的会计专业技术资格；被依法追究刑事责任的，不得再从事会计工作。支持用人单位根据会计人员失信的具体情况，对其进行降职撤职或解聘。

8.D。“坚持诚信，守法奉公”要求会计人员要牢固树立诚信理念，以诚立身、以信立业，严于律己、心存敬畏。学法知法守法，公私分明、克己奉公，树立良好职业形象，维护会计行业声誉。这是对会计人员的基本要求。

9.B。开展会计职业道德检查与奖惩是道德规范付诸实施的必要方式，也是促使道德力量发挥作用的必要手段，具有重要的现实意义。

10.C。会计法律制度是以会计人员享有的权利和承担的义务为标准来判定其行为是否违法，会计职业道德是以善恶为标准来判定会计人员的行为是否违背道德规范。两者的评价标准不同。

二、多项选择题

1.ABCD。会计人员职业道德规范：坚持诚信，守法奉公；坚持准则，守信敬业；坚持学习，守正创新。简称“三坚三守”。

2.AB。“坚持诚信，守法奉公”要求会计人员要牢固树立诚信理念，以诚立身、以信立业，严于律己、心存敬畏。学法知法守法，公私分明、克己奉公，树立良好职业形象，维护会计行业声誉。“坚持准则，守责敬业”要求会计人员要严格执行准则制度，保证会计信息真实完整。勤勉尽责、爱岗敬业，忠于职守、敢于斗争，自觉抵制会计造假行为，维护国家财经纪律和经济秩序。

3.ABCD。(1) 性质不同。会计法律制度通过国家机器强制执行，具有很强的他律性；会计职业道德主要依靠会计人员的自觉性自愿执行，具有很强的自律性。(2) 作用范围不同。会计法律制度侧重于调整会计人员的外在行为及其结果的合法化；会计职业道德不仅要调整会计人员的外在行为，还要调整会计人员内在的精神世界。(3) 表现形式不同。会计法律制度是通过一定的程序由国家立法部门或行政管理部门制定和颁布的，其表现形式是具体的成文条款；会计职业道德源自会计人员的职业实践，其表现形式既有明确成文的规定，也有不成文的、只存在于会计人员内心的意识和信念。(4) 实施保障机制不同。会计法律制度由国家强制力保障实施；会计职业道德既有国家法律的相应要求，又需要会计人员自觉遵守。(5) 两者的评价标准不同。会计法律制度以会计人员享有的权利和义务为标准来判定其行为是否违法；会计职业道德以善恶为标准来判定会计人员的行为是否违背道德规范。

4.CD。《总会计师条例》第四条规定：“凡设置总会计师的单位，在单位行政领导成员中，不设与总会计师职权重叠的副职。”《会计法》第十四条规定：“记账凭证应当根据经过审核的原始凭证及有关资料编制。”综上所述，A、B项符合会计法律制度，C、D项不符合会计法律制度。

5.ABCD。《会计法》第二十七条规定：“各单位应当建立、健全本单位内部会计监督制度。单位内部会计监督制度应当符合下列要求：（1）记账人员与经济业务事项和会计事项的审批人员、经办人员、财物保管人员的职责权限应当明确，并相互分离、相互制约；（2）重大对外投资、资产处置、资金调度和其他重要经济业务事项的决策和执行的相互监督、相互制约程序应当明确；（3）财产清查的范围、期限和组织程序应当明确；（4）对会计资料定期进行内部审计的办法和程序应当明确。”

6.ABCD。“坚持学习，守正创新”要求会计人员始终秉持专业精神，勤于学习、锐意进取，持续提升会计专业能力。不断适应新形势新要求，与时俱进、开拓创新，努力推动会计事业高质量发展。

7.BCD。会计职业道德和会计法律制度的联系体现为：（1）在作用上相互补充、相互协调；（2）在内容上相互渗透、相互重叠；（3）在地位上相互转化、相互吸收；（4）在实施过程中相互作用、相互促进。

8.BCD。《会计法》第四十五条规定：“授意、指使、强令会计机构、会计人员及其他人员伪造、变造会计凭证、会计账簿，编制虚假财务会计报告或者隐匿、故意销毁依法应当保存的会计凭证、会计账簿、财务会计报告，构成犯罪的，依法追究刑事责任；尚不构成犯罪的，可以处5 000元以上5万元以下的罚款；属于国家工作人员的，还应当由其所在单位或者有关单位依法给予降级、撤职、开除的行政处分。”

9.ABC。A项，普及会计职业道德基础知识，是会计职业道德教育的基础；B项，会计职业道德规范教育是指对会计人员开展以会计职业道德规范为主要内容的教育；C项，会计职业道德规范是会计职业道德教育的核心内容。

10.ABD。守则敬业的基本要求：①正确认识会计职业，树立职业荣誉感；②热爱会计工作，努力钻研业务；③安心工作，任劳任怨；④严肃认真，一丝不苟；⑤忠于职守，尽职尽责。

三、判断题

1.×。会计行业组织是自律组织，不是政府部门，因此不能依法行政。

2.√。临时离职或因病不能工作的会计人员恢复工作时，应当与接替或代理人员办理交接手续。

3.×。道德有时候不能通过法律制度表现出来。会计法律制度的表现形式是具体的成文规定；会计职业道德存在于人们的意识和信念之中。

4.√。在经济生活中，经常发生没有违反法律、法规的要求，却违反了会计职业道德的行为。

5.√。泄密不仅是一种不道德的行为，也是违法行为，是会计职业的大忌。

6.√。会计职业道德警示教育是指通过对违反会计职业道德行为和违法会计行为典型案例进行讨论和剖析，从中得到警示，增强法律意识、会计职业道德观念和辨别是非能力的一种教育。

7.×。会计人员不钻研业务，不加强新知识的学习，导致工作上出现差错，这种情况只是违反会计职业道德，不违反会计法律制度。

8.√。会计法律制度是会计职业道德的最低要求。

9.√。法律惩罚和道德惩罚应并举。

10.×。会计职业道德检查的目的在于促进会计职业道德规范得以遵循，也为进行会计职业道德奖惩提供了依据。

参考文献

［1］程淮中. 财经法规与会计职业道德［M］. 4版.北京：高等教育出版社，2021.

［2］全国会计从业资格考试辅导教材编写组. 财经法规与会计职业道德［M］. 北京：经济科学出版社，2016.

［3］周友梅. 财经法规与会计职业道德［M］. 北京：人民邮电出版社，2016.

［4］中华会计网校. 财经法规与会计职业道德［M］. 北京：高等教育出版社，2016.

［5］会计从业资格考试辅导教材编写组. 财经法规与会计职业道德［M］. 北京：人民出版社，2016.

［6］项怀诚. 会计职业道德［M］. 北京：人民出版社，2003.

［7］蔡昌. 发票管理办法：释义与适用指南［M］. 北京：中国法制出版社，2011.

［8］苏宁. 支票全国通用100问［M］. 北京：中国金融出版社，2006.

［9］中华人民共和国财政部. 会计基础工作规范［M］. 北京：经济科学出版社，2001.

［10］高翠莲. 出纳业务操作［M］. 4版. 北京：高等教育出版社，2020.

［11］喻景忠. 财经法规与会计职业道德［M］. 2版. 上海：上海财经大学出版社，2019.

［12］孙长坪. 经济法律基础与实务［M］. 北京：高等教育出版社，2021.

［13］国家税务总局. 中华人民共和国税法基本法规［M］. 北京：中国税务出版社，2021.